本书获得国家自然科学基金面上项目"中国跨国经营企业外派管理人员回任组织支持行为的实证研究"（71172204）的资助

中国跨国公司外派与回任管理的理论及实证研究

Empirical and Theory Study on Repatriate and Expatriate
Management in Chinese Multinational Corporations

叶晓倩 著

中国社会科学出版社

图书在版编目（CIP）数据

中国跨国公司外派与回任管理的理论及实证研究/叶晓倩著．—北京：中国社会科学出版社，2016.1

ISBN 978 - 7 - 5161 - 7487 - 6

Ⅰ.①中…　Ⅱ.①叶…　Ⅲ.①跨国公司—人力资源管理—研究—中国　Ⅳ.①F279.247

中国版本图书馆 CIP 数据核字（2016）第 017923 号

出 版 人	赵剑英
责任编辑	刘晓红
特约编辑	杜志荣
责任校对	周晓东
责任印制	戴　宽

出　　版	中国社会科学出版社
社　　址	北京鼓楼西大街甲 158 号
邮　　编	100720
网　　址	http://www.csspw.cn
发 行 部	010 - 84083685
门 市 部	010 - 84029450
经　　销	新华书店及其他书店

印　　刷	北京君升印刷有限公司
装　　订	廊坊市广阳区广增装订厂
版　　次	2016 年 1 月第 1 版
印　　次	2016 年 1 月第 1 次印刷

开　　本	710 × 1000　1/16
印　　张	16.75
插　　页	2
字　　数	301 千字
定　　价	62.00 元

凡购买中国社会科学出版社图书，如有质量问题请与本社营销中心联系调换

电话：010 - 84083683

目　录

前　言

在雇用关系方面，跨国公司与其员工更多的是一种利益共生关系，即公司对员工的培训与开发活动较为缺乏，即使存在，也更多的是一种被动的管理行为，与此对应的是员工亦不会以公司为家，而是呈现出高流动率、"不忠诚"等表征。Stroh 等（1998）的研究也表明外派人员返回到母国公司后，更倾向于选择辞职后到其他企业就职。Black 和 Gregersen（1991，1999，2000）对 750 家公司进行了为期十年的跟踪调查，研究发现高达 25% 的外派人员在完成外派任务返回母国后一年内就选择了离职，这个离职率是其他人员离职率的两倍。美国 Brookfield 公司出版的 2014 Global Mobility Trends Survery 数据显示：29% 的外派人员在回到母国后的一年内离职，有 26% 的外派人员在回国后 1—2 年间离职，24% 的外派人员在回国 2 年后离职。[①] 外派回任人员的离职既让外派企业损失了时间成本、财务资本、人力资本与外派人员的知识资本，又给同行业竞争企业输送了人才，间接削弱了自身的竞争力，也影响了企业其他员工接受外派的意愿。

随着"走出去"战略的实施，越来越多的中国企业把眼睛瞄向境外，实施国际化经营战略。据商务部官方网站公布的数据显示，2014 年我国境内投资者共对全球 156 个国家和地区的 6128 家境外企业进行了直接投资，累计投资额同比增长 14.1%。[②] 对外投资企业的增长意味着中国跨国经营企业的外派人员的增多。对于这些企业，外派人员是决定其国际化战略成败的关键影响因素，吸引、留住和管理好外派人员成为其国际化战略实施的基本保证。然而，和联想、华为等诸多著名本土企业的跨国经营一样，我国本土企业国际化的过程中遇到的困难不是在资金、技术方面，而

---

① Brookfield Global Relocation Services, *2014 Global Mobility Trends Survery*, Brookfield, 2015.

② 商务部合作司：《2014 年我国非金融类对外直接投资简明统计》，http：//www. mofcom. gov. cn/，2015 年 1 月 27 日。

是更多地体现在管理上，尤其是人力资源管理上，国际化人才的不足也已成为我国本土企业跨国经营最为显著的制约性因素。但是现实的外派回任人员高离职率所致的国际性人才资源的流失已经危及企业国际化经营战略的实施。因此，本书选取跨国经营企业外派及回任人员为研究对象，调查了解他们外派动机、组织为其提供的培训、外派满意度、具有激励性的绩效管理制度的组织行为效果以及回任后的职业发展状况和导致高离职意向、离职行为的影响因素，尤其探究了关键变量"核心自我评价、组织支持感、资质过高感知、组织公平感"等因素与离职意向的关系。并且基于对企业有关外派回任的组织制度和管理方式的调查分析，针对回任管理制度的缺失和不当管理行为，为吸引、留住具有高附加人力资本价值的外派回任人员，就外派回任人员的管理提出了若干制度构置建议和对策，以助推我国企业国际化经营和国家"走出去"战略的实施。

虽然关于外派及回任人员管理的研究文献较多，但仍然缺乏从职业生涯发展路径、国际外派业务与未来职业间的联系、国际外派回任与对自我感知和对组织支持感知等角度展开的研究，也缺少从组织管理制度进行的实证研究，尤其对于我国这类发展中国家的跨国经营企业，有关外派人员回任管理的系统的实证研究少之又少。因此，本书的贡献分别体现在理论价值和实践价值角度：

首先在研究对象方面，随着世界经济一体化和多元化发展，越来越多的发展中国家参与全球经济竞争，选取我国这样一个对全球 150 多个国家和地区的六千多家企业进行了直接投资、参与国际竞争的发展中国家的外派与回任人员作为研究主题，研究结果不但可以为中国企业跨国经营，也可以为其他跨国公司的外派及回任人员管理提供理论指导与实践建议。

其次在研究内容方面，以往关于外派回任人员的研究较多是理论分析，实证研究偏少，实证研究也更多偏向于采用访谈研究。研究内容的深度及广度都有待于突破。对于大多数回任人员来说，外派以后的回任都会面临一些困境，这些困境来自家庭、组织或社会。本书从外派人员回任管理的角度探讨究竟是什么原因让他们有了离职意向，哪些因素影响他们做出了离职决定、哪些因素又是关键性的因素？企业究竟应该设置什么样的管理制度，来有效管理外派人员职业生涯发展中的关键一环——回任期？尤其对于越来越多参与国际竞争的中国跨国公司，已有的回任管理制度状况如何？外派人员的回任情况如何？为吸引和留住这些特殊人力资源，企业应该运用什么样的理论来指导外派和回任管理？设立什么样的管理制度切实保证实施恰当的人力资源管理手段？企业组织究竟该提供什么样的支持行为来提高回任人员的满意度，减少离职意向和离职行为等，本书即为力求解决上述问题而著。

因此，本书以第一手调查数据为基础，从外派前培训着手，分别探讨了外派人员的外派动机和外派满意度，比较分析了瑞典跨国公司外派人员外派前培训、外派满意度与外派成功的关系；针对外派回任人员普遍对自身能力素质评价较高的特性，选取外派回任人员的核心自我评价、资质过高感知等变量为研究对象，从外派回任人员核心自我评价、回任满意度；外派回任人员资质过高感知、组织支持感与离职意向；外派回任人员组织公平感与离职意向等角度分析了回任人员高离职率的关键影响因素及外派回任人员所在公司的哪些组织行为可以有效干预及减少回任人员离职行为的发生。并且基于实证研究结果分析，提出了改进回任管理的策略和方法，以求组织能够留住国际外派回任人员这一具有高附加人力资本价值的人力资源。

最后从实践意义角度，虽然我国跨国公司的数量在迅速增加，但是有针对性的人力资源管理理论和实践的研究却并不多（Shen 和 Edwards，2004），尤其缺少关于外派及回任管理的研究。国外虽然关于国际外派及回任相关的问题进行了一些研究，但由于职业生涯具有明显的个人属性，会受到传统文化、组织文化、家庭因素等诸多因素的影响，相关研究成果对于我国企业管理实践的指导意义较为有限。因此，本书主要研究我国跨国公司外派及回任管理方面的相关问题，并基于外派回任人员的人力资源特征和所在单位的组织支持措施，提出相应的管理对策，具有较强的实践意义。研究结果可以促进我国跨国经营企业决策管理层、人力资源管理部门对回任管理的新认识，为组织政策措施的出台及实施提供理论指导，为有效管理外派和回任提供借鉴。

第一章 导论

第一节 国际外派与外派人员管理

对于一个投资于境外的企业来说，要想取得成功，最重要的决定性因素是它能否跨越国界有效转换企业的关键性能力。而全球人力资源实践，尤其是国际管理人员的外派，被认为是转换关键能力的最有效的方式。然而随着全球经济一体化步骤的加快与市场竞争的加剧，高层次人才，尤其是适合跨国经营的国际化人才的短缺问题日益凸显。因而，跨国经营企业人力资源管理问题已成为当今人力资源管理研究的一个热点领域。组织如何开发、管理跨国经营企业外派人员这一特殊人力资源，究竟该采取何种管理措施来吸引、留住这一特殊人力资源尤为重要。能够在全球范围内获取高效的管理人员，是跨国企业在全球竞争环境中取得成功的重要保证，特别是外派管理人员的开发、管理被认为是获得跨国经营成功的最为重要的人力资源管理目标，跨国公司急需国际化的管理人员来解决有关全球一体化和跨国公司的协调问题（如总部与地区总部，或国外子公司之间）。且只有通过积极开发全球领导者，才能有效发挥人力资源管理职能，继而才能应对全球化挑战。

一 国际外派

"国际外派"是跨国经营企业将其员工调往其在全球任一子公司的行为，一般工作年限为2—5年，但是近年来的研究表明，外派任务持续时间有缩短趋势。[①] 跨国公司初期为了对新设立的海外子公司实施控制与沟

---

① Tungli, Z. and Peiperl, M., "Expatriate Practices in German, Japanese, UK, and US Multinational Companies: A Comparative Survey of Changes", *Human Resource Management*, Vol. 48, No. 1, 2009, pp. 153 – 171.

通，在海外子公司管理人员的安排选择上，多以母公司外派人员为主，然后才开始进行人才本土化。外派人员是母公司与子公司之间重要的桥梁，许多母公司的政策必须通过派外人员得以传递，外派人员是企业跨国经营中的特殊人力资源，属于国际化人才（这里所指的国际化人才，是指能够持续提升国际竞争力与合作绩效的人才，具有参与国际竞争与合作所必备的知识和技能；尤其是高层次国际人才，应具有宽广的国际视野、懂得国际惯例和规则、熟悉现代管理理念、拥有丰富的专业知识和技能、具备较强的创新能力及跨文化沟通能力），因此他们能在跨国公司获取经营成功的过程中发挥关键作用。正是由于这种人力资源的特殊性及其特殊作用，跨国经营中企业外派人员管理的问题正越来越多地进入学者们的研究视野。然而，已有的研究表明，职业的国际转换对与之有关的人，至少对于其家庭成员来说是极具挑战性的经历，而且外派人员管理对于跨国经营的企业来说存在较高的风险（能力缺失和人员流失）。

二　外派人员管理

外派人员是母公司与子公司之间重要的桥梁，许多母公司的政策必须依靠外派人员来传递。因此，母公司如何管理其外派人员，管理好子公司的派遣任务，必须依赖一套完善的外派人员管理制度。这些管理制度包含外派人员的选择（含招聘）、培训、派遣、任用与归国回任等一系列的活动。外派人员管理制度设计完善，必能吸引更多优秀的国际人才，并且即使在归国后，仍然能够将其海外的历练经验用在公司的发展上。目前中国企业亟须优秀的国际外派人才，但是外派任务是一连串的过程，并且环环相扣，疏漏了其中某一个环节就可能导致外派失败，给公司带来较大损失。外派失败率是理论界公认的衡量外派管理效果的重要指标，发展中国家的跨国公司外派失败率平均高达70%。20世纪八九十年代，美国公司持续创建和增强它们的海外业务，同时也经历了国际外派人员的高失败率。美国跨国公司外派失败率平均在10%—80%。[①] 国际外派失败意味着多种白白损耗，这种损耗既有个人的也有公司的。据美国国家外贸局1994年的一项调查，外派失败后带来的损失高达20万—1200万美元。实际上的发生额要高于这个数据，因为统计数据只包括可见成本（重新安

---

① Shen, J. and Edwards, V., "Recruitment and Selection in Chinese MNEs", *International Journal of Human Resource Management*, No. 15, Nos 4/5, 2004, pp. 814 – 835.

置费、补偿费、终止费），然而还有一些不明显的成本，如失去的商业机会、毁坏的公司名誉和与一系列关系的恶化，如与顾客、与供应商及与东道国政府等，这种关系恶化会产生隐性成本，由此可见外派人员管理的重要性。

（一）外派人员的选择

跨国经营企业对所有要调往海外的外派人员都有一定的挑选过程，然而一些组织的筛选程序比另一些企业要有效。Mendenhall 和 Macomber（1997）认为在大多数企业里，海外外派人员的挑选是一个"非理性过程"，且在人力资源管理者的控制之外。① 这一观点得到了实践者的广泛支持。Klaus（1995）调查研究后发现，为了完成一项紧急任务，匆忙将某人送到海外，使得外派人员的筛选发生得很迅速。Harvey 和 Novicevic（2001）·认为，在随后为筛选外派人员建立一个合理的框架的努力应放在寻求具有能够降低外派失败率的个人特征的潜在外派人员上。因此，国际外派人员的选择存在着不同于国内员工的特征：

（1）在探讨外派人员筛选之前，跨国企业对于海外子公司的发展是选择母国国民还是东道国国民这一问题上已经有了一次选择。也就是说，此处对外派人员筛选的探讨是以民族中心主义的取向的人员配置政策为前提的。基于这一逻辑，母国国民是构成跨国企业外派候选人的主体。然而，在确定了使用母国人员后，存在来自母公司内部和母公司外部这两种外派候选人的来源渠道。大部分跨国企业基于外派任务的性质和外派人员即将在海外扮演的角色的重要性程度，基本上均采用内部选择的方式。

（2）语言、技术能力与跨文化技能在外派选择中都是非常重要的因素。尽管在外派培训前的挑选中多重标准十分重要，仍然有很多企业将选择标准的重心放在技术能力上。当然，具备相应的基本能力和素质无论在哪个国家工作都是很重要的前提，但员工在母国和在海外工作是两个完全不同的环境状况，一位在母公司表现出色的员工很可能并不适应新的海外环境。

（3）对外派员工配偶的考察很重要。外派失败最主要的原因之一就

① Mendenhall, M. E. and Macomber, J. H., "Rethinking the Strategic Management of Expatriates from a Nonlinear Dynamics Perspective", *Expatriate Management：Theory and Research*, No. 4, 1997, pp. 41 - 62.

是外派人员的配偶缺乏在国外生活的适应能力。[①] 当外派人员的配偶担心自己在本国的事业会因为随配偶调到海外工作受到影响时，会增加该外派人员拒绝外派任务的概率。所以，在挑选海外外派人员时，企业应将对外派人员配偶的情况纳入考察范围，以确保不仅外派人员自己而且他们的家属也愿意接受这一海外任职。

（二）外派人员挑选的标准

挑选外派人员究竟依据何种标准，观点不一，这也与外派任务性质有关。Tung（1984）依据外派任务将外派人员分为四种，分别为首席执行官、职能性领导、问题解决者和执行人员。[②] 依据这四种不同的外派类型，应该有选择地使用不同的标准，如沟通能力对首席执行官来说非常重要，但对于其他性质的工作并不同等重要。而情绪智力和技能等标准基本对于大部分工作都很重要。Mendenhall 和 Oddou（1985）认为要想成功地实现社会化，国际外派人员须具备四维特征，即自我导向、他人导向、知觉和文化刚性。[③] 自我导向能力强的员工拥有强烈的自尊心和自信心，时刻保持良好的精神状态，以及拥有较强的业务能力，他们更有可能成功地完成外派任务。他人导向包括发展人际关系和沟通意愿。在完成外派任务的过程中，与他人尤其是东道国国民的有效互动是非常重要的。知觉是指能够正确理解东道国国民的行为及其行为背后的原因。知觉能力越强，越容易通过正确理解东道国国民的各种行为来减轻判断的不确定性，更好地完成外派工作。文化刚性是指外派人员对东道国的适应程度，如果被派往国家与母国的文化差异越大，则外派人员的调整就越困难。

另外，将外派人员的挑选标准分为工作因素、关系尺度、激励状态、家庭情况和语言技巧这五大类的观点也被认同。虽然专业技术能力应该被当作是外派人员选择中的起码标准，但是其他工作因素如管理技巧也应相应地列入考虑。关系尺度包括个性特征、社会价值体系、个体和周围环境相互作用而产生的行为等。而家庭中配偶和子女的状况则提供了外派人员

---

① Tung, R. L., "Selecting and Training of Personnel for Overseas Assignments", *Columbia Journal of World Business*, Vol. 16, No. 1, 1981, pp. 68 – 78.

② Tung, R. L., "Strategy Management of Human Resource in Multinational Enterprise", *Human Resource Management*, No. 23, 1984, pp. 129 – 143.

③ Mendenhall, M. and Oddou, G., "The Dimensions of Expatriate Acculturation: A Review", *Academy of Management Review*, No. 10, 1985, pp. 39 – 47.

在成功完成外派任务时所需的愉快心情。语言标准同样重要，能够流利地用东道国语言沟通并且熟知语言文化中的各种差异是跟东道国国民有效交流的重要前提。

（三）外派人员培训

国际人才的储备必须在企业跨国经营前开始，因为这种储备既需要时间的积累，也需要依靠公司的培训计划达成。有些公司在平时并未储备国际人才，等到展开跨国经营时才开始通过猎头直接对外招募。这种模式固然较易招募到人才，然而，所招募的外来人员与公司企业文化的融合以及日后与母公司高层管理者的磨合却埋下了一些难以控制的变量。中国企业若在未来有发展海外市场的计划，预先培养国际视野的团队将是其当前的重点工作之一。

有效培训和开发的潜在益处已经得到学界广泛共识，国际培训和开发被认为是国际人力资源管理最关键的管理活动之一，而外派前培训同样被认为是全球经营成功的关键因素之一。对于跨国公司来说，经营成功与否的关键问题在于如何获得和利用人力资源，那些经过培训、有国际职业导向的人员才有助于支持公司的战略目标和有助于获得核心竞争能力。然而，培训的提供和员工对于培训的感知同组织承诺有关。的确，复杂的和不断变换的全球环境需要柔韧性，然而组织修正战略的反应能力却被缺乏合适培训、国际导向的人员所抑制。因此，Tung 和 Mendenhall 等研究者认为，培训、外派员工绩效间存在这样一种关系：公司采取越严格的培训计划，就越能提高外派人员在海外的工作绩效，也因此能最大限地减少外派失败的发生。

第二节　国际外派回任与回任人员留任

一　国际外派回任

国际外派回任（repatriation）即外派任务结束以后回归母国，它是国际外派管理的最后一个阶段，具体来讲是指外派员工结束在海外的任期，返回母国工作和生活的过程。① 最初人们以为外派后的回任很简单，因为

---

① 由于本书研究的对象皆为跨国公司外派人员以及外派回任人员，因此，后续内容中的国际外派与外派、国际外派回任与外派回任指的是相同的内涵。

对母国文化、工作氛围都曾熟识，外派人员归国后的同事也大多是以前的老面孔，人们不认为回任和当初的外派一样会面临众多问题。这也导致过去二十年间与外派有关的学术研究成为热点，而与回任有关的研究却相对较少。然而，有关的研究结果却表明回任其实并不简单，回任过程甚至更难于外派过程，组织若处理不当，会导致一些不良后果：首先，组织的回任管理不当会导致较多的外派人员在回任后离职；其次，作为范例，组织的处理方式决定了未来的外派机会对于拟外派人员的吸引力，从而影响到未来的组织绩效；最后，回任人员离职率一直居高不下。Stroh（1995）的研究表明，有 10%—25% 的外派人员在回任后的第一年就选择了离职，而回任后两年内的离职率更是达到 30%—40%，而且有高达 60% 的外派人员回任后正在考虑离开原公司。[①]

　　回任期将会面临一些不能预见其程度大小的改变，如职责、权力、人际关系和可用信息及工作区域等的变化，不幸的是，回任人员常常不能有效地应对这些改变而导致更多的问题出现。此外，回任人员还会面临工作的不确定、缺少提升机会、母国组织规模改变、缺少支持而致职业生涯发展迟缓等挑战。如果回国后更遭遇母国组织忽视其技能及家庭状况的改变；母国公司的人力资源经理对于他们在回任中遇到的困难持不同意见及与同事相处不融洽等问题，都会令其有挫败感。概括来说，回任过程中的关键变量有以下方面：

　　1. 回任经历及回任预期

　　接受外派任务前以及外派期间的经历对回任过程中的预期有影响，一个有过多次外派经历的回任人员相比较于首次外派后回任的员工更懂得如何向母国组织提出要求及如何引导回任人员朝积极的方向发展，组织此时面临的问题之一就是如何处理回任人员的高预期。对于没有经验的回任者，要注意区分哪些预期对于组织既现实又能够被满足。回任者还会将自己在回任过程中感受到的待遇与其动机和期望进行比较，如果外派人员对于回任的预期得到了满足，员工和组织间的合约才能起作用，回任者的留任概率才会增加；如果预期没有满足那么就会对回任者的留任产生消极影响；如果回任经历传递给个体的信息是他（她）在回任过程中得到了组

---

　　① Stroh, L. K. , "Predicting Turnover Among Repatriates: Can Organizations Affect Retention rates?" *International Journal of Human Resource Management*, Vol. 6, No. 2, 1995, pp. 443 –456.

织的支持，那么回任者和组织的契约关系就会增强，留任的意愿也会增强。回任员工预期一般有三个主要组成部分，即工作、互动和总体。而预期的形成受到三个方面的因素影响，即动机、信息和早期的经历。为了创造积极的经历和因此增加回任员工留任的可能性，管理部门需要制订完善的回任计划，该计划既要能影响回任员工的预期也要能影响现实。

2. 回任动机及回任调整

组织需要识别回任者的预期，否则就难以知晓回任者对组织有什么要求，组织还需要了解回任者的动机以辨明他们的留任对于组织有何意义。回任动机与外派动机关系紧密，员工为什么要接受国际外派，出于什么动机接受或不接受去海外工作？这一行为抉择极大程度上影响其将来的职业生涯发展。当初的外派动机会产生某种预期，而且寄希望于将来回任时能够实现这些预期。但是无论是外派人员还是回任人员，其行为动机与组织相比都会有差异。这种差异主要表现在职业生涯发展，补偿计划和冒险方面，如在进行全球范围内的业务扩张时，违抗公司的意愿从事满足项目目标和传递母国公司文化的活动就是因组织和个体间的差异所致。理论上希望回任者的动机和组织的动机能达成一致或相互支持，但事实上不可能各种动机都可行和有结果，若要想取得"双赢"的结果就需要双方相互理解和达成协议，在设立对工作的预期时得有个标准，即多大程度上的实现是可以接受的。

此外，回任后要经历一段时间的过渡期调整，这种调整既有地理位置上的，也有因文化、政治、经济形式的差异所致，同时还涉及组织间的（国外—国内）调整，回任调整的目的是要成功管理其过渡期以适应返回母国以后所面临的本质上的变化。回任调整一般会受到以下四个变量的影响：

①个体变量，包括态度、价值观和性格。

②工作变量，指与个体工作有关的任务属性。

③组织变量，即母国组织的特有属性。

④非工作变量，包括回任者的朋友、家庭和一般环境。

这四个变量也影响着回任者职业生涯规划战略的制定。

3. 信息

信息是管理和理解回任预期的关键因素。回任员工不仅仅要收到信息，而且只有依靠相关信息才能有机会与母国组织和环境进行有效的沟通和交流。这种交流行为看似是个体的，其实，组织的积极参与和支持是非常重要的，母国公司既要让回任员工了解母国的宏观环境，如社会、政治和经济形势，也要提供关于工作变化、职业变化的情况，如角色内涵、角色定位和角色冲突。新型的沟通技术如互联网和电子邮件有助于组织向外派人员及回任人员及时提供有关信息（如招聘信息），借助这些信息他们可以及时修订他们的简历。另外，外派期间及即将回任前不定期地返回母国也可以获得有关信息及加强与母国组织或其他对象的沟通。总之，不同渠道获取的信息会影响回任人员的预期及其回任调整。

二　回任人员留任

（一）回任人员留任的影响因素

外派回任是一个复杂的过程，许多因素影响到回任人员最终的回任安置，如组织变革、职业变换、经济因素和家庭问题以及心理压力等方面。概括来说，外派人员回国后留任与否会受到以下关键因素的影响。

1. 回任过程中的组织支持

回任过程会面临一系列的问题，这些问题若能得到组织的足够支持就能很大程度上减少回任人员的离职意向。组织使用的传统方法有：为外派人员的回归做准备；为他们寻找合适的岗位；在国外设立顾问制度，着力于他们的职业生涯管理等。但如今更强调组织提供职业生涯辅导和引导职业探索；提供利用网络和信息收集的技能培训和要有完善的组织绩效评估系统。参照评估结果，回任人员可以依据其强势和劣势在后来的职业选择中辅助决策及进行调整。但是组织提供支持往往会受到一些因素的影响：母国与东道国文化差异大小；外派人员曾经返回母国的时间和频率；在东道国工作时间的长度；离开母国的总的时间长度；外派者及家庭成员的"调适"质量的高低，等等。虽然回任人员的职业探索受到多重因素的影响，如国内的同事、母国文化、家庭及朋友，但是 Baruch（2006）认为组织支持是非常现实的影响因素，归国人员能否因就业环境改变而调适成功和职业生涯能否继续得到发展，组织支持是非常关键的，其作用不可低估。组织尤其要对以下几个方面的支持予以足够重视：

（1）提供培训，增强回任人员的跨文化适应性。如果回任者因外派任务所需不得不在国外居住较长时间，对于国外文化环境的较好适应反而会造成回任时不太适应母国文化，因此带来较大心理落差而导致压力，对于这种类型的回任员工，组织尤其需要重视他们的重返母国文化休克问题，要尽早提供心理辅导师或顾问以帮助其平稳度过文化调整期。跨国经营企业都应该建立回任培训计划，尤其是针对重返母国文化的培训计划，但事实上，在跨国公司里提供回任培训计划的比例很低，一份对新加坡的研究表明，提供了回任培训计划的跨国公司大约在30%。回任培训计划应包括：针对重返母国文化冲击的培训；压力管理；重回组织后如何沟通的有关培训；等等。Sussman（2002）曾对旅居日本的美国教师做了一项调查研究，该研究发现，如果旅居者在国外任职期间能够坚持对母国文化识别地肯定和维护就能减少其返回母国时的文化冲击。

（2）协助规划职业生涯。一项研究表示，受调查的43%日本外派人员在结束海外任务回任后职位反而下降（Black，1992）。[1] 大部分回任员工表示他们的职业发展没有从外派工作中获得任何好处，他们的晋升机会比国内员工还要少。虽然许多企业表示愿意为回任员工提供后勤援助，但是几乎很少有组织会对如何将外派员工的海外工作经验和个人整体职业发展规划进行匹配而制订明确详细的计划，并为员工提供有意义的工作实践机会，然而这一举措能够很大程度上减弱外派人员回任期的不适程度。因此外派人员回任后的职业规划亟待完善。经历跨国外派后的回任既是一种客观职业生涯过渡（从现有角色转变为本质上完全不同于现在的其他角色，属于客观过渡中跨组织过渡的典型），也是一种主观职业过渡，当个体去适应新的、不同于现有角色时就意味着主观过渡的发生。

回任者的职业生涯需要重新规划并进行适当的职业生涯管理，在做目标设定和行动计划时需要在公司目标和个人目标之间找到匹配点，而且所有的规划或管理均离不开管理者的支持。如今，即使在易变性职业生涯时代，仍然有较多的回任人员期待较传统的职业生涯发展路径和追求较少的职业变化，他们不愿从事自主的职业生涯探索，此时组织就需要提供更多的信息和帮助来协助其做好职业生涯规划。至于有关职业生涯发展路径的探索，组织除了提供综合信息支持和经济利益支持外，母国公司的人力资源部门还要就其职业生涯规划提供专门帮助，如可以通过职业生涯辅导和教练的形式进行引导，通过提供建设性支持和资源予以协助。对于像回任这样的职业转换，组织支持能够显著增强回任者进行职业探索的能力和动

---

① Black, J. S., *Global Assignments：Successfully Expatriating and Repatriating International Managers*, San Francisco：Jossey - Bass, 1992.

力，依靠组织协助才能更好地制定职业决策。从组织角度来说，为保证支持实践活动的顺利进行，需要组织上下的长期规划和仔细斟酌，然而现实情况却是有非常多的组织做得不够好，因此导致离职率一直居高不下。

（3）制度保障。跨国经营企业若想有效解决回任人员的离职问题，需要将有关实践活动以制度的形式规定下来予以保证执行。公司高层及管理层都要重视回任人员的安置，参与制定制度中的关键组成部分。人力资源部门要针对不同回任情况做出具体的安排和处理，与回任员工进行充分的沟通和交流，既要遵循制度办事，也要从人性化的角度提供支持和帮助。

2. 回任过程中感知到的组织心理契约履行

回任阶段的早期心态更容易受到挑战，这种心理变动受到回任者感知到的组织早先承诺与他们现实经历的外派过程和回任期间组织表现之间差异的影响。不顺利的回任过程及不满意的回任结果令回任者沮丧，由此导致的挫败感会转变成离职意向或者对组织的低承诺。反过来，如果回任后感觉母国组织的做法令人满意，则外派回任人员不太可能去寻找别的工作机会，也更有可能持有高组织承诺。

就离职意向来说，感知到的心理契约履行对回任人员的影响更甚于来自外派前后的职位、薪酬和技能改进的变化。如果回任人员感觉到来自其雇主的关心和支持，即使离职的成本相对较低、收益却较高，然而人性化和合意的工作环境会让他（她）用坚定的忠诚来回馈组织。相反，如果回任者觉得雇主背弃了承诺，即使他（她）认为离职伴随高成本和低收益，他（她）仍然可能选择离开组织。

因此，跨国经营企业若想改变回任人员的离职意向，不仅要重视激励措施的使用，也要注意落实外派前和外派期间所给予的承诺。同时，组织需要保持与回任人员开诚布公的沟通和交流，避免回任人员产生误会及有不现实的预期。通过沟通，双方尽可能就回任达成一致意见。当然，有时因特殊原因组织对心理契约的违背无法避免，此时需要管理者及时处理好回任者的消极反应，管理者适当的关心和支持行为可以极小化回任者的消极反应。如果因不正确的信息传递或对于契约的错误理解而致的消极情绪，就需要管理人员通过积极的行动和准确的信息反馈予以及时干预。

3. 个人因素

关于回任问题的研究大多站在组织的角度，研究组织应如何努力改善回任结果。但是，回任过程是否顺利，回任者本人的作用也不容小觑。

（1）积极的职业探索。回任人员的高离职率意味着国际外派对于一个人的长期职业生涯可能是一种冒险。有研究数据表明，在1986年，被调查的执行部门认为国际外派能促进个体提升的约占68%，然而到了2001年，就只有约36%的被调查部门持相同观点。对于外派回任者本人，若想负责任地应对过渡期，在执行外派任务末期及完成外派任务以后就要较多地参与职业探索。职业探索包括收集与自己有关的和各种已改变的母国环境的职业选择信息，其目的即要培育、开发事业，让事业取得进步。其实与职业探索和职业选择有关的活动在不同的职业生涯周期阶段总在反复进行，它包括建立关于环境和自己的知识和信息；职业生涯发展路径的选择意图及更多关于职业生涯的决定。需要注意的是，职业探索需要以职业目标为导向，信息的收集必须在探索阶段的早期就要进行并且以能促进职业生涯以后阶段的决策成功制定为原则。

职业探索前回任者需要弄清楚自己的兴趣、价值观及以前的经历，通过反复思考以获取对于自己的深度了解，只有这样回任者才能清楚地认识到自己想要什么和希望完成外派任务后的工作环境与自己能力的相符程度。Susan和Nancy（2011）认为外派人员回国所面临的主要问题之一是缺少职业生涯发展机会。为了缓和这一矛盾，从个体角度来说，在归国前就要考虑自己即将面对的职业发展路径，这种职业探寻包括调查各种新的可能职业选择；归国后职业生涯的自我管理和寻找新的职业生涯发展机会。要做到这些需要收集关于职业、组织或行业的新信息，这些信息可以帮助归国人员做出更合理的职业决策，能够将目标设置得更具体或重新定义现有的职业目标，还可以评估各种选择的适合度。总之，个人的职业生涯总会受到外在因素（如环境）的影响，受到外在资源的约束，外在因素与内在过程（如自我主导）对于回任期的职业生涯探索是互补的，通常同时发生和相互影响。

（2）调整回任预期。回任者对于回国后的工作和职业生涯发展机会一般都会持有某种预期，回任预期来源于外派形势和经历。预期不同于希望，希望是一种意向或愿望，而预期是认知和经历后的结果，预期有三种类型：低于预期、符合预期和高于预期。根据期望理论，对于工作，预期与个人的现实情况越一致，个体就越满意。而对于大多数在国外生活过一段时间的外派人员对回任持较高预期（更有挑战性、不同的工作机会；

较高的补偿；利益方面等）。然而，他们的回任经历却常常遭遇挑战，预期与现实情况反差很大。回任者通常感觉自己只是"机器上的齿轮"，因为他们的母国公司并非准备像欢迎"英雄凯旋"那样接纳他们。①

面对这种挑战性过渡经历，更需要回任人员努力做好自己的职业生涯管理，既要适度调整预期，也要对其他职业选择进行探索。回任者拥有越高希望，当预期不能实现时将面临越多的失望。但如果个体能将障碍视为机会而非威胁，为了实现想要的结果，就要尽力寻找替代方法解决问题。预期其实也是一个调节因素，个体觉得越多的预期（尤其是关于回国后的工作和职业生涯发展机会的预期）没有满足，他们就会在回任阶段结合外派经历、价值观和愿望进行越多的探索，这种积极行为有助于他们在组织内外寻找到各种职业选择机会来实现自己的抱负。

（3）积极主动应对。回任包含有主客观职业生涯过渡，当母国组织提供的工作几乎用不到他们的国际职业能力及因刚回国暂时不能适应母国文化时，为适应这种新形势就需要进行主客观职业生涯过渡期的调适。积极的行为有助于适应变化的工作过程，包括：努力改变工作环境的行动；努力寻找信息或者是寻求额外的培训；重新评估心理（如尝试着积极地概括问题，然后充分利用工作带来的好处）；心理撤退（如试图保持自己的感觉；不要与上司交谈问题；幻想着将会到其他地方工作）。

事实证明过度关注表征的行为根本无益于改善或改变过渡者面对新的环境和其中的压力；相反，积极的和柔性的应对行为（如收集信息和利用社会关系网）却有着更强的适应力。组织的新进入者应该收集的信息包括技术、与角色有关的规范（组织期待的行为和态度）、绩效反馈和社会反馈（可以接受的非任务行为）信息等。获取信息的渠道有直接上司、有经验的同事、其他的新进入者、非直接上级、下属、支持者，以及组织外的有关人员，还可以是与个体无关的信息源，如文件和手册。有实证研究表明，不光是信息获取的频率增加以后能极大化满意度和极小化离职意向，当某种信息的获取来自特殊的信息选取模式时也能达到这种效果。

另外，增加回国频率、常与母国公司联系、积极关注并尽可能参与国内的社交活动；争取社会、家人、朋友的极大支持也有益于顺利度过过渡

---

① Baruch, Y. and Altman, Y., "Expatriation and Repatriation in MNCs: A Taxonomy", *Human Resource Management*, Vol. 41, No. 2, 2002, pp. 239 –259.

期；通过建立特别的人际关系也能起到更好的作用，如尝试建立和维持同潜在支持者的关系。为发展人际关系，个体必须同他人多保持联系，如参加午餐会、行业或职业协会；参加社区活动和娱乐活动等，通过这些活动可以加强与客户、雇主和同辈的沟通。另外，同一些来自不同级别的人物，尤其是那些较高级别的人结成联盟十分有益，因为他们已处在更大的社会影响和信息圈中，他们能提供更好的人际关系网络。

（二）留任意愿与离职意向

现有文献中专门针对留任意愿的研究较少，而关于离职意向的研究成果非常丰富。学者们通常用离职或离职意向的反面来衡量员工的留任意愿。但无论是倾向于"留任意愿"观点或者是更倾向于"离职意向"概念，想要研究留任意愿，就必须同时研究离职意向。

所谓离职意向，是指员工想要离开现有的组织或者工作岗位的心理倾向，是个体的一种退缩行为，主要发生在经历了不满意之后。因此，Mobley（1978）等认为"离职意向（intentions to leave）是对工作不满意、产生了离职念头、有了寻找其他工作的倾向与找到其他工作可能性的综合体现"。[①] 离职意向是预测离职行为的最佳方式，但离职意向不同于离职行为，离职意向表明的是一种意向和态度，而离职行为是实际上发生的行为结果，二者之间尚有一定差距。在组织中，离职行为往往容易观察，而离职意向不易被察觉。

从某种程度上说，留任意愿与离职意向是同一个事物的两个方面。留任意愿与离职意向此消彼长，在同一时间点上，若某个体的离职意向高时，他的留任意愿必定是低的；同理，当个体的离职意向低时，那么他的留任意愿必然是高的。而有的学者则认为员工的留任并不是离职的反面所能完全衡量的，员工的留任除了继续留在企业内工作外，还包含留任过程中的正面的工作态度和行为，例如员工对组织的认同和忠诚，员工的组织公民行为和工作投入等。

Buekingham 和 Coffman（1999）认为上级对员工的职业发展和工作上的关怀能够直接影响员工满意度，而且能够提高员工的留任意愿。Stein（2000）在其研究中提出上级对员工的褒奖、适当的授权以及对员工的关

① Mobley, W. H., Homer, S. O. and Hollingworth, A. T., "An Evaluation of Precursors of Hospital Employee Mover", *Journal of Applied psychology*, No. 4, 1978, pp. 408 – 414.

怀是使员工留任的关键因素。Mark 等（2001）在研究员工的留任问题时则认为员工的留任意愿包含离职意向、工作倦怠和组织承诺三个方面。并且指出工作倦怠、低的组织承诺与离职意向存在很多相似的影响因素。当员工产生了工作倦怠或者缺乏组织承诺时，即使他们暂时没有离开企业，也难以给企业带来积极的影响，并必然会逐渐产生离职意向，从而实现离职行为。因此，Mark 等对离职意向、组织承诺和工作倦怠的量表进行了整合，形成了员工留任的测量量表。柯孔县（2007）在 Mark 等研究的基础上进行调整，用工作投入代替工作倦怠，形成新的员工留任的三维模型。这一新的员工留任三维模型即包含了离职意向、组织承诺以及工作投入三个子维度。

考虑到留任意愿与离职意向的相关性，在对留任意愿的影响因素进行考察时，必须提到离职意向的影响因素。通过对离职意向理论及模型的梳理，本书认为 Iverson（1999）提出的员工离职行为影响因素模型比较全面，其综合地总结了员工离职意向的影响因素（如图 1 – 1 所示）。

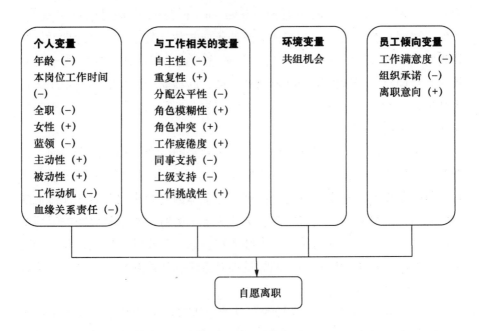

图 1 – 1　员工离职行为影响因素统计模型[①]

注：图中（＋）表示变量与自愿离职行为正相关；（－）表示变量与自愿离职行为负相关。

① Iverson, R. D., "An Even History Wry Analysis of Employee Turnover the Case of Hospital Employee in Austirilian", *Human Resource Management Review*, Vol. 9, No. 4, 1999, pp. 397 – 418.

从该模型图可以看出，Iverson 将影响员工离职行为的因素划分为个人变量、与工作相关的变量、环境变量以及员工倾向变量，其中，员工倾向变量与最终离职行为之间的关系最显著，且与其他变量之间的交互程度最大。考虑到在某种程度上员工的留任意愿可以看作离职意向的相反面，因此，在研究留任意愿的影响因素时也可以综合考虑个人变量、与工作相关的变量以及环境变量。

另外，不同类型的外派员工也展示出不同程度的离职意向，学习导向型（learning – driven）的员工比职能导向型（functional – driven）员工更倾向于在完成海外任务后离职，即使他们在回任调整期间得到足够的组织支持和职业发展机会。

第二章　国际外派人员培训管理

第一节　国际外派人员培训理论基础

外派员工执行外派任务时不能将其母国的商业管理模式直接植入东道国，而必须依照东道国的文化习俗及管理特性来调整其管理模式，故基于东道国特性的外派培训无疑不可或缺。有针对性的跨文化培训可以提高外派人员的跨文化技能，而跨文化技能的提升又能够显著改善外派人员的跨文化调适和跨文化绩效。因此，外派人员培训是外派人员管理的重要一环。

一　外派前培训的对象和内容

（一）外派前培训对象

外派前培训的对象除了外派人员还应包括外派人员的家属。一个成功的外派任务的完成，对于外派人员来说，除了组织对其支持是一个非常重要的因素之外，来自家庭的支持也很关键。外派前培训一方面要对外派人员进行专业能力、调适性、语言等方面的培训，另一方面应帮助外派人员的配偶、子女制订迎接这一改变的计划，让他们有强烈的自愿自觉的参与感，而不是被动的不情愿的受害者。

Bennett 等（2000）的研究证实了外派人员的配偶和其他家人的满意程度对外派人员能否在海外有效工作的影响非常显著。[①] Mendenhall 等（1987）认为家庭适应力是影响海外外派工作的一项非常重要的因素，同时也是导致外派失败的主要原因。家庭成员能否适应新环境会直接影响外

---

① Bennett, R., Aston, A. and Colquhoun, T., "Cross – culture Training: A Critical Step in Ensuring the Success of International Assignments", *Human Resource Management*, Vol. 39, No. 2&3, 2000, p. 242.

派人员的情绪，而情绪波动明显的外派人员容易收到不良的负面影响，分散精力和工作热情，导致其工作绩效较低。同时，长期外派使得外派人员在履行照顾家庭责任方面分身乏术，这也在无形中增加了外派人员职业发展上的负担。① 外派人员的海外适应与其配偶的海外适应程度高度相关，夫妻共同的海外适应程度与外派人员海外工作绩效正相关。

GMAC② 的研究报告指出配偶的职业生涯和孩子的教育问题对于外派人员的外派任务的接受及完成是两个最大的挑战。在履行外派任务过程中，家庭成员能否适应新环境会直接影响外派人员的情绪，配偶的不满意及缺少职业发展机会被认为最有可能导致外派任务不能顺利完成和提前回国的因素。③ 因此，外派前培训的对象除了外派人员还应包括外派人员的陪伴家属。一方面要对外派人员进行专业的综合能力、调适性、语言等方面的培训，另一方面应帮助外派人员的配偶、子女制订迎接这一改变的计划，让他们有强烈的自愿自觉的参与感，而不是被动的不情愿的受害者。因此，外派前培训的对象应包含外派人员及其陪伴家属。

（二）外派前培训内容

Tung 等（1997）对 400 多名外派人员进行了调查，语言能力的程度被认为外派任职绩效的关键组成部分。被调查者回答说，不管东道国文化和自己国家的文化的差异有多大，能熟练使用当地语言的能力和海外任职期间的适应性能力和文化意识能力同等重要。④ 那些具备东道国语言能力的外派人员能更好地了解所在国政治、经济和市场的各种有效信息。同时，熟练使用东道国语言可以使得外派人员及其家人更容易得到来自外派地群体的帮助。普华公司 1997—1998 年的问卷调查表明，语言培训不仅要提供给那些外派人员，而且已扩大到他们的配偶（81%）和子女（42%）。若缺乏东道国语言能力，这些跨国企业在战略和战术上会缺少

① Bhaskar–Shrinivas, P., Harrison, D. A., Shaffer, M. A. and Luk, D. M., "Input–based and Time–based Models of International Adjustment Meta–analytic Evidence and Theoretical Extensions", *Academy of Management Journal*, No. 48, 2005, pp. 257–281.

② GMAC Global Relocation Services. *Global Relocation Trends*: 2006 *Survey Report*, Woodridge, IL. 2007.

③ Brookfield Global Relocation Services. *Global Relocation Trends*, 2009 *Survey Report*, 2009. Retrieved from http://www.brookfieldgrs.com/knowledge/grts_ .

④ Tung, R. L. and Arthur, A., *Exploring International Assignees' Viewpoints*: *A Study of the Expatriation/Repatriation Process*, Chicago IL: Arthur Andersen, International Executive Services, 1997.

在东道国市场上监视竞争对手、获取和处理重要信息的能力。

跨国企业的特殊文化环境要求其外派人员必须具备一定的素质技能，尤其是具备跨文化、跨地域进行各种活动、业务处理以及管理工作的能力，而这一能力的获得，很大程度上依赖于其根据自身需要、东道国特点和国际经营特点所进行的外派前培训。

跨文化培训是外派前培训中很重要的一部分，Littrell 等 （2006）① 通过梳理有关外派跨文化培训的 29 篇定性研究文献和 16 篇实证研究文献，认为跨文化培训能有效提高外派的成功概率。跨文化培训包括文化意识的培训和跨文化效力技能的培训。文化意识培训是指获得一定程度上的在东道国的人际关系的改善和发展，旨在帮助受训者面对真实的自己，并且逐渐了解自己，对即将面对的以文化的属性和全新的陌生环境做到自知和自觉，保持对母国文化和东道国文化之间的差异有足够的敏感性和包容性。有助于外派人员在特定的文化情境中做出反应并在各种可能性中做出最合适的判断和抉择。

综上所述，外派前培训的主要内容包括东道国语言培训、文化敏感性训练、跨文化沟通、技能培训以及对配偶和子女的相关辅导等。

二　外派人员培训目标

（一）外派人员培训有效性

外派人员的挑选完成以后，并不代表所挑选的对象就是完全符合所有要求和标准的，由于外派筛选是基于在所给选择中的最优化，所以即使是经过了谨慎的筛选后的外派人员仍会在某些方面有缺陷。为了弥补这些缺陷，使外派任务得以顺利完成，跨国企业应组织相应的培训。大量研究证实许多外派经理人员在他们的跨国外派任务中遭遇很多严重的问题，进一步研究以后人们渐渐认识到造成这些问题的先决原因并不是这些经理们缺乏胜任工作的业务能力，而是在跨文化调适方面遇到了困难。于是，在之后的外派研究中有相当一部分将关注点放在对外派人员的慎重筛选和全面培训，从而极大优化外派成功的可能性上，不管是规范性研究还是实证性研究，通常都建议组织进行包含语言、习俗和与东道国相关的一系列信息

---

① Littrell, L. N., Salas, E., Hess, K. P., Paley, M., & Riedel, S., "Expatriate Preparation: A Critical Analysis of 25 Years of Cross – cultural Training Research", *Human Resource Development Review*, No. 5, 2006, pp. 355 – 388.

的培训。① 因此，对外派人员的培训已被认为跨国企业成功的关键因素之一。

但是，目前对于外派前培训是否一定有效仍然有两种不同的观点。Black 等（1992）认为外派前培训对于解决跨文化问题的帮助不大，有效的外派人员并不是后天培养的，而是天生的。② 他们认为接受培训的外派人员参加培训的动机以及曾经的海外任职经历对于培训结果的影响比培训本身更大，那些被慎重挑选出来的人很有可能恰恰是最不需要培训的人。而另一些学者则认为国际外派人员数量的逐年增加、社会和跨文化因素的多样性对海外绩效的影响，以及迄今为止很多外派工作不是那么成功的案例都需要更多，而不是更少的外派前培训。Kealey（1989）的研究结果更是表明单纯以海外经历为基础的筛选是不够充分的，曾经的外派经历的确会使外派人员在适应东道国文化上要相对容易得多，但这并不意味着他们一定能够有效地履行外派任务中的各项职责。

当然，我们不能期望通过一个外派前培训可以从根本上改变我们所挑选出来的外派人员，而应该考察现行的外派前培训能否在某方面起到其应有的作用以及能够作用到何种程度。海外任职的有效性跟很多变量直接或间接相关，如外派人员及其家属的能力和动机、东道国同事的技术水平和沟通能力、企业的管理水平。正是缘于多变量的复杂性，考察对外派人员的培训能否起到作用以及作用有多大时，仅仅考察他们是否具有可培训的素质或技能是远远不够的，还需要考虑到他们自身的性格特点和动机，外派前培训的目标性以及可行性并不意味着会有着神奇的完美效果。事实上很难通过一个短期的培训将一个非常不适合的一下子转变成非常适合这一工作的对象，要达到在海外有效工作这一目标除了培训之外还需要多方面的配合，如相关国际人力资源管理系统的支持。本篇讨论基于在同等性质的各种外在环境和个人内在能力的前提下，外派前培训能否起到作用，并且能在多大程度上起到作用，即通过增强语言能力或沟通能力或技术水平使外派人员具有能够在东道国文化和环境中高效工作的能力。因此，假设

---

① Gregersen, H. B. and Black, J. S., "Antecedents of Commitment to the Parent Company and Commitment to the Local Operation for American Personnel on International Assignment", *Academy of Management Journal*, Vol. 35, No. 1, 1992, pp. 1 – 26.

② Black, J. S., Gregersen, H. B. and Mendenhall, M. E., *Global Assignments: Successfully Expatriating and Repatriating International Managers*, Jossey – Bass, San Francisco, CA, 1992.

前提是外派前培训对于外派的重要性和必要性是毫无疑问的，但同时也并不意味着它的唯一性。

（二）外派前培训的目标

Baliga 和 Baker（1985）经过对美国最大规模的 25 家跨国公司的调查发现，只有 25% 的公司提供出国前的定向培训项目，同时只有 20% 的企业需要掌握在海外工作的语言技能。[①] 那么对缺失的那部分调适能力、语言能力、跨文化技能以及家属对陌生环境的适应性则是造成外派失败的主要原因之一。外派培训按时间顺序可分为外派前培训、东道国培训及回任前培训。外派前培训操作化定义为任何帮助国际外派人员增强海外适应性和成功完成外派任务的有关活动。外派前培训对外派人员的海外调适、外派绩效和整体的职业规划发展等方面均能起到重要的作用。这些针对外派人员的外派前培训的目标主要体现在：①帮助外派人员及其家属理解文化调整的过程和适应改变并且制订有效的应对计划；②通过真正理解东道国文化如何塑造当地人的人生观、价值观和世界观以及这种观念如何影响人们的行为，从而来更好地与他们沟通；③在明确自身情况和东道国情况的前提下，寻找最合理的方式与东道国国民有效合作，合理有效地运用培训中所获得的信息，最终达到成功外派的终极目标。

第二节　外派前培训、外派满意度和外派成功

一　理论基础以及研究假设

（一）外派工作满意度

1. 工作满意度及其影响因素

工作满意度是个体对特殊工作因素、个人特质和工作外群体关系三个方面所持态度的结果，是人们在工作条件等生理方面和工作内容等心理方面的双重满意度感知。它衡量的是人们对其工作的喜欢（满意）或不喜欢（不满意），并将其划分为内源性工作满意度和外源性工作满意度。员工首先会根据其对工作特征有一定的认知评价，继而在实际工作环境中比

---

① Baliga, G. M. and Baker, J. C., "Multinational Corporate Policies for Expatriate Managers: Selection, Evaluation", *Advanced Management Journal*, Vol. 50, No. 4, 1985, pp. 31 – 38.

较获得的价值与期望获得价值之间的差距，最终会对自己工作各个方面所持有的态度和情感体验。

职业类别、职位高低和年龄因素等都对工作满意度有影响。Herzberg（1956）继双因素理论之后做了进一步研究，指出导致满意的因素有成就、认可、工作本身的吸引力、责任和发展。导致不满意的因素有企业政策与行政管理、监督、工资、人际关系以及工作条件等。Minnesota University（1957）的工业关系中心研究者对这一理论进行了一系列研究，他们编制的 MSQ（minnesota satisfaction questionnaire）包括了内在满意度、外在满意度和一般满意度三个部分。具体来说工作满意度的维度包括工作本身、薪资、升迁、上司及工作伙伴等方面，年龄、任期、薪资、工作形态、工作层级和工作环境也是影响工作满意度的因素。国内外研究者关于工作满意度的研究文献较多，看法不一，尤其是国内学者，根据研究对象的不同，将影响工作满意度的因素进行了有差别的分类和有差异的研究。正是因为影响因素繁多，具体研究时要根据研究目标选择相应的理论基础和维度进行分析。

2. 外派工作满意度

Li 和 Tse（1998）认为外派满意度是外派人员对其在东道国期间的工作和生活各个方面的整体满意度。[①] 在过去的 20 年里，研究者发现有很多因素影响外派工作满意度和外派生活满意度。在此主要关注外派工作满意度以及影响外派工作满意度的因素。

在与工作相关的因素里，角色清晰度和技能多样化被认为外派工作满意度的最佳预测条件。动态的国际环境导致了更加模糊的角色定位，海外工作也经常需要外派人员比他们国内的同行拥有更加大范围的管理技巧。其他一些与外派工作满意度相关的因素，如决策参与度、之前的外派经验以及跨文化培训也吸引了研究者的关注。Naumann（1993）在对 184 位美国外派人员的研究中发现，决策参与度和跨文化培训与外派工作满意度正相关[②]，但很少有学者研究之前的外派经验是如何影响外派满意度的。从常识的角度来看，那些具有之前外派经验的外派人员更切实地做好了海外

①. Li, L. and Tse, E., "Antecedents and Consequences of Expatriate Satisfaction in the Asian Pacific", *Tourism Management*, No. 19, 1998, pp. 135 – 143.

② Naumann, E., "Antecedents and Consequences of Satisfaction and Commitment Among Expatriate Managers", *Group and Organization Management*, Vol. 18, No. 2, 1993, pp. 153 – 187.

生活的准备，他们可能对于他们的生活条件更加满意而且跨文化冲击给他们带来的影响较小。

外派工作满意度跟其他因素存在相关性吗？Banai 和 Reisel（1993）在研究中发现组织承诺对外派成功结果有影响，而 Black 等（1991，1992）认为外派前以及回任前的跨文化调适对其影响很大。外派工作满意度的决定因素可能还包括技术和能力、行为模式、家庭问题、组织在培训上所做的努力、财务诱因、指导项目、东道国文化、住房条件，以及东道国政治环境的稳定性等因素都会对外派人员的外派工作效果带来影响。通常情况下，影响外派工作满意度的因素的研究要在一个动态的环境下进行，这就意味着个体海外体验和外派工作满意度之间的正相关关系是存在的。①

Black 等认为外派人员从外派前培训中获得的知识对海外工作和日常生活的适应也很有帮助，尤其是那些包含了文化转变所需信息的知识，这些知识可以减少新角色带来的很多不确定性。对于那些对东道国习俗、文化和当地居民生活习惯不了解的外派人员来说，这些外派前的培训对于海外任务的顺利完成具有重要意义。Birdsey 和 Hill（1995）发现那些对在东道国生活更加满意的外派人员更加不愿意离开外派地，甚至是整个组织本身。他们还发现那些对母国公司培训更加满意的外派人员更加不愿意离开这个工作和工作地。②

国内学者翁麒翔在对外派人员的跨文化适应程度、工作满意度以及离职意向三者之间的关系研究之后发现，外派人员的跨文化适应程度与工作满意度呈正相关，而外派人员的工作满意度与离职意向呈负相关。江山对驻港澳国有企业员工的外派意愿与工作满意度进行了研究，证明了跨文化适应度在外派意愿与工作满意度之间起着一定的中介作用，外派人员外派意愿越强，则员工的跨文化适应度越高，从而工作满意度也越高。Li 等（1998）对饭店外派经理的工作生活满意度做了比较系统的研究。他指出工作满意度是指由于工作者的工作或经验受到赞赏而产生的积极的情感状态，而饭店外派经理的生活满意度是指其对外派地的生活环境的满意度。Lan 等

---

① Downes, M., Thomas, A. S. and Singley, R. B., "Predicting Expatriate Job Satisfaction: the Role of Firm Internationalization", *Career Development International*, Vol. 7, No. 1, 1996, pp. 24 – 36.

② Birdsey, M. G. and Hill, J. S., "Individual, Organizational/Work and Environmental Influences on Expatriate Turnover Tendencies: An Empirical Study", *Journal of International Business Studies*, Vol. 26, No. 4, 1995, pp. 787 – 813.

对 104 名饭店外派经理进行实证研究后发现，影响外派员工工作满意度的影响因素主要可以划分成两类，一类是与工作有关的影响因素，包括角色清晰、技能的多样、参与决策、跨文化培训国际经历；另一类是与工作无关的因素，包括跨文化适应、配偶的支持和东道国的教育质量。而且，还验证了饭店外派经理的工作生活满意度与其离职意向存在显著相关关系。[1]

基于上述分析，本书将外派工作满意度的维度确定为以下六个方面：对外派后的同事关系感到满意、对外派后与母国公司总部的沟通感到满意、对外派后总体职业目标所取得的进步感到满意、对外派后为满足收入目标所取得的进步感到满意、对外派后为满足晋升目标所取得的进步感到满意以及对外派后为满足获得新职业能力目标所取得的进步感到满意。

（二）外派成功

Caligiuri（1997）认为，外派成功是指外派任务的顺利完成、工作绩效的提高和良好的跨文化调适。对外派成功的研究大部分源自外派失败以及外派离职的研究。Magnini 和 Honeycutt（2003）在一项对酒店行业的研究中发现，相当大一部分外派经理的外派任务是以失败告终。外派失败或者外派离职指的是外派经理直接离职或者在海外任职期限未满的情况下提前回到母国公司。外派失败对于跨国酒店业来说是一个成本很大的问题。直接成本包括外派人员的重新分配、外派人员薪酬的重新设置以及他们工作更换带来的重新安置和补偿。间接成本比较难以量化，一般认为包括销售损失、不稳定的企业形象以及被误导的雇员。本书认为外派成功是外派任务的顺利完成、外派员工感知到对外派工作整体满意以及回任重置的成功。

外派人员要成功完成外派任务必须具备相应的能力和适应性。外派人员以往的技术能力可以在筛选过程中测量出来，例如，在酒店行业中，技术能力可以用每间可用房的最大收益 REVPAR（revenue per available room）、顾客满意度和忠诚度、员工满意度和忠诚度来衡量；但是适应性就相对比较难以测量。外派任务的成功完成需要很多因素的共同影响，对外派成功的评价同样是多维的。其中尤其需要关注外派人员的跨文化调适，如个体对于在东道国生活的一定程度的心理舒适度。较差的适应性能引起外派人员对组织的负面感觉，并且会破坏外派人员的组织承诺和工作

① Li, L. and Tse, E., "Antecedents and Consequences of Expatriate Satisfaction in the Asian Pacific", *Tourism Management*, No. 19, 1998, pp. 135 – 143.

积极性。另外还有诸如对外派任务完成情况的整体评价与归国后的安置是否成功，即外派人员衡量对其外派中和返回后个体各方面的提高，如职位、职责等。针对如何提高外派成功的研究，Caligiuri 等（2001）认为，若想提高外派成功率，需要提供优先于外派任务的对外派困难的预估和准确判断后的与跨文化紧密联系的培训。因此，启程前对受训者及其家属的有关培训很重要，启程前的培训主要针对海外职务，如外派职务所在国的文化、政治经济环境等。其他要做的培训还有外派过程中以及归国前的心理调适等。

（三）外派前培训对外派工作满意度、外派成功的影响

当外派人员被选定之后，有效的外派前培训对于最终成功的外派是非常有必要的。对于跨国公司来说要找到一个合适的人员来填补空缺的外派职位是一件压力很大的事，同时一个具备技术能力、有东道国经验、情绪智力和家庭情况完美并且还具有很高的学习能力的完美候选人即使存在，一般也相当少见。因此，培训就帮助了那些并不完美的外派人员理解海外目的地的文化，同时更深化了他们的学习能力。跨文化培训会帮助外派人员明确他们在海外会遭遇到的冲击，至少要给被挑选出来的准外派人员提供商业文化、礼仪、人际沟通和冲突处理的辅导。Alizee 等（2007）认为外派前培训要包括提供给外派人员在到达东道国初始急需的基本背景信息。例如，外派人员必须对植根于东道国文化中的惯例和习俗有所认识。在日本，外派人员必须了解日本的餐桌礼仪（大多数商业会议进行的地方），以及如何保守地着装等重要的日本商业文化。除了培训这些必须遵守的惯例，还有一些商业禁忌是要在培训中被提前告知的，如宗教习俗和东道国不一样的文化传统。同时，语言培训也是必不可少的。虽然学习导向不容易在短期培训中得到迅速提高，但是在外派前培训中，这一直是不可忽视的一环。

由上述文献综述可以看出，较多的研究都表明，跨文化培训对外派调适有相关性，对于外派培训而言，虽然没有研究明确指出外派前培训与外派成功的关系，但从以往的研究中我们可以判断，外派前培训的语言培训、技能培训、跨文化辅导以及对配偶的辅导都从不同程度上影响了外派成功，但是很少有研究者研究外派前培训如何影响外派工作满意度，并且通过影响外派工作满意度来影响外派成功的，因此，特提出如下假设：

假设1：外派前培训正向影响外派成功。

假设2：外派前培训正向影响外派工作满意度。

假设3：外派工作满意度正向影响外派成功。

假设4：外派工作满意度中介作用于外派前培训与外派成功。

20世纪后半叶，女性在劳动力市场参与度的大幅提高成为全球劳动力市场最显著的特点之一。最早围绕外派人员的研究都试图推翻一个观点：女性不愿意和没有兴趣接受国际外派任务，东道国也不愿意接受女性外派人员。但自从Adler（1979，1987）展开一系列有关女性外派的研究以后，随着关于女性外派研究的角度的增多，研究成果也越来越丰富。尽管众多研究显示企业需要女性外派人员，但是能被选中并外派的女性依然不多。不过Altman等（2008）[①] 的一项对美国工程设计人员的研究数据却显示，尽管跟男性相比女性外派者只占外派总人数的15%，但是随着全球外派人数的增多，女性外派人员的数量随之也在增长。

外派任务成功的标准包含完成外派任务的欲望、工作绩效和跨文化调适。[②] 基于这一标准，Caligiuri（1998）等比较了男性和女性外派人员的不同，其研究结果表明男性和女性在完成任务的欲望和上级所评定的绩效方面不存在显著差异，然而，女性外派人员在跨文化调适上相对男性较弱。[③] 女性在外派任务中跨文化调适的因素研究结果显示，组织支持和家庭支持与女性外派人员的跨文化调适显著相关。外派前对外派人员的培训是组织支持的体现，对外派人员配偶的辅导和培训则是提高家庭支持度的非常好的方式。而且社会的交互作用和社会支持对于女性跨文化调适存在独特影响，社会的交互作用极大地影响了女性的跨文化调适。在此以性别作为调节变量，研究外派前培训（Previous Expatriate Training, PET）对外派成功（Expatriate Success, ES）的具体影响。基于理论分析特提出如下假设：

假设5：性别调节作用于PET与ES的关系。

综上所述，本章的研究框架如图2-1所示。

---

① Altman, Y. and Shortland, S., "Women and International Assignments: Taking Stock—a 25 Year Review", *Human Resource Management*, Vol. 47, No. 2, 2008, pp. 199 – 216.

② Caligiuri, P. M. and Cascio, W. F., "Can We Send Her There? Maximizing the Success of Western Women on Global Assignments", *Journal of World Business*, Vol. 33, No. 4, 1998, pp. 394 – 416.

③ Caligiuri, P., Phillips, J., Lazarova, M., Tarique, I., and Bürgi, P., "The Theory of Met Expectations Applied to Expatriate Adjustment: The Role of Cross – cultural Training", *International Journal of Human Resource Management*, No. 12, 2001, pp. 357 – 372.

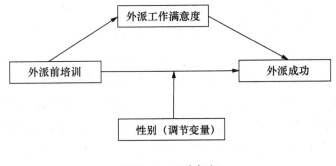

图 2 – 1 研究框架

二 研究方法及研究结果

（一）量表和问卷调查

本章研究调查问卷包括以下几部分："您和您公司的基本信息"、"有关您最近的海外业务的信息"、"履行外派任务时的个人信息"、"外派成功"、"外派前培训调查问卷"以及"外派工作满意度问卷"。其中，基本信息问卷、最近海外业务信息问卷、履行外派任务时的个人信息问卷以及外派工作满意度调查问卷选取 Leslie 等（2004）研究外派和回任成功中所用到的量表，经过严谨的翻译过程得出。外派工作满意度量表共有 6 个题项，采用 5 点李克特式量表法，要求被调查者表明他们对每个变量认可的程度（1 表示非常不符合，2 表示不符合，3 表示不确定，4 表示符合，5 表示非常符合）。基本信息问卷包括性别、职位、所属部门、与现任雇主相处的年限、所处行业和在目前行业已工作的年限等条目，旨在更加清晰地了解外派员工的背景和信息以降低误差。有关最近海外业务的信息调查问卷主要包括海外工作时间、工作地所需语言、外派前语言能力、赴任前经过培训后的语言能力以及完成委派任务以后的语言能力，这一部分对语言的调查相对较多，因为根据前面的总结，语言能力确实是成功完成外派任务过程中必不可少的环节。

履行外派任务时的个人信息包括当时的年龄、婚姻状况、子女数目、教育背景、专业、外派人员职业成功和外派成功的下属条目，对外派人员外派期间各方面情况的全面了解有助于分析外派人员在外派工作中行为反应的前因后果。外派前培训的调查问卷包括外派前组织提供了系统的语言培训、技能培训、跨文化培训以及给外派人员的配偶提供了相应的培训和辅导这四个条目，虽然已经有很多学者对跨文化培训进行过很全面的研究，但是基于对中外文献的梳理，特整理出尤其重要的以上四项用于测量外派前培训。

外派工作满意度包括 6 个条目，分别为对外派后同事关系感到满意、对外派后与母国公司总部的沟通感到满意、对外派后总体职业目标所取得的进步感到满意等。外派成功量表包括两个条目，分别为外派人员对外派作出的总体评价和对返回母国后的重新安置作出的评价。

经过反复沟通最终选取了几家瑞典在华跨国企业作为研究对象进行问卷调查。项目组成员与每个企业的人力资源部的一位工作人员组成一个课题小组，负责调查问卷的发放、收集和释疑等工作。本问卷的发放方式主要为电子邮件发放，以邮寄问卷和实地发放为辅助方式。为保证问卷完成的有效性和完整性，在被试者填写问卷之前，前期对被调查企业人力资源部的工作人员代表进行了问卷填写培训，以确保在问卷填写过程中，若被试者有任何疑问，都可以马上询问研究者或者所在企业人力资源部的工作人员代表并及时得到详细讲解。

本次调查共发放问卷 227 份，回收了 205 份。数据分析以前先对回收问卷进行审核，按规定剔除掉空白选项过多和由于填写不认真导致选项答案前后矛盾的问卷，同时对缺失数据进行处理，剔除缺失数据个数大于或等于 3 的问卷。而后用 SPSS 20.0 for Mac OS 对所剩记录进行残差估计，剔除变异值之后，得到有效问卷 170 份，最终的有效问卷回收率为 83%。

（二）样本信息

本章所调查的有效样本基本信息如表 2 - 1 所示。

从表 2 - 1 可以看出，国际外派人员中男性员工居多，占外派总数的 79.4%，而在 170 位外派人员中仅有 35 位为女性，说明跨国公司在挑选外派人员时仍然倾向于男性。在外派人员的职位层级这一选项中，基层岗位占据超过一半的比率，这源于较大比例公司是来自瑞典的全球知名家具和家居用品零售商。从被调查者的年龄分布可以看出，大部分外派人员是在 25—32 岁这一区域，而这一年龄段的外派人员对于海外工作有着强烈的新鲜感，并把外派工作当成有趣的经历，故虽是基层工作，仍接受外派工作。从与现任雇主相处的年限这一选项可以看出，67.1% 的外派人员已经跟现任雇主相处了 2—4 年，具有了一定的基础，熟知公司各项条款和业务，有利于外派工作的完成。由于被调查的企业为瑞典几家大型跨国公司，

表 2 - 1　　　　　　　　　　　　　样本信息

分组变量		频率（人）	百分比（%）	有效百分比（%）	累积百分比（%）
性别	男性	135	79.4	79.4	79.4
	女性	35	20.6	20.6	100.0
	合计	170	100.0	100.0	
职位	基层岗位	106	62.4	62.4	62.4
	中层岗位	56	32.9	32.9	95.3
	高层岗位	8	4.7	4.7	100.0
	合计	170	100.0	100.0	
所属部门	高级管理人员	3	1.8	1.8	1.8
	信息系统/运行维护	11	6.5	6.5	8.2
	营销及客服	80	47.1	47.1	55.3
	财务	7	4.1	4.1	59.4
	人力资源	13	7.6	7.6	67.1
	综合	21	12.4	12.4	79.4
	操作部门	35	20.6	20.6	100.0
	合计	170	100.0	100.0	
与现任雇主相处的年限	1—2 年	24	14.1	14.1	14.1
	2—3 年	53	31.2	31.2	45.3
	3—4 年	61	35.9	35.9	81.2
	4—5 年	24	14.1	14.1	95.3
	5 年以上	8	4.7	4.7	100.0
	合计	170	100.0	100.0	
现在的雇主参与竞争的行业	海外投资	27	15.9	15.9	15.9
	通讯	81	47.6	47.6	63.5
	制造业	51	30.0	30.0	93.5
	IT	11	6.5	6.5	100.0
	合计	170	100.0	100.0	
在目前行业已工作的年限	1—3 年	39	22.9	22.9	22.9
	3—8 年	106	62.4	62.4	85.3
	8—13 年	25	14.7	14.7	100.0
	合计	170	100.0	100.0	
年龄	<25 岁	9	5.3	5.3	5.3
	25—32 岁	86	50.6	50.6	55.9

续表

分组变量		频率（人）	百分比（%）	有效百分比（%）	累积百分比（%）
年龄	33—40 岁	63	37.1	37.1	92.9
	41—49 岁	10	5.9	5.9	98.8
	50—55 岁	2	1.2	1.2	100.0
	合计	170	100.0	100.0	
婚姻状况	单身	62	36.5	36.5	36.5
	已婚	84	49.4	49.4	85.9
	分居	9	5.3	5.3	91.2
	离异	15	8.8	8.8	100.0
	合计	170	100.0	100.0	
孩子数目	没有	70	41.2	41.2	41.2
	一个	41	24.1	24.1	65.3
	两个	52	30.6	30.6	95.9
	三个	7	4.1	4.1	100.0
	合计	170	100.0	100.0	
教育背景	博士	11	6.5	6.5	6.5
	硕士	47	27.6	27.6	34.1
	大学本科	100	58.8	58.8	92.9
	大学本科以下	12	7.1	7.1	100.0
	合计	170	100.0	100.0	
专业	管理	42	24.7	24.7	24.7
	营销	46	27.1	27.1	51.8
	财会	14	8.2	8.2	60.0
	理工科	12	7.1	7.1	67.1
	经济	13	7.6	7.6	74.7
	语言	43	25.3	25.3	100.0
	合计	170	100.0	100.0	
海外工作的时间	2—3 年	25	14.7	14.7	14.7
	3—4 年	52	30.6	30.6	45.3
	4—5 年	61	35.9	35.9	81.2
	5 年	24	14.1	14.1	95.3
	6 年	8	4.7	4.7	100.0
	合计	170	100.0	100.0	

注：$N = 170$。

故现在雇主参与竞争的行业仅限于海外投资、通信、制造业和 IT。有 62.4% 的外派人员在目前行业已工作 3—8 年，仅 22.9% 的被调查者的工作年限低于 3 年，说明企业在挑选外派人员的过程中，在本行业的工作年限也是一个重要的参考标准。从婚姻状况来看，49.4% 的已婚者比 36.5% 的单身者稍多，而分居和离异的只占很少一部分；而在孩子数目这一栏目里，41.2% 的被调查者是没有孩子的，有一个或者两个孩子的外派人员占 54.7%，说明大部分外派人员是已婚且大部分是有子女的，所以在海外外派工作中，家庭的因素也是不容忽视的。在全部被调查者的教育背景中，58.8% 的被调查者是大学本科毕业，27.6% 有硕士学位、博士学位和大学本科以下只占到很少的比例，这一现象也与被调查的公司性质有关，上述解释中提到的某公司的外派人员年龄偏小，对某部分外派人员的学历要求没有特别高是形成这一结果的重要原因；而在被调查者所学专业这一项目中，管理、营销和语言是所占比例较大的三个专业，分别为 24.7%、27.1% 和 25.3%，而财会、经济和理工科则占据相对较小的比例，这说明在外派人员中学管理出身的人员和本身具有语言优势的学语言出身的人员确实在跨国企业挑选海外外派人员中是比较受欢迎的外派人员。

（三）研究方法

1. 信度、效度检验和因子分析

信度（reliability）是用于评价测验结果的一致性、稳定性和可靠性，估计测量误差对整体测验的影响（徐淑英、陈晓萍，2008）。信度指衡量工具的正确性（accuracy）与精准性（precision），其中包含了稳定性（stability）及一致性（consisteney）两种意义。Cronbach's α 系数越大，则表示信度越高，其稳定性也越高。实际运用时，一般要求 α 系数应至少大于 0.7（Nunnally，1978）。

效度是指测量的实际结果是否测量了需要测量的内容，即数据的实际测量值与理想值之间的差异程度。效度分析有多种方法，但是最理想的方法还是通过因子分析来测量问卷的结构效度。在进行因子分析之前，一般要先对测量题项进行因素分析适合性检验，一般选择 KMO 值和 Bartlett's 球形检验的 p 值作为检验指标。KMO 值用于比较各题项之间的简单相关系数和偏向关系数，根据 Kaiser（1974）的观点，只要 KMO 值大于 0.9 就说明非常适合进行因素分析，大于 0.8 适合进行因素分析，大于 0.7 表示尚可进行因子分析。Bartlett's 球形检验的 p 值用于检验各题项之间的相关性，Bartlett's 球形检验的 p 值小于 0.001 表示变量之间的共同因子多，这些变量适合做因子分析。当判定某变量适合做因子分析以后，再采用主成分分析法（principal components analysis，PCA）和正交旋转法（Varimax）提取变量中的公共因子。通常抽取初始特征根大于 1（Kaiser，1960）的因子为公因子，再检验因子载荷系数以及提取的所有公因子累积解释的方差量。如果题项的因子载荷系数越高，则说明题项与因子的相关性越高、对其组成的共同因子的贡献率越高，从而该题项对相应的因子就越有效。当所有公因子累积解释的总方差的解释率大于60%，说明量表有较高的结构效度（陈升，2005；石金涛、王莉，2004）。

（1）外派前培训（pre – expatriate training，PET）。PET 量表包括 4 个题项，其整体的 Cronbach's α 值为 0.815，用校正的项总计相关性和项已删除的 Cronbach's α 值检验所有 4 个题项，结果发现校正的项总计相关性系数均大于 0.5，远大于 0.2，且删减题目后，α 系数值分别为 0.717、0.814、0.789 和 0.734，均没有显著上升。因此，认为该量表的信度水平较好。进一步对外派前培训量表进行因子分析后得到 KMO 检验系数为 0.714，大于 0.7，Bartlett's 球形检验 Sig. = 0.000 < 0.01，拒绝球形假设，根据上述标准，表明数据适合做因子分析。按方差最大旋转法进行旋转，根据特征值大于 1 的原则，得到 1 个因子，和原构思相同，这一因素解释了 64.384% 的变异。

（2）外派工作满意度（expatriate job satisfaction，EJS）。EJS 量表包括 6 个题项，其整体的 Cronbach's α 值为 0.876，用校正的项总计相关性和项已删除的 Cronbach's α 值检验所有 6 个题项，结果发现校正的项总计相关性系数均大于 0.6，远大于 0.2，且删减题目后，α 系数值均没有显著上升。因此认为，该量表的信度水平较好。进一步分析后得到 KMO 检验系数为 0.848，大于 0.8，Bartlett's 球度检验 Sig. = 0.000 < 0.01，拒绝球形假设，根据上述标准，表明数据适合做因子分析。按方差最大旋转法进行旋转，根据特征值大于 1 的原则，得到 1 个因子，和原构思相同，这一因素解释了 62.234% 的变异。

（3）外派成功（expatriate success，ES）。ES 量表包括 2 个题项，其整体的 Cronbach's α 值为 0.754，用校正的项总计相关性和项已删除的 Cronbach's α 值检验所有 2 个题项，结果发现校正的项总计相关性系数均大于 0.6，远大于 0.2，由于只有 2 个题项，故不存在项已删除的 Cron-

bach's α 值。因此，认为该量表的信度水平较好。进行因子分析，KMO
检验系数为 0.693，大于 0.6 接近 0.7，Bartlett's 球形检验 Sig. = 0.000 <
0.01，拒绝球形假设，根据上述标准，表明数据适合做因子分析。按方差
最大旋转法进行旋转，根据特征值大于 1 的原则，得到 1 个因子，和原构
思相同，这一因素解释了 80.30% 的变异。

2. 相关性分析

运用 SPSS 20.0 统计软件对研究中涉及的自变量、中介变量和因变量
三者的相关性进行分析。在分析之前，先对三个变量进行中心化处理，分
别得到 Zscore（外派前培训）、Zscore（外派工作满意度）和 Zscore（外
派成功），然后用中心化后的变量的数据进行相关分析得到 PET 与 EJS、
PET 与 ES、EJS 与 ES 的 Pearson 相关系数分别为 0.954、0.853 和 0.882，
且 $p < 0.01$，因此，这几对变量间均显著正相关，假设 1、假设 2、假设 3
均得到初步验证。

在控制了被调查者的职位、年龄、教育背景和婚姻状况四个控制变量
后，对 PET、EJS 和 ES 三个主要变量进行偏相关分析。在剔除了控制变
量的影响后，PET 与 EJS、PET 与 ES、EJS 与 ES 的相关系数分别为
0.953、0.851 和 0.879，相关系数虽略有减少，但从显著性的双侧检验结
果来看，显著水平没有变化。

3. 回归分析

进一步，经过对 PET、EJS 和 ES 三个变量的回归分析，得到 PET 对
EJS（模型 1）、PET 对 ES（模型 2）的回归分析结果，见表 2 - 2。

表 2 - 2　　　　　PET 对 ES、PET 对 EJS 的回归分析结果

		模型 1		模型 2	
		标准系数 β	t	标准系数 β	t
	（常量）		- 40.697		0.000
自变量	外派前培训	0.954 **	41.009	0.853 **	21.182
	R	0.954		0.853	
	R2	0.909		0.728	
	调整 R 方	0.909		0.726	
	标准估计的误差	0.302		0.523	
	Sig.	0.000		0.000	

注：$* p < 0.05$，$* * p < 0.01$。

从表2-2可以看出，PET对EJS、PET对ES的预测回归系数分别为0.954、0.853，并且均通过了1%水平下的显著性检验，说明PET对外派满意度、PET对ES有很强的预测作用，标准回归方程为EJS=0.954PET、EJS=0.853PET，且方程的总解释力达到了90.9%和72.6%。因此，假设1和假设2进一步得到验证。

接下来考察EJS对ES的影响，并检验假设3。把EJS作为自变量对ES进行回归分析以后得到如下分析结果（见表2-3）。

表2-3　　　　　　　外派工作满意度对外派成功的回归分析结果

		因变量外派成功	
		标准系数 β	t
	（常量）		-24.148
自变量	外派工作满意度	0.882**	24.309
R		0.882[a]	
R^2		0.779	
调整 R^2		0.777	
标准估计的误差		0.472	
Sig.		0.000	

注：* $p < 0.05$，** $p < 0.01$。

从表2-3分析结果可以看出，预测回归系数为0.882，并且通过了1%水平下的显著性检验，说明EJS对ES有很强的预测作用，标准回归方程为ES=0.882EJS，且方程的总解释力达到了77.7%。因此，假设3得到了验证。

4. 外派工作满意度对外派前培训与外派成功的中介作用分析

Baron等（1986）[1]认为，为了探索中介作用，需要做三步回归分析。假设所有变量均已经中心化，为验证假设4，做如下处理：①把PET作为自变量对ES进行回归分析，检验自变量PET能否显著预测因变量外派成功；②把PET作为自变量对中介变量EJS进行回归分析，检验自变量PET

---

① Baron, R. M. and Kenny, D. A., "The Moderator - mediator Variable Distinction in Social Psychological Research: Conceptual, Strategic and Statistical Considerations", *Journal of Personality and Social Psychology*, No. 51, 1986, pp. 1173 - 1182.

能否显著预测中介变量 EJS；③把 PET 作为自变量，ES 作为因变量，考察中介变量 EJS 进入方程前后，自变量回归系数的变化，以检验在回归方程中引入中介变量 EJS 之后，PET 对 ES 的影响有无下降，进而说明中介作用的存在与否。中介作用分析结果如表 2－4 所示。

表 2－4　　　　外派工作满意度对外派前培训和外派成功
关系的中介作用分析结果

变量	外派成功
第一步：控制变量	
职位	0.036
年龄	−0.002
婚姻状况	0.027
教育背景	0.131**
ΔR^2	0.023
第二步：主要自变量	
外派前培训	0.891**
ΔR^2	0.003
第三步：中介变量	
外派工作满意度	0.823**
ΔR^2	0.008

注：* $p < 0.05$，** $p < 0.01$。

根据以上操作步骤以及表 2－4 中数据可以看出，首先，自变量 PET 能够显著预测因变量 ES，预测回归系数为 0.891，并且通过了 0.01 水平下的显著性检验；其次，自变量 PET 能够显著预测中介变量 EJS，预测回归系数为 0.954，并且通过了 0.01 水平下的显著性检验；最后把中介变量 EJS 加入到回归方程时，自变量 PET 对因变量 ES 的影响从 0.891 下降到 0.823，但仍然在 0.01 水平下显著，同时，EJS 对 ES 的影响也通过了 0.01 水平下的显著性检验。这说明，EJS 在 PET 对 ES 的影响中起到了部分中介的作用。因此，假设 4 得到验证。

5. 性别的调节作用分析

这里借鉴温忠麟等（2005）[①] 总结的调节作用分析方法，采用分层回归的方法分析性别的调节效应，具体操作步骤如下：

第一步，建立个人属性对 ES 的回归模型 M1，控制个人属性的影响；

第二步，将自变量性别和 PET 加入模型 M1 中，建立回归模型 M2，控制自变量和调节变量的影响；

第三步，将自变量与调节变量的交互项分别加入模型 M2 中，建立回归模型 M3，如果 M3 回归方程的决定系数 R^2 较 M2 回归方程的决定系数 R^2 显著增加，即 ΔR^2 显著，那么说明自变量与调节变量的交互项能够显著增加对外派成功变异量的解释，即调节变量性别可以调节 PET 与 ES 的关系。或者可以看交互项的回归系数，如果回归系数显著，则说明调节作用显著。

根据上述的分层回归步骤，性别在 PET 和 ES 之间的调节作用分析结果如表 2 - 5 所示。

表 2 - 5　　　　　　　　性别的调节作用分析结果

变量	外派成功
第一步：控制变量	
职位	0.036
年龄	- 0.002
婚姻状况	0.027
教育背景	0.131 **
ΔR^2	0.023
第二步：主要自变量	
外派前培训	0.839 **
性别	0.225 **
ΔR^2	0.008
第三步：自变量交互项	
外派前培训 * 性别	- 0.294 **
ΔR^2	0.008

注：* $p < 0.05$，** $p < 0.01$。

---

① 温忠麟、侯杰泰、张雷：《调节效应与中介效应的比较和应用》，《管理学报》2005 年第 2 期。

从表 2-5 中数据可以看出，在控制了个人属性变量后，依次加入 PET、性别和 PET 和性别的交互项，可以看到 PET 和性别的交互项对 ES 的回归系数为 -0.294（$p < 0.01$），且模型解释的 ES 的方差显著增加了 0.8%，说明性别在自变量 PET 与因变量 ES 之间起到了显著正向调节作用，假设 5 得到验证。

为进一步检验性别的调节作用，接下来首先把本书的样本分为两个样本，一个是男性样本，另一个是女性样本，然后分别在这两个样本中做回归分析，依据两个样本中回归的截距和系数得到图 2-2。从图 2-2 中可以看出，代表男性样本的直线斜率大于代表女性样本的直线斜率，即在女性样本中，外派前培训对 ES 的影响比男性的效果要小，因此，相较而言男性员工的 PET 对其 ES 的影响作用更大。

（四）研究结果

经过前面的数据分析，最终得到如下研究结果：

假设 1 "外派前培训正向影响外派成功"、假设 2 "外派前培训正向影响外派工作满意度" 和假设 3 "外派工作满意度正向影响外派成功" 均通过了验证。

对于 "外派工作满意度中介作用于外派前培训与外派成功" 的假设检验结果表明，外派工作满意度起到了部分中介作用。

而假设 5 "性别调节作用于 PET 与 ES 的关系" 也通过了验证，而且相比较而言男性员工的 PET 对其 ES 的影响作用更大。

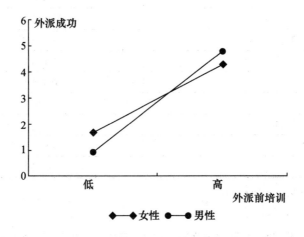

图 2-2　性别对外派前培训和外派成功关系的调节作用

三　讨论

（一）研究意义

研究结果表明对男性而言，PET 对 ES 的作用比女性更大。事实上跨国公司的男性外派员工远多于女性员工。ES 是员工本人和企业都更愿意看到结果，因此，对男性外派员工的 PET 尤为重要，培训内容应该更有针对性和依据其特定的需求进行。另外，跨国经营企业要提高对 PET 的重视程度，需要根据企业在海外发展的不同时期、不同阶段的特点和工作重心，站在企业全球发展的战略高度通盘考虑企业未来发展的长期目标和短期目标，将对外派人员的 PET 提升到海外发展计划的议程上来，使此培训与企业的整体发展以及整体培训计划进程相一致，保证外派培训的有效性，以提高外派人员的工作绩效，从而在组织的层面上提高外派成功率。

而在对 PET 的设计中，如何整合母国文化、东道国文化以及企业文化这三者并将整合后的结果在培训中得以体现尤其要予以重视。跨国企业的人力资源部是外派培训的计划和实施者，应承担起这一重要职责。在具体实施中，人力资源管理者应考虑采取多种形式相结合的培训模式，一般来看，教师和实地工作场所是最常见的培训场所，而讲授为最常用的方式，而事实上，实际模拟在跨文化培训中可能具有更好的效果，尤其在海外人际交往、东道国社会习俗、对东道国法律法规的认识、东道国职场礼仪和管理文化以及各种理解和包容能力的培训上。在对外派人员的选择上，除了考察外派人员的专业技能、语言能力以及管理能力等之外，跨文化的适应性和胜任力、外派人员的家庭状况、性别等都应该纳入考察的范畴。除了外派人员个人特征与信息之外，外派人员与外派东道国环境的匹配程度也相对重要。跨国企业可以在真正委派之前将外派人员安排到东道国做一个短期的交流，可帮助他们初步对新环境和新文化有个基本的实地了解，并且观察其自身能否适应东道国的价值观等各方面的差异。

（二）研究局限及进一步研究的方向

尽管本章的研究取得了一些研究成果，但是也存在一些局限。首先是变量的测量，本书的研究所采用的 EJS 为心理因素，对其数据的采集只是来自被调查者，这在一定程度上受被调查者的主观因素影响，可能会产生同方法变异，后续的研究可以采取更加多样化的数据收集方式以减少测量误差。其次，在研究变量上，本章的研究只选取了 PET、EJS 和 ES 作为主要研究变量进行讨论，对于其他变量，如外派调适、跨文化胜任力和外派后的回任等并没有加以研究，后续研究可以引入这些变量作进一步的研究。另外，本章的研究对象是瑞典跨国公司外派员工，后续可以进一步与中国的跨国经营企业作比较研究，如此，研究结果会更有借鉴意义。

第三章　外派动机和外派满意度

第一节　问题的提出

一　跨国公司外派人员的职业生涯发展意向及动机

正确理解个体接受外派的动机相当重要，Stahl 等（2002）、Dickmann 和 Harris（2005）等研究发现，虽然从事跨国经营的企业对有能力的全球经理人的需求已远远超过现时供给，然而现实情况却是相当多的"潜在的外派人员"似乎并不愿意接受外派任务。那么，究竟有哪些因素会影响到接受外派任务与否呢？据理论分析，这些因素主要有个性、家庭（配偶和孩子）、外派任务特性、外派地点、组织支持、个人职业发展意向等。至于各因素影响程度还需要进一步的研究。Victor、Tania 和 Eve-lyne（2008）从心理学角度比较分析了"内在动机"的个体和"外在动机"的个体对于接收外派任务在"任务特性、组织支持和沟通意愿"方面的差异，研究结果表明：有"内在动机"的个体更愿意接受国际外派，他们把与外派有关的未来困难当作挑战；两种个体在沟通方面没有差异；在组织支持方面也没有差异，都认为组织支持重要。他们的实证研究结果还表明"对于一项国际外派任务，越高的内在动机会导致越强烈的接受意愿"。与内在动机相对应的是外在动机，外在动机与感知到的有关国际外派任务的困难有关。不管是内在动机还是外在动机，都同组织提供的支持有关。但是该研究有三个局限性：①准确衡量内在动机有难度，清晰地界定内在动机和外在动机也有难度；②对变量的测量只进行了一次；③变量比较少，缺少较强的说服力。因此，同类相关研究还有待加强。

二　已有研究的局限

虽然关于"动机"与"选择外派"的关系研究越来越多，但都有局限：一是绝大多数文献聚焦于研究西方跨国公司的外派管理；二是现有文献关注点多在探测"意愿"对于外派的影响，而不是关注"态度"对于实际决策过程的影响；三是现有文献虽然关注到了外派人员的"动机"和"预期"的关系，但是都没有调查公司是否关注员工的这些心理，事实上公司往往忽略了"要与谁沟通"和"为什么要沟通"的问题本质，而且，外派企业究竟该如何"分享"外派员工的"动机"和"预期"在以往的文献研究中关注较少。这其实就是外职业生涯如何拉动和促进内职业生涯的问题，也是跨国外派这一新型国际性职业所提出的对于员工职业生涯发展的新的管理要求。

第二节　关于"外派动机"的一个实证研究

前面已经对相关研究的理论做过陈述，在此直接从研究假设开始阐述。

一　研究假设

假设 1a：想寻求新的职业发展机会的意愿影响其外派动机；

假设 1b：想增强职业能力的意愿影响其外派动机；

假设 1c：想增加收入的意愿影响其外派动机；

假设 1d：想得到职务提升的意愿影响其外派动机；

假设 2a：外派后的收入与其外派职业满意度正相关；

假设 2b：外派后与总部沟通与其外派职业满意度正相关；

假设 2c：外派后的职位晋升与其外派职业满意度正相关；

假设 2d：外派后与同事关系与其外派职业满意度正相关。

二　研究设计

（一）问卷

根据研究目的，意欲对中国跨国经营企业的外派人员的外派动机和外派满意度进行探索性研究。但是国内目前并没有这方面的问卷，故外派动机调查问卷选自 Kaye（2009）的研究。Kaye 主要从心理学角度研究动机对于国际外派任务中的自我引导力，该量表共有 7 个题项。外派满意度和回任情况调查问卷选自 Leslie 等（2004）研究外派和回任成功中所用到的量表，外派满意度量表共有 5 个题项，回任情况调查分量表涉及 5 个题项。离职意愿问卷采用龙立荣（2002）编制的包含三个项目的量表，主要是调查外派员工完成外派任务回国后的一段时间以内的离职意愿。所有工具均采用5点李克特式量表法，要求被调查者表明他们对每个变量认可的程度（1表示非常不符合，5表示非常符合）。虽然外派动机、外派满意度和回任调查问卷均使用国外已有的量表，但是考虑到跨文化因素的影响，先期对它们做了信度分析以检测问卷调查结果的稳定性和一致性，分析结果如表3-1所示。

表3-1　　　　　　　　　　信度检验结果

克朗巴哈 α 系数	题项
外派动机量表 α = 0.816	7
外派职业满意度量表 α = 0.842	5
回任分量表 α = 0.868	5

由表3-1可知，外派动机量表、外派职业满意度量表及回任分量表的克朗巴哈 α 系数分别为0.816、0.842和0.868，均大于0.8，故三份量表的内在信度比较理想。

（二）样本和数据收集

本章的研究对象是国际外派及回任人员，对其所在的企业规模、企业所在行业没有具体要求，对外派人员的工作性质也没有具体要求。此次调查针对我国跨国经营企业的外派人员发出了500份问卷，最后共回收了300份，经过审核有效问卷为292份，有效问卷回收率为58.4%。

（三）样本信息

对外派人员有效问卷做简单描述性分析后可以得到这些数据：所调查的国际外派人员共为292名，其中男性214名，女性78名；单身员工为124名，占总数的42.5%，已婚的164人，所占比例为56.2%，其他处于分居状态；没有小孩的员工为161人，占总人数的55.1%，其余为有一到两个孩子的员工；基层岗位员工163人，所占比例为55.8%，中层108人，所占比例为37%，高层21人，占总调查人数的7.2%；员工国际外派后所属部门的最大比率是"营销及客服"，占到25.7%，其次为"工程建筑部门"，所占比率为17.8%，再次是"信息系统及维护部门"，占到

11.3%，最后就是"物流"部门，占到8.9%，其他还有"人力资源"、"高级管理人员"及"法律"等部门；受教育背景情况为：博士，22人，占到7.5%，硕士95人，占到32.5%，大学本科最多，153人，占总人数比例为52.4%，其余为本科以下的学历人员，约占7.6%。

三 假设检验

（一）首先验证假设1a、1b、1c、1d

为方便表述，先对外派动机各条目的名称简化处理："对国内工作的人际关系不满意"用"rjgx"表示，"对国内工作的发展前景不看好"用"fzqj"表示，"对国内的收入不满意"用"srbm"表示，"想寻求新的职业发展机会"用"zyjh"表示，"想增加阅历，增强职业能力"用"ylnl"表示，"想增加收入"用"zjsr"表示，"想得到职务提升"用"zwts"表示。

回归分析结果如表3-2所示。

表3-2　　　　　　　以外派动机为因变量的回归分析结果

系数值	模型1	模型2	模型3	模型4	模型5	模型6	模型7
zwts	2.804	2.180	1.642	1.470	1.240	1.169	1.000
srbm		2.059	1.847	1.585	1.258	1.002	1.000
zyjh			1.464	1.533	1.422	1.358	1.000
rjgx				1.362	1.507	1.042	1.000
zjsr					1.033	1.147	1.000
fzqj						0.886	1.000
ylnl							1.000
常数项	13.317	8.715	5.648	4.167	2.106	1.714	7.738E-15
R^2	0.499	0.765	0.846	0.905	0.941	0.969	1.000

注：因变量，外派动机；系数值为：F 显著水平值取 0.05，在引入方程的变量中，最小 F 值的 p 值大于或等于 0.05 时，就剔除该变量，$N=292$。

表3-2中数据显然能够说明外派动机各个维度均与外派动机存在线性相关关系，因此，原假设1a、1b、1c、1d成立。并且变量间的相关性分析结果如表3-3所示。

表 3 - 3　　　　　　　　　　外派动机及其各维度的相关性

	外派动机	rjgx	fzqj	srbm	zyjh	ylnl	zjsr	zwts
外派动机	1							
rjgx	0.578**	1						
fzqj	0.675**	0.715**	1					
srbm	0.745**	0.415**	0.573**	1				
zyjh	0.742**	0.171**	0.311**	0.392**	1			
ylnl	0.622**	0.095	0.100	0.210**	0.642**	1		
zjsr	0.653**	0.075	0.168**	0.526**	0.438**	0.435**	1	
zwts	0.794**	0.397**	0.420**	0.406**	0.598**	0.526**	0.454**	1

注：$*p < 0.05$，$**p < 0.01$。

表 3 - 3 中外派动机量表的 7 个条目与外派动机的相关系数都在 0.5 以上，并且原假设中四个条目的相关系数从高至低依次是"想得到职务提升；想寻求新的职业发展机会；想增加收入；想增加阅历，增强职业能力"。

（二）接下来采用回归分析法检验假设 2a、2b、2c、2d

选用"外派职业满意度"作为因变量 Y，选取"我对我外派后的同事关系感到满意——$X1$"，"我对外派后与母国公司总部的沟通感到满意——$X2$"，"我对外派后总体职业目标所取得的进步感到满意——$X3$"，"我对外派后为满足收入目标所取得的进步感到满意——$X4$"，"我对外派后为满足晋升目标所取得的进步感到满意——$X5$"分别作为自变量，采用逐步回归分析法分析，结果如表 3 - 4 所示。

表 3 - 4　　　　　　以外派职业满意度为因变量的回归分析结果

系数值	模型 1	模型 2	模型 3	模型 4	模型 5
$X3$	3.557	2.561	1.635	1.449	1.287
$X5$		1.813	1.501	1.386	1.190
$X2$			1.720	1.251	0.983
$X1$				1.280	1.154
$X4$					0.840
常数项	8.971	6.361	4.555	2.369	2.024
R^2	0.653	0.818	0.900	0.937	0.961

注：因变量，外派职业满意度；参数值为：F 显著水平值取 0.05，在引入方程的变量中，最小 F 值的 p 值大于或等于 0.05 时，就剔除该变量，$N = 292$。

回归分析结果表明，经过逐步回归以后得到五个模型，外派满意度量表的每个条目都进入了模型。根据进入模型的先后顺序分别是 $X3$、$X5$、$X2$、$X1$ 和 $X4$，各个模型中变量的系数值及常数项、判定系数值 R^2 如表 3 - 4 所示。由判定系数值可知各个模型的拟合度较好，因此，原假设 2a、2b、2c、2d 成立。

四　结论及讨论

在进行外派意愿和外派行为动机的研究时，同时获得讯息：外派人员普遍想通过国际外派期望实现这些目标，即"想得到职务提升"、"对国内收入不满意，获得收入增长"和"想寻求新的职业发展机会"。近年来，随着国内经济的快速发展，外派人员的工资与国内相比差距在缩小，但是国际外派毕竟是一项富有挑战性的职业发展选择，因为他们在完成国际外派任务过程中，既能够积累、丰富和提高职业技能，同时面临职业发展的不确定性，如回任后的职业选择困境，外派原本是组织对其能力和价值的肯定抑或是职业提升方式，但若在回任阶段遇到麻烦，就很有可能遭遇到职业生涯的"断点"，最终结果是这些核心员工的离职，显然，他们的离职是组织优秀人才的流失。因此，组织应努力寻求恰当的外派及回任组织行为来有效激励和留住外派及回任人员。

第四章　国际外派人员绩效管理
——基于 Z 公司的案例分析

设计合理的管理体系，可以有效发挥外派人员的专用性人力资本作用，提升外派人员的工作绩效。反之，设计不合理的绩效管理体系，既不利于外派人员的外派任务的完成，也不利于外派企业的跨国经营绩效。因此，制定切实有效的外派人员绩效管理体系对外派人员进行管理和考评，是当前很多涉及海外业务和外派人员的中国企业所急需的。近年来，随着中国企业的海外业务的拓展和发展，虽有不少成功的案例，但是也有很多失败的例子。从成功的案例中积累经验，在失败的例子中吸取教训，这对越来越多跨出国门的中国企业来说可以起到很好的借鉴意义。

Z 公司作为中国通讯产业领导企业及国际最主要的几家大型的通信设备供应商，从 20 世纪 90 年代末走出国门，到现在发展为在全球 100 多个国家都设有子公司或办事处的国际大型跨国公司，其整体的海外业务的扩展是较为成功的。但 2012 年 Z 公司首次出现了大额的亏损，尤其是海外市场亏损严重，显然 Z 公司在海外业务管理上存在问题，尤其在对外派人员的绩效管理上存在较多的不足和有待改进的地方。而后从 2013 年开始，Z 公司强化了精细化管理，对外派人员绩效管理制度进行了调整，提出了 LTC（lead to cash）的概念，强调资源结算制，提高外派人员在现场的工作效率，也提高了用人部门和资源派出部门对人力成本的控制意识。新的 LTC 考核体系应用后，效果非常明显，对公司的人员成本控制和减员增效都起到了不小的作用。

本章通过对 Z 公司外派人员原绩效管理制度的剖析和对新的 LTC 绩效考核制度的引进的介绍和分析，试图设计出能实际提高外派人员绩效的考核体系。这套结合中国大型跨国公司外派人员绩效考核问题而进行有效改进的外派人员绩效考核体系，既能给其他企业实践提供借鉴，也将丰富跨国公司外派人员绩效管理理论。

第一节　Z公司外派人员信息

一　Z公司简介

Z公司是全球领先的综合通信解决方案提供商，成立于1985年，经过20多年的发展，公司业务已遍布全球140多个国家和地区，在这些国家和地区均设有子公司或办事处，是名副其实的大型跨国集团公司。

近些年，Z公司一直在推进海外公司本地化进程，尽可能雇用所在国的当地员工。但是因为公司所销售产品和方案的特殊性及较高的技术含量，需要技术能力非常高的各方面技术专家保障产品和方案在当地市场的执行和交付。这就需要经常从中国国内外派大量的技术专家到各个海外市场进行技术支持和管理工作，以保障公司产品的销售和方案的顺利交付。

二　Z公司外派人员基本情况

Z公司的国际外派人员分为长期派驻人员和短期到现场进行市场、销售和售后服务等工作支持的外派出差人员。常驻人员在海外派驻短则半年，长则一两年或更长时间。公司对常驻人员提供半年一次回国休假的机会，也鼓励员工将家属接到海外，使员工能兼顾到家庭，安心做好海外外派工作。常驻人员隶属于Z公司各海外营销事业部。非常驻的外派人员，主要是一些短期的外派支持，长则半年，短则10天半月。这些非常驻的短期外派人员，隶属于公司国内总部对外接口和提供支持工作的资源部门。他们的外派任务主要取决于海外各办事处的需求，通过需求来触发外派到海外现场，完成既定的任务后返回国内。

外派人员主要分为售前人员和售后人员，售前人员主要包括销售合同签单前的市场和销售人员，售后人员是合同签单后负责产品和方案交付执行的人员。从我们给5个办事处中方员工发放的调查问卷中反馈的信息可知，外派人员中售后人员占比多数，短期外派的非常驻人员多过常驻人员。截至2013年，Z公司外派人员基本情况如表4-1所示。

表4-1	Z公司外派人员基本情况		单位：人
	总样本	售前人员	售后人员
常驻人员	165	59	106
非常驻人员	201	67	134

其中调查人员中常驻人员平均每次常驻时间在6.5个月，非常驻人员平均每次常驻时间约1.8个月。

第二节 Z公司外派人员绩效考核体系分析

一 Z公司外派人员绩效考核体系

从和Z公司人事部门的访谈及获取的相关资料信息中，以及在Z公司F办事处近1个月的实际现场考察中，获悉2012年年底前Z公司对外派人员主要强调的是二维的矩阵式管理。纵向上外派人员隶属于各资源部门，包括国内总部的资源部门以及营销和办事处资源部门；横向上外派人员接到外派任务是来源于具体的某个项目，即外派人员到达外派东道国后会具体支持该项目的工作，接受该项目的管理和考核。因此，纵向上资源管理部门对外派人员具有行政线上的考核权，横向上用人部门即东道国的某项目组对该外派人员具有项目线上的考核权。这从两个维度上对外派人员进行管理和考核，确保正确评估外派人员的工作绩效。

纵向上资源管理部门通过对外派人员行政上的管理权限，重点考察外派人员对部门和对项目上的贡献及工作业绩。对部门的贡献及业绩的考核，主要依据部门安排给该外派人员的相关工作的具体完成情况及完成效果；对项目上的贡献及工作业绩的考核，主要依据项目组反馈的该外派人员在项目上的工作表现及工作业绩。横向上用人部门的外派东道国项目组通过对外派人员项目上的管理权限，重点考核该外派人员对项目工作的贡献及具体的业绩表现。考核主要依据项目组安排给该外派人员的具体任务的完成率及完成的效果，重点考察外派人员的工作能力、执行力、工作态度及责任心等方面。

外派人员的绩效考核数据主要来源于外派人员的日报、周报及月报中的汇报内容，行政线上科长和部长提供的行政任务安排的执行情况，以及项目线上项目经理提供的项目工作任务安排的执行情况。该考核的主要执行者是行政线，行政线获取考核数据后完成考核结果的认定并最终上报外派人员的绩效考核成绩。至此，完成对外派人员的绩效考核。

二　Z 公司外派人员原绩效考核体系存在的问题

（一）矩阵管理考核权重失衡

对外派人员的绩效考核成绩，Z 公司执行的是二维的矩阵式管理，纵向行政线及横向项目线均拥有对外派人员绩效考核的权力。从形式上来看，这是一种较好的绩效考核体系，能从二维的角度综合考核外派人员。但是，实际的考核效果是否能均衡地反映行政线和项目线对外派人员的绩效评估结果呢？

本次一共调查了 5 个办事处，外派人员的信息为：售前岗位 126 人、售后岗位 240 人，合计 366 人，其中涉及项目组考核的售前岗位为零，售后岗位为 23 组，资源部门考核售前 126 人，售后 240 人。在实际的外派人员绩效考核中，项目组行使了绩效考核权力的非常少，尤其是对售前的外派人员。售后的外派人员中，项目组有权进行考核的比重也不超过 10%。因此，从调查结果来看，在实际的外派人员绩效考核执行中，存在着较为严重的考核权重失衡，几乎是行政线主导了外派人员的绩效考核结果。

（二）绩效考核没有准确反映外派人员在项目中的实际表现

对外派人员的绩效考核，主要真实反映外派人员在东道国项目组中的工作业绩表现。但是在实际绩效考核的操作中，因为是行政线主导考核结果，而外派人员的行政主管并不在项目现场，不对项目负责，难以准确掌握和考评外派人员在外派任务中的实际表现。

虽然在矩阵管理中也强调了项目线要对外派人员进行考核，但是因为项目线不具有最终的考核决定权，项目线的考核仅仅作为行政线考核的参考，往往流于形式，直至很多项目组实际上都不对外派人员进行考核，这一信息从调查问卷中已经反馈出来。而且实际的统计数据显示，项目组对外派人员的考核的比例占比很低。如此做法就会导致最终考核结果变成了行政线领导依据外派人员自己的日、周报反馈的工作情况来进行评估，再综合全资源部门人员的业绩情况，上报最后的外派人员绩效考核结果。很显然，这样的考核结果往往不能反映外派人员在现场的真实的工作业绩表现。实际反映出来的呼声与问卷调查的结果也基本一致。

（三）绩效考核不能反映资源部门的资源质量

由于外派人员在现场的工作业绩评估和考核结果是由其所隶属的资源部门来执行，这将很难从外派人员的绩效考核结果中来真实地评估其所属部门的资源质量情况，资源部门也将不会对其人员的资源质量进行过多的关注，如此就形成了一个连锁的恶性循环效应。

资源质量其实是一个非常重要的评估指标，它能直接考核资源提供部门，这样促使资源部门提高资源质量，也就是让资源部门更多地关注其派出的外派人员在项目现场的工作表现，也有意识地提高资源质量，以便能更好地完成外派任务。

（四）绩效考核不与外派人员及其单位经营业绩挂钩

根据调查问卷的结果，大部分外派人员认为绩效考核没有与其自身带来的项目成本及个人隶属的资源部门的经营业绩挂钩。在原绩效考核体系下，外派人员到达现场后，项目组会尽可能长时间地将外派人员留在项目组从事项目支持工作。原因是外派人员在项目现场花费的成本并不是项目上的成本，项目组不用为人员滞留在现场花一分钱，所有外派人员的费用都是其隶属的资源部门来负担。相反，资源部门却不能从外派人员到项目现场进行支持工作而获取任何利益或经营业绩的结算。可以说，资源部门进行人员外派，是在公司统一政策要求下的义务支持。这样就会存在一种情况，资源部门对外派人员不积极，或者说支持力度不够，需求方各海外分公司或办事处的项目组申请一个外派人员到现场支持，难度较大。而一旦申请到外派人员到现场项目上，就会想方设法地挽留住外派人员，尽量让其为自己所用，哪怕是暂时无事可做，也宁愿将人员留在现场有备无患。这就造成了外派人员的利用率不高，不能发挥应有的效果，造成人员上的浪费，这导致缺少对人力成本的核算。

（五）绩效考核制度缺少激励

从对 Z 公司办事处进行实地考察以及和 Z 公司员工的访谈中了解到一个信息：员工普遍反映绩效考核的结果与激励举措的相关度不够。除了被绩效考核评估为最差等级的员工需要被淘汰外，其他外派人员的绩效考核成绩好坏基本一致，对绩效考核成绩最优的人员其激励力也十分有限，更不用说绩效考核成绩一般和略差的外派人员。正是由于正向激励和负向激励制度的缺失导致绩效考核制度没有对外派人员的工作起到引导或激励作用。

（六）绩效考核制度缺少绩效沟通与改进环节

首先是绩效考核结果缺少沟通，即考核者与被考核者就考核结果的沟通缺失；既然缺少沟通环节自然也就不会就绩效问题商讨如何改进，也就是绩效考核结果无法应用。考核者应该通过绩效考核的结果与被考核者沟通，指出其绩效考核结果中的不足，通过考核者与被考核者的充分交流沟通，帮助被考核者制订不足项的改进计划，这才是绩效考核的意义所在。在Z公司原绩效考核体系中，这两点完成得不够好。甚至在很多外派人员的绩效考核中，这两点经常被忽略。这也就是很多被考核者经常抱怨自己的考核结果不知道是如何得出的原因，没有人员就他们的考核结果与其沟通。在对Z公司的调查问卷的结果统计中，一大半的人员认为其绩效考核结果没有与其及时沟通，更没有制订过任何改进计划。而缺少沟通和改进的绩效考核结果，注定不能发挥真正的作用和意义，反而会引起员工的不理解和导致不满。

三 Z公司外派人员绩效考核问题的原因分析

（一）外派人员的绩效考核制度设计不完善

Z公司某国际技术交付部（国际技术交付部，主要任务是对海外分公司和办事处提供外派技术人员支持的资源部门）2010年的员工绩效考核规则如表4-2所示。由表中的员工绩效考核原则可以看出，资源部门的行政线的考核，侧重的是员工的技能、工作规范及汇报沟通方面的管理和评估。在对外派员工外派任务的考核，考察的仅仅体现在客户满意度以及外派工作的行为规范上。显然，只是据此来对外派员工进行绩效考核远远不够，缺失了对外派员工项目业绩的考评，而这其实是非常重要的环节。而事实上外派员工在项目上的业绩考评，主要是通过项目组从项目线角度来对外派员工进行考核的。因此，项目组需要制定详细的项目成员绩效考核细则，从多维度考核外派人员在项目中的业绩表现和实际能力。

表4-2　　　　　　Z公司某国际技术交付部员工绩效考核原则

Z公司国际技术交付部2010年员工绩效推进直通车

考核说明	1. 员工绩效考核包含但不局限于以下条目； 2. 绩效推进责任人按检查要求定期统计、通报； 3. 以下红色标注的是奖励条目，希望大家在日常工作中多多争取优异表现。

续表

序号	考核条目	目标要求	检查	奖惩	绩效推进责任人
1	ECC – CSC 经验提交	1. 数量要求：业务科室 2 篇及以上/季度/人； 2. 质量要求：业务科室有效 1 篇及以上/季度/人。（科长每季度进行质量评定）	每月 30 日检查通报	1. 每季度前 5 名优秀经验总结奖励 500 元； 2. 没有满足数量或质量要求下浮 300 元	
2	ECC – RCS 需求提交	1. 业务科室提交 2 条及以上/季度/人； 2. 业务科室采纳 1 条及以上/季度/人	每月 30 日检查通报	每季度没有满足数量或质量要求，下浮 200 元	
3	ECC – CI 竞情信息提交	按照 ** 的要求进行考核	每季度统计	公司评比： 1. 一等奖 800 元； 2. 二等奖 600 元； 3. 三等奖 300 元； 4. 四等奖 100 元	
4	技能提升与转移	1. 技能认证：逐级报考，及时报名、按时参加； 2. 月考：按时参加，如有特殊情况，及时通知科长，并在培训经理处备案；（提需求给产品支持） 3. 博思英语考试：按要求在规定的时间内参加考试，并通过 2 级及以上； 4. 现场培训：现场以师带徒，现场对营销的授课，授课时，优秀的培训总结等出差总结报告体现培训记录	每月统计通报	1. 月考成绩前 2 名奖励 300 元；后 2 名或无故缺考下浮 300 元； 2. 技能认证无故不报名或报名没有按时参加考试下浮 300 元； 3. 当以师带徒前 3 名时上浮 300 元	

序号	考核条目	目标要求	检查	奖惩	绩效推进责任人
5	宣传/论文发表	1 篇及以上/季度/人	每月统计	1. 在体系级别如《工程服务快递》发表一篇奖励 100 元； 2. 在公司级别发表一篇奖励 300 元； 3. 在国家级发表一篇奖励 500 元	
6	客户满意度	1. 全年无内外部客户、公司高层投诉； 2. 争取获得外部客户表扬信； 3. 争取获得三层及以上领导表扬	每月统计	1. 获得外部客户表扬 1 次奖励 300 元； 2. 获得三层及以上领导表扬 1 次奖励 300 元； 3. 收到外部客户投诉下浮 500 元，半年累计 2 次工资下浮 500 元，累计 3 次直接淘汰； 4. 收到内部客户投诉季度累计 2 次及以上下浮 500 元	
7	周报	1. 周报按模版及时提交；每周一 12：00 前（北京时间）； 2. 周报内容详尽，总更新字数不少于 400 字	不定期检查、通报	每月 2 次未按时或没有提交周/月报，下浮 300 元	
8	出差规定动作	1. 及时创建工单，特殊情况不得延迟 1 周； 2. 及时关闭出差单，不得延迟 1 周； 3. 修改预计返回日期须及时审批； 4. WMS 系统八大规定动作严格执行，每项自评详尽	不定期检查、通报	1. 工单创建延迟 1 周以上，每次下浮 100 元； 2. 八大规定动作抽查不符合要求，下浮 300 元	

续表

序号	考核条目	目标要求	检查	奖惩	绩效推进责任人
9	日常行为规范	1. 严格遵守公司的考勤制度，无异常考勤，当月不允许补单，不得私自外出，找人代刷卡； 2. 上班期间不得做与工作无关的事情，如：私人聊天、游戏、看小说/电影/听歌、睡觉；访问与工作无关的网站； 3. 办公场所遵守5S； 4. 信息安全须按公司要求执行（部门已下发信息安全培训资料）； 5. 严格遵守公司规章制度，不得碰触高压线	不定期检查、通报	1. 部长、科长等部门内部发现违纪一次，下浮300元； 2. 公司领导或平台检查，每发现违纪1次下浮500元； 3. 内、外部客户投诉1次，下浮500元； 4. 特别严重的违纪现象，比如违反公司高压线下浮不设上限	
10	现场行为规范	1. 不得触碰与工作无关的客户其他的设备/服务器/网管； 2. 未征得允许，不要使用客户的宽带； 3. 进入机房，应严格遵守客户机房规定制度，如应按客户要求换鞋、穿防静电服等； 4. 出差时在机房/办事处，不得做与工作无关的事情	不定期检查、通报	内、外部客户投诉1次，下浮500元	

　　2010年的外派人员绩效考核体系中，因为行政线主导最终的外派人员考核结果，项目组的考核权重被弱化，导致项目线的具体考核几乎没有，绩效考核制度的不完善是造成员工反馈自己在项目上的工作业绩不能

被真实反映的主要原因。

（二）绩效考核与经营业绩结算制脱节

经营业绩结算制，是指无论是具体的项目组，还是各个行政部门，都要有经营的意识和理念，都要将自己作为一个经营的主体，实现自我业务经营的盈利。比如资源部门，它要将人力资源作为其经营和结算收入的主体。其人员外派到东道国某项目上后，将按照支持的时间和该员工的级别等条件，向接收的项目结算人力收入。同样地，项目组使用了外派人力，就要结算具体的花费给资源部门，这部分花费将计算为项目组的人力成本，作为整体成本，会对项目的利润产生影响。而绩效考核的结果，将直接影响该人力的结算系数，从而影响资源部门的整体经营收入。这样的业绩结算制才能充分调动资源部门和项目组对外派人员质量、效率和成本的重视。

原外派人员绩效考核体系中正是缺少了这样的业绩结算制，从而导致了对外派人员的质量、效率和成本的关注度不够，导致相应问题的出现。

（三）考核过程缺乏控制

考核细则，是资源部门进一步细化对外派员工的考核规则，细则应尽可能对外派员工的考核做到可测量、可量化。但考核者具体如何运用该考核细则，如果了解和获取项目线对员工的考评，如何知晓外派员工的具体工作进展，这些相关的考核过程都没有进行很好的控制。这也是外派员工绩效考核结果存在偏差的原因之一。

（四）考核目的及应用缺乏控制

外派员工绩效考核的目的是为了真实反映其在外派项目上的工作业绩，奖励先进、惩戒落后分子以提高外派员工对外派任务的完成质量，强化对外派项目的支持。然而正如前面已经分析讨论的，在 Z 公司原绩效考核体系下，因为考核权重的失衡，行政线决定最终考核权限，项目线的评估结果仅能起到考核的建议，甚至大部分项目根本就没有对项目员工进行相关考核。因此，外派员工的绩效考核往往失去了其应有的考核目的和作用。

同样地，绩效考核结果如何来应用，这是绩效考核的重要意义所在。但是在 Z 公司原绩效考核体系中，外派人员每月的绩效考核结果几乎不会对其产生任何影响。月度考核结果排名靠前的，没有任何的奖励；考核结果排名垫后的，也没有任何的惩罚措施。如此，没有一个明确的针对外派人员绩效考核结果的应用原则和控制，也就失去了外派人员绩效考核的意义。

第三节　Z公司LTC绩效考核体系的改进

一　LTC绩效考核体系改进的可行性分析

LTC是Z公司在2012年公司遇到经营困境时，痛定思痛下提出的概念，强调现金流，强调经营意识。公司要求所有员工，尤其是管理干部要具有强力的经营意识和很强的经营能力，每个单位或部门就是一个经营实体，要善于经营，要能养活自己。如果一个单位自身长期亏损，就证明其在管理上或产品和服务能力上存在问题，很显然就需要评估其存在的必要性。在此指导思想下，Z公司对海外子公司和办事处的销售项目或售后执行项目强力推行项目化运作，国内研发、生产和工程服务也强调项目化运作。由此，无论是项目组还是资源部门，都要强调经营，要对成本和业绩高度关注，并实行结算制。所谓结算制，就是以各个部门为经营单位，每个部门以其拥有的固定资产、人力资源、产品和方案等为基础，在项目化运作的背景下，人员向项目的派遣或固定资产的租赁等，都需要核算成本并向使用单位或项目结算收益。这样结算的结果对资源输出部门将是正收益，但是对使用部门或项目组等将会是负收益，是需要增加它的成本，影响项目的盈利和利润的。这样的情况下，每个部门或项目，在提出需求时，都会充分考虑和评估，增强结算和成本意识。

如何更好地将这种经营和结算理念落实到具体的公司行为中，保障其能被正确地执行和落实，建立这样的制度并监督其执行落实将变得十分必要，而基于LTC的绩效考核体系正是基于这一思想而设立的。因此，构建LTC绩效考核体系是对Z公司原绩效考核体系的大步革新，既涉及意识和思想上的改进，也是经营意识上的重大创新和举措，是很有必要的改进和突破。

二　LTC绩效考核体系设计的原则

外派人员的LTC绩效考核体系的设计，是基于对Z公司原绩效考核体系存在问题的剖析，解决现实问题的原则，确保所有员工和各单位增强经营意识、强化结算制，使海外各项目真正重视进度、成本、质量和客户满意度而设计的。

Z公司外派人员LTC绩效考核体系设计的原则是经营和结算。整体考虑是所有海外子公司或办事处的海外项目对外派人员的需求通过LTC流程，在系统上进行呼叫，并对应到相应的资源部门。资源部门接收到人力需求呼叫后，会立即着手在部门内协调人员，与需求进行匹配，如该外派人员的个人能力和工作经验获得需求方的认可，资源部门会立即安排该人员外派到现场，并申请需求方将该外派人员加入到项目组，为其开始计算项目工时，项目工时将是项目人力成本结算的重要依据。

外派人员从加入项目组开始所产生的一切与项目工作相关的费用，将都计算在该项目成本中，包括人力成本、签证费用、差旅费用等。而人力成本将直接结算给外派人员所隶属的资源部门，作为资源部门的经营收入。但是关于人力成本的结算并不是简单意义上的结算，需要依据如下原则进行：

（一）外派人员的技能水平

Z公司内部对每名员工都会有两个维度来衡量该名员工的技能水平，岗位职称和技能认证级别。岗位职称既和员工的技能相关，也和员工的司龄及综合能力相关；技能认证级别则单纯地考评员工在其所从事专业中的能力水平。外派人员的技能水平直接对应着这名员工每工时对应的成本，级别越高，说明他能担任的职责越大，能力越强，而项目组如果需要聘用他，也将付出更高的成本，其隶属的资源部门结算所得的经营收入也会越高。这一点将一方面使项目组不能无节制地对外派人员高要求和长时间地使用；另一方面资源部门也有高积极性提高员工技能水平，以便他们能胜任更高要求的工作，能创造更高的收入。

（二）外派人员的资源质量

资源质量，就是项目组对外派人员每个月月度的考核结果。虽然外派人员有公司统一组织认证的技能认证级别及岗位职称，但是是否能在外派东道国项目组上发挥应有的作用，其工作态度、责任心和能力具体如何，都需要在项目现场由项目组根据具体工作业绩情况进行考评。外派人员的资源质量直接与资源部门的经营收入挂钩，它是人力成本的系数，最大是1。如果外派人员的工作业绩和质量能满足项目组的要求，也就是其资源质量满足要求，人力成本的系数为1，人力的经营结算就能满额；如果外派人员的工作业绩和质量不能满足项目组的要求，它的人力成本系数小于1，那么人力的经营结算就需要乘上该系数，折额计入。同时，资源质量也直接对外派人员所属的资源部门进行考评。每个月公司会对资源部门的资源质量进行排名公示，激励资源部门努力提升员工的资源质量。因此，资源部门对其外派员工在外派现场的工作表现也非常关注，对外派人员的资源质量会高度重视。

三 Z公司外派人员LTC绩效考核方案设计

（一）考核对象与主体的设定

Z公司LTC绩效考核的对象是外派人员，外派人员包括来自营销资源部门自身的常驻人员，以及来自Z公司国内总部的非常驻人员。外派人员，是因为某项任务或工作需要而派驻到东道国工作的人员，外派人员是需要具体支持某个项目，无论是售前项目，抑或是售后项目。

基于矩阵管理中行政线和项目线的双重考虑，外派人员既需要接受行政线的管理，也需要接受项目线的管理。因此，外派人员LTC绩效考核的主体是外派人员隶属的资源部门及接收外派人员的东道国项目组，且以项目绩效考核为主。任何外派人员当月在项目组的工时超过5天，就需要接受项目组的绩效考核。

（二）考核内容确定

对外派人员的绩效考核，要兼顾到行政线的考核和项目线的考核。

（1）行政线对外派人员的考核，即外派人员所属的资源部门对其进行的绩效考核。该考核将主要侧重对员工的综合管理，考核的内容主要包括部门安排给外派人员的工作的完成情况、外派人员的本身技能水平的提升、外派人员对派驻国当地相近专业人员的技能培训、外派人员对项目工作的支持力度以及项目工时和内外部客户满意度等。具体描述如下：

①部门安排的任务。作为资源部门，需要统一对其员工进行管理，涉及部门的工作及相关KPI任务，需要分解到员工去完成。通常，会尽可能避免给外派人员安排部门任务，因为要确保外派人员能专心在项目支持工作上。但或多或少还是会有部分工作量不大的任务偶尔指配给外派员工，这就需要在部门层面统一管理和跟进完成情况。

②外派人员技能水平提升。对于某个项目组来说，外派人员的技能

水平是为其所用的，它不关心如何去提升员工的技能水平，这个提升工作应该是资源部门的职责所在。因此，作为资源部门，员工的技能水平提升工作是非常重要的。这关系到员工外派后能否支持好项目工作，同时也关系到后续在外派工作中项目组对外派人员的资源质量的考核。

③技能转移。技能转移是指外派人员在外派期间，对东道国当地人员的技能培训和转移，目的是整体提升当地人员的专业技能，能更好地支持当地的项目工作。这是资源部门对外派人员工作的重要要求，也是强制性要求。

④项目工作支持。资源部门需要及时了解和掌控外派人员的项目工作情况，定期进行项目工作的聆讯，以便指导员工的外派工作，也对考核过程做好控制。

⑤项目工时。外派员工项目工时是其所隶属的资源部门与项目组进行人力成本结算的主要依据，外派人员要确保及时填报项目工时，并关注自己的工时的审批情况。如项目工时有异常，要及时申诉。

⑥客户满意度。客户满意度分为内部客户满意度和外部客户满意度。内部客户满意度即与外派人员工作接口的公司内部各部门对其满意度情况，尤其是项目组内部；外部客户满意度即外派任务中接口支持的客户人员对其的满意度。

（2）项目线对外派人员的考核，也即外派人员派驻的东道国项目组对其进行的绩效考核。项目组对外派人员的绩效考核，主要侧重于外派人员对项目工作的支持情况和项目工作的业绩。考核的内容主要包括项目组安排的任务完成情况（进度及质量）、项目工作的专业能力和团队管理能力、工作责任心和态度、项目工作的成本意识和举措、团队间的协作能力、沟通能力、客户关系的维系及客户满意度情况等。具体描述如下：

①项目组安排的任务。项目任务的完成情况是考评外派人员项目工作的重要指标，任务的完成情况既要考虑完成进度，也要考虑完成的质量。在项目执行过程中，项目经理或子团队负责人，会按照项目里程碑将项目工作细化成各项任务，并安排给各专业人员，每个人对自己负责任务的完成情况会直接影响到其他人以及整体的里程碑达成情况。因此，对项目成员的任务完成情况进行日常监控和跟踪将显得非常重要，也是作为项目成

员绩效考核的重要指标。

②技能水平。技能水平包括专业技能和团队管理能力，这也是确保外派人员能否很好地支持项目工作的关键。

③工作责任心和态度。外派人员的工作责任心和态度是决定其能否保质保量地完成工作任务，这也是外派人员职业水平的体现，也是上级是否放心地为其安排工作任务的重要考量。

④成本意识。能否有成本意识，是对外派员工的较高要求，也是外派员工是否有大局观的体现。项目执行能否盈利，成本节约是关键。这就要求全体项目成员，尤其是团队负责人，要在日常的项目工作执行中有成本意识，能有具体的降低成本举措。能在工作中具体执行或思考降低成本举措，将是绩效考核加分的重要参考。

⑤沟通能力。沟通能力是外派员工的基本能力要求之一，因为外派工作是团体性的工作，需要和团队人员沟通，也需要和客户进行工作沟通。如果沟通能力欠缺，将很难顺利地开展工作。

⑥客户满意度。如前面章节讨论的，客户满意度分为内部客户满意度和外部客户满意度，都需要外派人员在项目支持工作中注意到，并做好客户关系的维系，积极提升客户满意度。尤其是外派客户满意度，直接关系到项目工作能否正常执行和交付，务必要有较高的客户满意度，得到客户的全程支持和配合，才能很好地完成项目交付工作。客户满意度，项目团队成员人人有责。

（三）考核主体权重和指标权重的确定

Z公司外派人员绩效考核主体是外派人员所属的资源部门和接收外派人员的东道国项目组，资源部门是外派人员的行政线考核主体，项目组是外派人员项目线的考核主体。对于外派人员来说，其工作重心是在派驻的项目组，因此项目线的考核权重将大于行政线。Z公司规定，外派人员进入项目组，月度考核中项目组考核权重约为70%，行政线考核权重约为30%，外派人员的绩效考核总体以项目组的绩效考核结果为主。整体的外派人员绩效考核指标中，行政线的考核以员工的综合行为规范、项目工时为主；项目线的考核，以项目工作的完成情况为主要指标，约占考核指标70%的权重。

因此，外派人员在派驻东道国项目组的绩效考核对其业绩评估至关重要，让现场项目组直接主管来评价外派人员的绩效是理所当然的，他们对外派人员的工作负有直接责任，与其接触也相对较多，对他们的工作的了解相对比较真实，这样的考核结果能相对真实反映外派人员的工作业绩。

（四）绩效考核表的设计

Z公司某资源部门发布的对技术经理在外派项目现场的考核用表，分别见表4-3（外派技术经理月度考核成绩表）、表4-4（外派技术经理月度考核细则）、表4-5（海外项目组对外派技术经理的考核用表）和表4-6（海外项目组对外派技术经理考核细则）。

1. 外派技术经理月度考核成绩表（见表4-3）

表4-3　　　　　　　　外派技术经理月度考核成绩表

技术经理月度考核成绩表	工号	部门	所在项目	总分	排名	现场项目经理评价			资源部门主管评价			东道国主管评价			外部满意度			备注说明
						权重	考评等级	对应分数	权重	考评等级	对应分数	权重	考评等级	对应分数	权重	外部满意度得分	对应分数	
						50%			15%			15%			20%			

而资源部门和东道国主管对技术经理，每月主要通过项目聆讯来确定考核评估结果。Z公司外派技术人员的项目聆讯内容包括：员工现场工作成效（进度/质量）综述；工作规范性（实施方案/问题列表等）；工作饱和度；技能提升与融合规划、技能转移计划；降低成本举措和项目组和客户满意度以及其他项目。

2. 外派技术经理月度考核细则（见表4－4）

表4－4　　　　　　　　外派技术经理月度考核细则

考核项目	考核比重	定义及典型行为	评价人
现场项目组评价	50%	项目经理对外派技术经理工作能力的考核结果： 优秀（95—100分）S：项目现场工作任务提前优质完成，超出现场预期。 良好（80—95分）A＋：项目现场工作任务按时有效完成，现场比较满意。 一般（70—80分）A：项目现场工作任务基本完成，少部分任务完成有延迟和瑕疵，现场基本接受。 较差（60—70分）B：项目现场工作任务部分不能完成或存在重大瑕疵，现场不太满意。 不适任（0分）C：相当数量现场项目工作不能完成，对项目执行造成不良影响，现场投诉。 注：具体考核项目组考核细则，参加后面表格说明	现场项目经理
资源部门主管评价	15%	资源部门主管对外派技术经理在项目支持时的综合工作能力考评结果： 优秀（95—100分）S：项目整体掌控能力优秀，项目技术里程碑及聆讯重点任务均提前优质完成。 良好（80—95分）A＋：项目整体掌控能力良好，项目技术里程碑及聆讯重点任务均按时保质完成。 一般（70—80分）A：项目整体掌控能力合格，项目技术里程碑及聆讯重点任务基本完成有少量延迟或瑕疵。 较差（60—70分）B：项目整体掌控能力较弱，部分技术里程碑及聆讯重点任务基本不能完成或存在重大瑕疵。 不适任（0分）C：项目整体掌控能力较弱，相当数量技术里程碑及聆讯重点任务基本不能完成，对项目执行造成不良影响	资源部门主管
东道国主管评价	15%	东道国主管对外派技术经理在项目支持时的综合绩效考评结果： 优秀（95—100分）S：技术团队掌控能力优秀，项目技术里程碑提前优质完成。 良好（80—95分）A＋：技术团队掌控能力良好，项目技术里程碑按时保质完成。 一般（70—80分）A：技术团队掌控能力合格，项目技术里程碑基本完成有少量延迟或瑕疵。 较差（60—70分）B：技术团队掌控能力较弱，部分技术里程碑基本不能完成或存在重大瑕疵。 不适任（0分）C：技术团队掌控能力较弱，相当数量技术里程碑基本不能完成，对项目执行造成不良影响	东道国主管

续表

考核项目	考核比重	定义及典型行为	评价人
内外部满意度评价	外部满意度得分（20%）	以外部满意度得分：以每季度质量部组织的项目外部满意度调查数据为准，调查成绩运用到下季度的3个月（如1季度某外派技术经理支持某项目，后续该项目1季度的内部满意度调查为95分，则该外派技术经理在2季度每月的内部满意度评价考核为9.5分）	质量部
	加分项	外派技术经理得到客户CTO/公司领导的书面表扬，外派技术经理个人给予加分3分/次。（最高加6分）	科长提出部长审核确认

3. 海外项目组对外派技术经理的考核用表（见表4 -5）

表4 -5　　　　海外项目组对外派技术经理的考核用表

员工信息			序号	
			姓名	
			ID 号	
关键绩效（满分75 分）	工作量	饱满→不足	饱满：11—15 分 一般：6—10 分 不足：0—5 分	
	工作难度	高→低	高：14—15 分 较高：10—13 分 中：7—9 分 低：0—6	
	工作质量	优→差	优：14—15 分 良：10—13 分 中：7—9 分 差：0—6 分	
	工作执行力	优→差	优：14—15 分 良：10—13 分 中：7—9 分 差：0—6 分	
	工作进度	优→差	优：14—15 分 良：10—13 分 中：7—9 分 差：0—6 分	

续表

员工信息		序号	
		姓名	
		ID 号	
基础分数 （满分 15 分）	任务按期 关闭率	1. 任务都能按期关闭，无延误，完成质量好：5 分； 2. 任务都能按期关闭，无延误，完成质量一般：4 分； 3. 任务基本能按期关闭，有延误情况：3 分； 4. 任务按期关闭率差，延误情况严重：1—2 分； 5. 项目组任务跟踪表中无个人任务：0 分	
	日报周 报提交	1. 日/周报发送及时，内容完善详细，重点突出：5 分； 2. 日/周报发送及时，内容一般：3—4 分； 3. 日/周报提交率 <50％，1—2 分； 4. 日/周报内容有重大疏漏：0 分	
	工作纪律 遵守	满分 5 分，若遇到如下违纪事宜，则扣分： 1. 违反考勤纪律，无故迟到早退等； 2. 违反项目组正式发布的工作制度规范，制度规范意识差； 3. 现场不遵守项目组安排，擅自离开工作岗位； 4. 上班期间做与工作无关的事情	
团队负责人 调整分（10 分）		经验总结和分享，项目上安排的文档输出，技能转移和培训；其他值得肯定的工作记录或业绩，如降低成本举措等，酌情加当月考核分 1—10 分	
绝对加减分	奖励加 分项	客户表扬	5
		公司领导表扬或项目组正式表扬信	3
	处罚扣 分项	客户投诉	5
		公司领导投诉或项目组正式投诉信	酌情惩罚
当月考核得分			
当月工作点评			

4. 海外项目组对外派技术经理考核细则（见表 4 - 6）

表 4 - 6　　　　海外项目组对外派技术经理考核细则

＊＊项目技术团队外派技术人员月绩效考核制度

一、适用范围

本考核制度适用于＊＊项目技术团队当月在现场支持超过 5 天的全体员工，是员工日常工作的业绩考核。考核结果作为半年及年终绩效考核的主要依据。

**项目技术团队外派技术人员月绩效考核制度

二、考核区间

每月进行考核记录，25 日前由团队负责人汇总当月考核成绩并报项目组项目经理及 PMM 审核后上传。

三、考核细则

考核内容分为关键绩效（KPI）考核、基础分数、团队负责人调整分及绝对加减分四部分。以下分别说明：

1. 关键绩效：考核内容（共 75 分）

（1）工作量——依据客观事实，考核员工本月工作量是否饱满：

*饱满：工作量大、工作安排紧凑，工作紧张，经常性加班，工作压力大。11—15 分。

*一般：工作量与工作安排适中，工作压力一般，不需要加班即可完成，工作压力一般。6—10 分。

*不足：工作量与工作不多，主要参加培训与学习、休整等，工作压力较小。0—5 分。

（2）工作难度——依据所从事工作的技术含量与工作性质，确定员工本月所完成工作的难度：

*高：所从事工作技术含量高（新业务、新产品的第一次开局；搬迁数据规划及网络质量提升；紧急、疑难故障分析处理；有深度、有见解、高质量的维护经验等专业文章等），项目或技术负责、组织及协调等工作。14—15 分。

*较高：所从事工作技术含量较高（新业务、新产品的第一次开局；搬迁数据规划及网络质量提升；紧急、疑难故障分析处理；有深度、有见解、高质量的维护经验等专业文章等）；项目或技术负责工作。10—13 分。

*中：日常技术支持工作，参与项目的开局、故障处理、网络规划及网络质量提升等相关工作。7—9 分。

*低：一般性网络优化、开局维护、学习等。0—6 分。

（3）工作质量——根据工作的完成情况，参考项目负责人或项目技术经理等反馈的评价意见，所撰写提交的文档、报告等，对工作完成质量给予评价：

*优：质量高，完全符合要求，工作积极主动，并富有创造性。14—15 分。

*良：质量较好，符合要求，工作比较积极。10—13 分。

*中：质量一般，大部分符合要求，但存在问题，有返工，工作积极性一般。7—9 分。

*差：质量差，违反相关工作规范，责任心和积极性欠缺，需要重大返工，存在严重隐患或后果。0—6 分。

（4）工作执行力——依据对制度、流程及被赋予的工作任务的执行情况，对执行力给予评价：

*优：能够严格执行工作制度、流程；能够不折不扣、及时、迅速、保质地去执行被赋予的工作任务。14—15 分。

续表

项目技术团队外派技术人员月绩效考核制度

* 良：能够较好地执行工作制度、流程；能够按时、按要求去执行被赋予的工作。10—13分。

* 中：大部分时间能够较好地执行工作制度、流程，偶有违反；对赋予的工作任务有时有拖拉、遗忘等情况。7—9分。

* 差：经常有违反工作制度、流程现象，对所赋予的工作未能执行，讲条件、讲客观原因等。0—6分。

（5）工作进度——依据任务时间要求与实际完成情况，对工作进度给予评价：

* 优：进展迅速，提前完成。14—15分。

* 良：进展正常，及时完成。10—13分。

* 中：进展较慢，超期完成，但未造成不良影响或后果。7—9分。

* 差：进展较慢，超期，造成不良影响或后果。0—6分。

2. 基础分数考核内容（共15分）

（1）任务按期关闭率——依据项目组技术团队AP跟踪表中AP的进展情况打分：

* 优：任务都能按期关闭，无延误，完成质量好。5分。

* 良：任务都能按期关闭，无延误，完成质量一般。4分。

* 中：任务基本能按期关闭，有延误情况。3分。

* 差：任务按期关闭率差，延误情况严重。项目组任务跟踪表中无个人任务。0—2分。

（2）日报周报提交——根据每日和每周报告提交情况是否符合技术团队日周报制度和技术团队的要求进行打分：

* 优：日/周报发送及时，内容完善详细，重点突出。5分。

* 良：日/周报发送及时，内容一般。3—4分。

* 中：日/周报提交率<50%。1—2分。

* 差：日/周报内容有重大疏漏。0分。

（3）工作纪律遵守——满分5分，若遇到如下违纪事宜，则扣分：

* 违反考勤纪律，无故迟到早退等。

* 违反项目组正式发布的工作制度规范，制度规范意识差。

* 现场不遵守项目组安排，擅自离开工作岗位。

* 上班期间做与工作无关的事情。

3. 团队负责人调整分考核内容（共10分）

经验总结和分享，项目上安排的文档输出，技能转移和培训；其他值得肯定的工作记录或业绩，酌情加当月考核分1—10分。

4. 绝对加减分

续表

**项目技术团队外派技术人员月绩效考核制度

（1）表扬——满分5分，每月统计客户表扬及公司内部领导和项目组表扬，表扬加分可累积，上不封顶。

*客户表扬：客户CXO级别的表扬，当月一次表扬加5分，可累积加分。

*内部表扬：公司领导表扬或项目组正式表扬信，当月一次表扬加3分，可累积加分。

（2）投诉——每月统计客户投诉及内部领导和项目组投诉，当月被投诉两次的，考核直接为C，情节严重的项目组直接将其遣返回部门。

*客户投诉：来自客户的正式投诉，一次投诉考核扣5分。

*内部投诉：公司领导或项目组的正式投诉，一次投诉考核扣3分。

四、相关说明

1. 考核参考文档，包括公司、工程服务经营部及网络服务中心、网络服务处、项目组和技术团队的相关规章制度、规范、工作流程。

2. 对于奖励加分，上不封顶，可以有多少加分项目加多少。

3. 对于处罚中的重罚项目，或当月被投诉两次或以上的，当月考核直接为最后一名，并上报部门。情节严重的，项目组视情况直接将其遣返回部门。

（五）考核结果反馈与沟通

为了遵循公开、公平、公正的考核原则，Z公司每月和半年的考核结果都要求加强考核者与被考核者之间的交流沟通。考核上下级应就考核方式互相交换意见，不断改进绩效考核工作，提高考核的透明度，体现考核的公平、公正和公开。其中考核上下级应定期沟通个人及工作状况，考核上级需要对下级肯定已经取得的进步，并指出存在的不足，指导员工进行工作改进，最大限度地调度员工的工作积极性和创造性。特别对于考核为最低级别的员工，相关考核负责人必须和被考核者进行认真沟通，沟通过程应以书面形式记录。员工如对考核结果不认可，先与行政主管交流沟通；如果仍不能达成一致意见，可以向更高一级进行申诉解决。

（六）绩效考核结果应用

绩效考核结果应用分为月度考核结果和半年度考核结果的应用。

1. 月度考核结果的应用

月度考核排名第一级别的资源部门员工，会被评选为资源部门《月度明星员工》，并给予一定的表彰；对于月度考核为最低级别的员工，资源部门将安排和被考核员工进行沟通，并指导改进，对于改进效果不大、连续两月考核为最低级别的员工，资源部门将给予当事员工一定的处罚警示；资源部门员工月考核结果将一定程度上与月浮动挂钩。

2. 半年考核结果的应用

半年考核为最低级别的员工，资源部门将按照公司的考核规定执行相应的处理安排。处理意见一般分为四类：在岗培训并降浮动、调岗培训并降浮动、终止劳动合同、解除劳动合同；绩效系数的运用：员工半年/年度的考核等级和排名，直接关联运用于员工的年终奖系数计算和职称评定打分。

第四节　Z公司外派人员LTC绩效考核方案的实施及效果

一　LTC绩效考核方案实施流程

（一）实施准备

Z公司外派人员LTC绩效考核体系从2012年开始在部分海外子公司或办事处试用，发现评估结果比较积极有效。而后从2013年开始全面在公司级范围内实施使用。在推行LTC绩效考核体系使用前，Z公司专门在全公司范围内组织宣传了LTC及流程概念。对每个部门和项目提出经营和结算制理念，要求转变观念，强调经营意识，每个单位和项目都是一个经营主体，做到每个经营主体要养活本单位人员，要能实现盈利。同时，Z公司也公布了各岗位职称和技能认证级别所对应的成本价格，为推行成本结算统一了人力成本指导价格。得力于从上到下的要求和大力宣传，为LTC绩效考核体系的实施奠定了良好的基础。从理论和认识上，对LTC绩效考核的实施做好了准备，也得到了各级单位的积极响应和支持。

在流程和工具方面，Z公司规定了项目人力需求申请和调配流程，并开发了IT系统，统一从系统上提交人力需求和调配，也从系统上对外派人员进行绩效考核，后方资源部门要通过该系统提取其外派人员的项目考核结果，并最终形成外派员工考核成绩。从流程和工具方面，对LTC绩效考核的实施做好了准备。

（二）执行过程

LTC 绩效考核体系在 Z 公司范围内全面推行，Z 公司强调项目化运作，各项目先提出人力规划和需求，在公司统一的系统上进行人力需求呼叫。该人力呼叫提交到相应的资源部门后，资源部门进行人员匹配，调配合适的人力提交给项目组选择。

项目组对资源部门提交的人选确认后，系统上将该人选加入到项目组并冻结该人选，其他项目将不能对该人选进行选择。同时，项目组将开放项目工时给该人选，资源部门将在工时开始计算的 24 小时内外派该人选到项目组现场进行工作支持。正如前文讨论的，该外派人选加入项目组后，其因为该项目支持工作产生的一切费用将由项目组承担并作为项目执行成本。外派人员当月在项目组工时超过 5 天，项目组将必须对其进行绩效考核。Z 公司规定所有项目组每月都需要在公司统一的信息系统提交项目成员的考核结果，如有项目组不提交考核，该项目组将不能参加公司的任何评优活动。信息系统上对项目成员考核级别比例也有硬性规定，确保最优级别和最差级别的人数达到占比要求，如达不到比例，考核结果无法提交。

LTC 绩效考核体系实施三个月后，通过收集反馈的使用意见，优化和改进了流程，使 LTC 绩效考核体系真正为各单位和各项目所接受和使用实施。

（三）结果反馈

2013 年 7 月，Z 公司对 5 个海外子公司及办事处发放了 500 份调查问卷，回收了 366 份调查问卷。调查问卷旨在发现原绩效考核体系中存在的问题，并比对新的 LTC 绩效考核体系的反馈意见，评估 LTC 绩效考核体系的执行效果。比对结果表明，LTC 绩效考核体系实施前，现场项目组很少对项目成员进行绩效考核，往往是资源部门统一执行外派人员的绩效考核。LTC 绩效考核实施后，所有调查的样本人员反馈所在的项目组均实施了绩效考核，外派人员的考核以项目组和资源部门共同考核结果为准，由此也势必会提升外派人员绩效考核结果的准确度。新旧绩效考核制度对外派工作业绩真实反映的调查结果如表 4 - 7 所示。

表4-7　Z公司新旧绩效考核对外派工作业绩真实反映的调查结果对比

绩效考核真实反映工作业绩	售前外派人员（人数）		售后外派人员（人数）	
	原绩效考核体系	LTC绩效考核体系	原绩效考核体系	LTC绩效考核体系
非常同意	5	27	7	51
同意	23	39	40	75
基本同意	23	45	49	80
不同意	49	11	107	19
非常不同意	26	4	37	15

　　从表4-7显示的调查结果对比来看，LTC绩效考核体系明显提高了对外派人员现场工作业绩的真实反映。

　　关于LTC绩效考核体系对外派人员工作效率的提升情况可以见表4-8，从调查结果可以看到，新的考核方式对工作效率有较为明显的促进作用。

表4-8　Z公司新旧绩效考核对外派工作效率提升的调查结果对比

绩效考核促进工作效率提升	售前外派人员（人数）		售后外派人员（人数）	
	原绩效考核体系	LTC绩效考核体系	原绩效考核体系	LTC绩效考核体系
非常同意	20	25	44	49
同意	33	41	38	49
基本同意	31	33	67	80
不同意	29	16	72	47
非常不同意	13	11	19	15

　　LTC绩效考核体系对外派人员工作效率提升的促进作用，分析其原因应该是之前的绩效考核体系主要是行政线主导的考核，没有能像LTC绩效考核体系一样能让项目考核直接反映资源质量，从而促进资源部门来努力提升资源质量。另外，由调查数据结果可知，LTC绩效考核体系对外派人员业绩、对考核结果的沟通及绩效提升计划等的改进都起到了一定的作用。但是相对来说对考核结果的沟通这一项还不是太令人满意，还有待于分析其原因，并作进一步的改进以改善针对绩效考核的沟通管理效果。

二　Z公司外派人员LTC绩效考核方案的实施保障

（一）完善部门资源质量及结算机制

为保障外派人员LTC绩效考核方案的有效实施，真正促进项目和资源部门的经营意识，并对经营业绩能保持压力，根据LTC绩效考核方案实施的初期效果，需要积极核算部门资源质量对应的人力成本价格。人力成本价格不宜制定得过高，过高会对项目执行的盈利和成本控制存在太大压力，让项目执行难以为继，也会对资源部门的经营业绩压力不够；但如果人力成本价格过低，让项目执行的成本控制压力不够，会让资源部门的经营业绩压力过大。

所以，通过初期的LTC绩效考核方案的实施，对人力成本价格进行了调整优化，使资源部门和项目组都能感受到经营业绩的压力，并且压力在可控的范围内。给资源部门经营业绩产生持续的合理压力，会促进资源部门强化对海外项目的支持，增强结算制意识，重视其人力资源的合理利用并盈利；同时，也促进项目组感受人力成本压力，合理和高效地利用外派人力资源，多快好省地完成项目的执行交付工作。

（二）建设以项目为主导的绩效考核机制

以项目为主导的绩效考核机制，是LTC绩效考核体系的重要要求之一。要让具体的项目组能对外派资源的质量进行考核，对外派人员的技能水平、工作质量和工作效率等多方面提出要求，促进资源部门积极提升员工的技能水平，关注派出员工能更好地服务和支持好项目工作。

资源部门对外派人员的资源质量提升了关注和重视，势必会提高现场外派员工的工作效率和工作质量，这将会良性循环地帮助项目组节省人力成本，加快项目交付进度，这在很大程度上保障了LTC绩效考核方案的成功实施。

（三）完善沟通渠道与方式

要保障LTC绩效考核方案的实施，外派人员、外派人员所属的资源部门及外派人员派驻的项目组这三方的顺畅沟通必不可少。

在Z公司原绩效考核体系下，考核者与被考核者的沟通渠道比较单一，资源部门往往只是通过被考核者的日、周报反馈的工作进展来进行外派人员的工作业绩的考核，考核前后的沟通很少。但对于LTC绩效考核体系下的外派员工的考核，资源部门要关注项目组对外派员工的考核，因为这关系到资源部门的经营业绩收入和资源质量的考核，资源部门也将会以项目组的考核结果应用到外派员工的最终考核上，促使外派员工高度关注并做好与项目组关于考核结果的沟通。三方的良好沟通，将有助于反映外派人员真实的工作业绩，对外派员工的工作效率和质量等各方面也是一种促进。

　　Z 公司要求当前的项目组和资源部门对外派人员的考核，考核结果务必每月要反馈给外派员工，并通过考核系统将成绩发布到外派员工，系统将预留三天的沟通期给考核者和被考核者，这期间被考核者如果对考核结果有疑问，可以主动与考核者进行沟通，考核者可以对考核结果进行修改，三天后系统冻结考核结果。同时，每半年资源部门主管要针对考核结果与被考核者进行一次面对面的考核沟通，双方要共同完成《绩效面谈表》并提交公司备案。以上的沟通渠道和方式在保障 LTC 绩效考核方案的实施方面起到了作用。

　　（四）建立绩效考核信息系统

　　除了流程、沟通渠道等对保障 LTC 绩效考核体系的实施所起到的作用，另一个非常重要的管理工具——绩效考核信息系统的建立也很重要。信息系统的完善才能确保公司 LTC 绩效考核体系按照预想的方案有条不紊地展开和实施。因为项目组对人力需求的申请要提交到系统，同时绩效考核系统强制项目组对项目成员进行绩效考核，各考核级别强制分布。只有每月考核结果提交以后，资源部门才能及时提取到被考核的外派员工的考核结果，并计算到该员工的最终考核结果中。如此，对外派人员的 LTC 绩效考核才算最终完成。

第五章　外派回任管理的相关变量及研究

从第六章至第八章将会阐述运用问卷调查的方法选取回任管理的相关变量进行实证研究后的有关内容。那么在介绍实证研究过程、研究内容及研究结果以前，先期对将要涉及的有关变量及其相关研究进行系统的介绍和阐述。

第一节　与组织行为有关的变量

一　组织支持感

（一）组织支持感的提出

20 世纪 80 年代，美国德勒维尔大学的社会心理学家 Eisenberger 通过大量研究发现，当员工感觉到组织对他们很关心、支持或者认同时，这种感觉能够对员工产生很好的激励作用，从而帮助他们创造更好的绩效表现。以社会交换理论、组织支持理论为基础，并遵循互惠的原则，Eisenberger 和 Huntington（1986）首次提出员工所感受到的来自组织方面的支持构念，即组织支持感（perceived organizational support，POS），且研究后认为，组织支持感是"员工感受到的组织重视自己的贡献和关心自己福利的程度"。在 Eisenberger 的研究中，组织支持感是单一维度结构。但随后 McMillin（1997）对 Eisenberger 和 Huntington（1986）的研究结果进行了补充，他认为员工的组织支持感不仅应该包含组织提供给员工的心理上的尊重、关怀、职业安全感、职业发展等情感性的支持，还应该包含员工完成工作所必需的信息、培训、工作环境和设备等工具性的支持。国内学者组织支持感的有代表性的观点，如凌文铨（2006）认为，组织支持感是指员工感知到的组织对其工作上的支持，对他们的利益的关心和对他们价值的认同。徐晓锋（2005）[1] 则认为，组织支持感的定义必须包含两个要点：一是员工对组织是否重视其贡献的感受，通常员工将个人的努力程度视为对组织做出的贡献程度，个人努力程度越高，员工则认为对组织的贡献越多；二是员工对组织是否关注其幸福感的感受，员工认为的幸福感是组织能否满足他们的社会情感需求。

因此，从理论上来说组织支持感应该包含两个关键点，即贡献和福利，二者缺一不可。当员工对组织方面的支持实践产生积极强烈的感知时，即组织支持感高时，他们就会对组织产生积极的情绪并认同组织，同时自己也会受到激励努力工作，产生较高的工作满意度，反之，则相反。

（二）组织支持感的理论基础

组织支持感构念的理论基础至少有三点：Blau（1964）提出的社会交换理论、Gouldner（1960）提出的互惠原则和 Levinson（1965）提出的组织拟人化思想。

社会交换理论认为，人类的一切行为都源于能够带来利益和报酬的交换活动，人类的一切社会活动都可以看作一种交换行为。如果员工认为组织自愿提供工资、奖励、晋升机会等组织支持行为，而非出于政府和工会政策等外部要求，那么员工就会非常珍惜这些资源并努力工作（Rhoades & Eisenberger，2002），就会产生较高的满意度。

互惠原则认为，人们应该帮助那些曾经帮助过他们的人（Gouldner，1960）。那么在组织中，组织和员工分别作为组织活动的双方，如果组织给予员工支持，根据互惠性原则，接受恩惠的员工就会努力工作来回报组织（Huntington & Eisenberger，1986）。实际上，在某种程度上，组织和员工都会以互惠性原则来指导自己的行为，并形成良性循环，共同促进组织的发展。

Levinson（1965）的组织拟人化思想认为，从员工的视角来看，领导行为即组织行为，领导的态度和行为即代表组织是否重视他们，从而采取相应的行为。Levinson 指出，组织通过法定的、道德的、财务的责任来要求领导者的行为，借助于组织政策、制度标准、组织文化等措施，将组织的意愿，通过领导的权力强加于员工。

---

① 徐晓峰：《企业员工组织支持感受的作用》，博士学位论文，北京师范大学，2005 年。

（三）组织支持感的前因与结果变量

1. 前因变量

Eisenberger 等（1986）通过实证研究发现组织支持感有三个重要的前因变量：程序公平、领导支持、组织奖惩与工作条件。这三个前因变量都能对组织支持感产生影响，但影响程度各有不同。程序公平决定了组织资源的数量和分配，反映了员工的福利水平，对组织支持感具有累计效应，因此是对组织支持感影响最大的前因变量。Eisenberger（2001）又对组织支持感进行了元分析，由路径分析显示，对员工的组织支持感有重要影响的三种因素（组织公平、领导支持、组织奖赏以及良好的工作条件）中，组织公平与组织支持感的相关性最强（$r = 0.41$，$p < 0.01$），其次是领导支持与组织支持感的关系（$r = 0.32$，$p < 0.01$）。与组织公平相比较，领导支持的作用虽然不如组织公平大，但其对组织支持感的影响也是积极的。有利的工作条件是组织直接为员工提供的一种支持，如工作技能培训、工作责任感、工作自主性、工作时间弹性等。组织为员工提供有利的工作条件，会体现出组织对员工价值与贡献的关注和认可，也体现了对员工的信任和支持。相反，不利的工作条件，如角色冲突、角色模糊、制度森严等，会降低员工的组织支持感（Dekker & Barling，1995）。虽然有利的工作条件会正向影响组织支持感，然而较多研究结果却又表明，与组织公平、领导支持相比较，奖赏和工作条件对组织支持感的影响相对较小。

对组织支持感前因变量的相关研究成果梳理后得到汇总表，如表 5 - 1 所示。

表 5 - 1　　　　　　　　　　　　组织支持感前因变量

研究者	内容
Eisenberg & Huntington（1986）	员工会对组织产生整体的信念，衡量组织对员工贡献和福利的重视和关心程度
Snore & Shore（1995）	诸如职位晋升、福利改善、工资增长等政策性的资源分配公平有助于增强员工组织支持感
Dekker & Barling（1995）	角色冲突、角色模糊、制度森严等因素会降低员工的组织支持感
Eisenberger（1997）、Wayne（1997）	组织对员工贡献的赞赏与评价、对员工幸福的帮助、组织相关制度等，都会影响员工的组织支持感

续表

研究者	内容
Eisenberger & Rhoades（2002）	如果员工获得组织公平、上级支持、有利的工作条件这三方面的组织优待，他们就会产生较强的组织支持感，并努力回报组织
Wayne et al.（2002）	上级支持（奖励和惩罚行为）是形成组织支持感的重要前因变量
Ambrose & Schminke（2003）	不同类型组织中，组织公平与组织支持感关系的强度存在一定的差异，在机械性组织中关系最强

2. 结果变量

国内外学者通过研究组织支持感对组织和员工工作表现的影响，探索出一系列组织支持感的结果变量。研究较多的组织支持感的结果变量包括员工的组织承诺、工作绩效、工作满意度、离职意向等，其中又以组织支持感与组织承诺关系的研究成果最多。

对于组织承诺，Eisenberger 等（2001）的元分析结果表明，组织支持感对组织承诺总的影响很大，并且与感情承诺有很强的正向相关关系。究其原因，根据互惠原则，当员工感觉到较强的组织支持感时，他们在情感需求方面得到满足，并自发地产生一种归属感和关心组织利益的义务感，即情感承诺的发生。同时，Eisenberger 还指出员工的组织支持感由于满足了员工人际交往和情感支持等社会情感的需求而增加了其对组织的情感承诺。凌文铨、杨海军和方俐洛（2006）的研究表明，组织支持感高的员工会表现出较高的感情承诺和较多的利他行为。Shore 和 Tetrick 认为，组织支持感还能降低员工由于离职需要付出很大的代价而被迫留在组织中，即继续承诺的履行。

组织公民行为指的是有益于组织，但在组织正式的薪酬体系中尚未得到明确或直接确认的行为，是一种有利于组织的角色外行为。Akhilendra 和 Singh（2009）的研究指出，组织支持感与组织公民行为（包括个人导向和组织导向两种）正相关。George 和 Brief（1992）的研究则发现，组织支持感会促使员工进行一些诸如组织谏言行为、协助同事、帮助组织避免风险等组织公民行为。中国学者凌文铨等（2006）、吴继红（2006）也认为，组织支持感对组织公民行为有正向影响。

组织支持感正向影响员工工作满意度（Wayne，2003；Cropanzano &

Greenberg，1997）。徐哲（2004）的研究表明，组织支持感与工作满意度正相关。Eisenberger（2002）进一步指出，组织支持感不仅使员工产生对组织的义务感，让员工相信组织会给予其必要的工作支持，更满足了员工的社会情感、自尊、自我实现需求，促使员工产生积极的心理感受和情绪以及积极的工作预期，进而提高工作满意度。

在工作绩效方面，Eisenberger 等（1986）通过元分析显示，组织支持感与角色外绩效有中等大小的关系，而与其他类型的绩效相关性则较小。此外，Eisenberger（2001）认为，组织支持感较高的员工，能够从工作中得到一种归属感以及成就感，并在组织中拥有良好的人际关系，从而会增强工作的积极情绪，工作满意度也会有所提高。在离职意向方面，Allen 等（1999）研究发现组织支持感与包括离职意向在内的消极行为（如消极怠工、缺勤以及自愿离职等）存在一定的负相关。

对组织支持感结果变量的相关研究进行梳理后得到如下汇总表（如表 5 -2 所示）。

表 5 -2　　　　　　　　　　组织支持感结果变量的研究

研究者	内容
Eisenberger & Himtington（1986）	员工会对组织产生整体的信念，衡量组织对员工贡献和福利的重视和关心程度。
Eisenberger，Fasolo & Davislamastro（1990）	组织支持感会激励员工：履行角色内行为、产生感情投入、在组织中有所创新。
Smore & Wayne（1993）	组织支持感比心理契约能更好地预测员工的组织公民行为。
Sctton（1996）、Wayne（1997）	组织支持感会促进员工的利他行为。
Armeli（1998）	组织支持感可以满足员工的社会情感需求。
Nichoff（1998）	组织支持感与组织公民行为、周边绩效关系。
Lewis & Taylor（2000）	组织支持感与员工角色外行为、组织承诺正相关。
Wayne（2003）、徐哲（2004）	组织支持感与工作满意度正相关。
Kraimer & Wayne（2004）	外派人员组织支持感包括适应支持感、职业支持感、经济支持感。
凌文铨、杨海军（2006）	实证研究证明我国员工组织支持感包括工作支持、员工价值认同和关心利益三维度；组织支持感与组织承诺正相关。
李金波等（2006）	李金波等（2006）研究发现组织支持感对工作投入和组织承诺有较好的预测效力。

（四）外派回任人员组织支持感的相关研究

国内外学者关于员工组织支持感的研究成果十分丰富，并且针对不同的管理情景或者不同的研究对象，有关组织支持感的研究侧重点以及研究结果存在差异性。比如，在中国管理情景下，凌文铨、杨海军和方俐洛（2006）对中国企业员工的组织支持感进行调查发现，我国员工组织支持感的因素结构应该是包括工作支持、员工价值认同和关心利益三维度结构模型，而不是西方学者所提出的单一维度或者是包含情感性支持和工具性支持在内的双维度。陈志霞（2006）通过对知识员工这一特定群体的研究认为，知识员工的组织支持感应该从四个层面来考察，即狭义、相对狭义、相对广义和广义。[①] 综合整理后得到各维度的描述性内容如表5－3所示。

表5－3　　　　　　　　广义和狭义的组织支持感及其心理结构

组织支持感	维度	具体维度
狭义	一维	情感性支持。
相对狭义	二维	情感性支持和工具性支持。
相对广义	四维	情感性支持、工具性支持、上级支持和同事支持。
广义	九维	情感性支持、工具性支持、发张性支持、人际支持、重视和重用、福利和工作保障、组织公正、宽容体谅、工作意义和挑战性。

基于已有研究，本书认为，外派回任人员由于工作情境的特殊性，其组织支持感应更多地考虑包括归国适应和组织职业支持等方面的因素。Elron 等（1993）学者也认为，外派员工不同于其他类型的员工，他们的组织支持感应该是多维度的。Kraimer（2004）通过对跨国公司中的外派员工进行研究，发现外派员工组织支持感的结构维度并不是 Eisenberger 和 Himtington（1986）提出的单一维度。通过对外派员工组织支持相关文献的归纳总结，Kraimer（2004）指出，外派员工的组织支持感应该划分为三个维度，它们分别是：适应支持感、职业支持感和经济支持感，并且这三个维度已经通过实证研究在外派员工身上得到验证。闫燕（2012）

①　陈志霞：《知识员工组织支持感对工作绩效和离职意向的影响》，博士学位论文，华中科技大学，2006年，第14页。

在借鉴外派人员研究的基础上，验证了海归知识员工组织支持感的三个维度，分别是经济支持感、职业支持感和适应支持感。考虑到外派回任过程与回任前的延续性以及外派回任情境与知识员工海外归来的相似性，本书认为，跨国公司外派回任人员的组织支持感也应该包含适应支持感、职业支持感和经济支持感。

二　组织公平感

组织公平感是指员工在与其工作的组织进行社会和经济交换时的一种公平感知。[1] 组织公平感的研究起源于 Homans（1974）的社会交换和 Adams（1963）的公平理论。Adams 认为，员工对分配结果的公平感知（分配公平感）会影响其态度、行为。后续的研究对组织公平感的概念进行了扩展，认为它并不是一个单维构念，而是包括分配和程序两个方面。目前在组织公平感研究领域里占统治地位的是三维度（分配、程序和互动三个方面）或者四维度（即将互动分解为人际和信息两个方面）构念。但是随着研究的逐渐深入，更多的学者对于这种多维度的组织公平感观点提出了批评和质疑，认为组织公平感是个体根据自己在组织内的亲身体验或他人经历而产生的对组织是否公平以及公平程度如何的整体性评估与判断（Ambrose & Schminke，2009），因此，并不需要划分维度予以解释。由此，组织公平感构念经历单维度到多维度的细分和多维度再到单维度的回归的演变过程。

组织公平感作为员工内心的一种自我感受，其对员工在组织中的态度和行为有着重要影响。现有的文献主要从直接效应、中介效应以及调节效应三个方面探讨了组织公平感可能产生的影响。在直接效应方面，学者们所关注的结果变量主要有工作满意度、离职意向、组织承诺、信任、组织支持感、组织公民行为和工作绩效等，虽然各研究的结果并不一致，但可以肯定的是组织公平感对员工的态度和行为有较大影响。

关于组织公平感的中介效应主要分为两大类研究，一类探讨组织公平感在组织实践与员工态度和行为之间的中介作用，如 Gamage（2013）认为高绩效工作实践通过组织公平感间接作用于组织公民行为，Sari 等（2013）研究发现组织公平感在正式绩效评估系统与主管——下属信任之

---

① Crawshaw, J. R., Cropanzano, R., Bell, C. M., et al. "Organizational Justice: New Insights from Behavioral Ethics", *Human Relations*, Vol. 66, No. 7, 2013, pp. 885 – 904.

间起部分中介作用。另一类研究组织公平感在领导风格与员工态度和行为之间的作用，如刘朝等（2013）通过对中国股份制银行员工的调查，证实了组织公平感在变革型领导与员工工作满意度之间起中介作用，Zehir等（2013）则认为，服务型领导通过组织公平感的间接作用对工作绩效产生影响。关于组织公平感的调节效应，一部分学者研究了组织公平感各维度之间的交互效应，进而对员工态度和行为的影响，如 Poon（2012）对 168 位白领进行调查，结果发现程序公平感能够有效调节分配公平感与员工离职意向之间的关系。他人的组织公平感与自己的组织公平感可能在组织团队层面上也存在交互效应，进而影响员工的助人行为和创造性行为。另一部分学者探讨组织公平感对其他变量之间的调节作用，如 Camps等（2012）认为，组织公平感调节服务型领导与员工消极情绪之间的关系，Sharoni 等（2012）的研究已经得到了组织公平感在组织公民行为与离职意向之间起调节作用的结果。

第二节　个体行为变量

一　核心自我评价

（一）概念界定

Judge 等结合心理学、临床心理学研究、临床心理学实践、工作满意度、压力、儿童成长、个性和社会心理学首次提出核心自我评价（core self – evaluations，CSE）的构念，认为核心自我评价是"个体对自己和世界所持有的根本性的假设"。[①] 作为一个衡量员工在多大程度上认为自己有能力、有价值的个性特质，核心自我评价是一个包含自尊、一般的自我效能感、控制点、情绪稳定性四个概念的高阶因素，这四种核心人格特质共同指向了一个更具一般性、普遍性的构念，即核心自我评价。Erez、Judge 等（1998）通过因子分析和验证性因素分析已经证明了核心自我评价构念的有效性。而且 Judge、Erez、Bono 和 Thoresen（2002）通过元分析，证明了四个因子之间存在强相关关系。对员工个性的研究都非常重视

---

① Judge, T. A., Erez, A., & Bono, J. E., "The Power of Being Positive: The Relation Between Positive Self – concept and Job Performance", *Human Performance*, No. 11, 1998, pp. 167 – 187.

核心自我评价特质的研究。它们也是继大五人格理论之后又一个重要的特质变量。

核心自我评价整合了现有文献中关于重要人格特质（自尊、一般自我效能感、情绪稳定性和控制点）的研究，核心自我评价并不是严格的认知而是评价，是关于个体的基本特质。因此，核心自我评价与其他特质，如认知机制（cognitive mechanisms）和自我模式（self – schemas）既相互联系但又有差异，核心自我评价已经包含了其他更加具体的评价。

（二）核心自我评价与大五人格模型

研究者们在人格描述模式上形成了比较一致的共识，提出了人格的大五模式。研究者通过词汇学的方法，发现大约有五种特质可以涵盖人格描述的所有方面——外倾性（extraversion）、神经质或情绪稳定性（neuroticism）、开放性（openness）、随和性（agreeableness）、尽责性（conscientiousness）。显然，核心自我评价与大五人格模型的特质之一——神经质很类似。但是，核心自我评价构念是否可提供除神经质以外的东西？核心自我评价与大五人格模型中的其他特质有什么关系？

Judge 等（2001a）研究者认为传统神经质的测量，无论是概念上还是操作上，都太过狭窄以至于不能评价自我的核心方面。但是 Hogan 等（2001）认为，虽然人格的测量源于心理学，但没有什么比神经质测量更真实有效。测量神经质，用得最多的是焦虑。但是，尽管焦虑可以视为神经质的重要指标，但该测量并不能有效体现自我价值的核心概念。因此，从定义核心特质的标准之一的聚焦评价的角度来看，任何源于神经质产生的构念，都比核心自我评价构念狭窄。

核心自我评价与大五人格中另外两个特质的关系——尽责性和外倾性也具有一定的关联性。一方面，核心自我评价与外倾性和尽责性的衡量相一致，神经质和自尊与外倾性和尽责性显著相关。自我效能有时可视为责任心的一个方面，当然也是核心自我评价的一个方面。我们也可以合理地假设那些外向的人会倾向于用更积极的方式评估他们自己、环境和控制环境。所以，我们认为核心自我评价与尽责性和外倾性的适度相关。另一方面，实证研究结果同样表明核心自我评价与这两种特质存在显著差异。大五人格模型的因子分析结果表明，神经质这种核心特质并不同于尽责性和外倾性，而其他三种核心特质则类似于尽责性和外倾性。

（三）核心自我评价的研究进展

Judge、Locke 等（1998）在研究中，用包括自尊、一般自我效能感、控制点和神经质四种特质的变量核心自我评价来衡量工作满意度。结果表明核心自我评价与工作满意度、生活满意度都存在直接和间接的相关关系，而且工作特征会对核心自我评价与工作满意度之间的关系产生中介效应，即积极自我评价的个体更倾向挑战性工作，从而产生较高的成就高，对工作更加满意。同时，核心自我评价具有调节作用，即与较低水平核心自我评价的个体相比，较高水平核心自我评价的个体会将挑战性工作视为更加令人满意。Judge 和 Bono（2001）的另一项研究证实，核心自我评价的四个子特质，自尊、一般自我效能、内在控制点、情绪稳定性与工作满意度、工作绩效正相关。Erez 和 Judge（2001）同样证实，积极核心自我评价的个体会更有动力完成并表现出更高水平的任务绩效。而且，核心自我评价高的个体会产生更高的工作动机（表现为更高的目标水平、更强的目标导向和目标忠诚度等），在这种强烈工作动机的驱动下，个体的绩效水平更高。

Ronald、Judge、Locke 等（2005）证实了在非西方文化即日本文化下，核心自我评价在预测工作满意度、生活满意度方面的效度，表明即使在非西方文化（东方文化）下，核心自我评价构念同样具有普适性，而且可以作为非西方文化下预测满意度和幸福感的一个特质源泉。Bono 和 Colbert（2005）研究了核心自我评价在员工对多渠道反馈中的调节作用，发现当反馈者的等级高时，反馈效果更好。核心自我评价与当时的反馈满意度无关，但反馈 4 个月后，与核心自我评价低的个体相比，核心自我评价高的个体会表现出更高的目标承诺。核心自我评价、反馈人等级、反馈满意度和对发展目标的承诺之间的关系具有一个很复杂的模式，尤其是，高核心自我评价的个体在自己和别人的等级不一致时具有最高的发展目标承诺。相反，低核心自我评价的个体在自己和别人的等级一致时具有最高的发展目标承诺，并强调了在提高反馈激励过程中个性的重要性。

Judge、Bono 和 Erez 等（2005）认为，核心自我评价与目标自我一致性正相关，意味着具有积极自我评价的个体更可能出于内在的和认可的原因去追求目标。且在进一步研究中发现，目标自我一致性与工作满意度、生活满意度相关。Judge 和 Hurst（2008）研究了核心自我评价与职业成功轨迹的关系，发现高核心自我评价的员工具有更高的工作满意度、更高的工资、更好更高的职位，从而揭示了更高核心自我评价会导致更高的初始工作成功水平和更陡峭的职业成功轨迹。而且高核心自我评价的个体更加倾向于追求更高的教育和保持更好的身体状况，从而具有更优越的职位和职业。Kacmar、Collins 和 Harris 等（2009）运用特质活化理论作为框架，检验了两个情境变量——组织政策感知和领导效能感知——对核心自我评价和工作绩效评级关系的调节作用，发现对工作环境的知觉会调节核心自我评价和领导对他们绩效等级评价的关系。具体来讲，与在消极感知的环境中相比，在积极感知的环境中那些更高核心自我评价的个体具有更高的绩效评价等级。

Kammeyer‑Mueller、Judge 和 Scott（2009）通过两组对比研究来探讨核心自我评价是否能够提供一个综合框架来理解个体处事过程的差异。通过元分析研究表明，积极的核心自我评价与更少的压力源感知、更低的压力、更少规避应对、更多解决问题相关，而且与情绪处理的应对关系不强。与元分析结果相一致，日志研究法同样表明，在控制压力后，高核心自我评价的个体会感受到更少的压力源、体验到更少的压力、更少的规避处理倾向。然而，两个研究都表明情绪稳定性与压力和处理过程具有独特的调节关系。

Zhen 和 Suzanne 在 2011 年的研究结果显示，变革型领导和团队成员核心自我评价水平会显著影响团队的社会网络，并对最终团队绩效产生影响。Wu 和 Mark（2012）研究了核心自我评价和工作满意度之间的纵向关系。研究揭示，核心自我评价水平越高，员工当前的工作满意度水平越高，未来工作满意度就会更提高。CSE 会导致更高的工作满意度和未来工作满意度的提高。这个结果表明性格和环境两种力量会交织地塑造个体的自我认识和经验。

国内学者对核心自我评价的探究也在不断深入，发现核心自我评价与工作满意度、工作绩效、工作幸福感、职业成功显著相关。王震和孙健敏等研究后发现核心自我评价与主观职业成功、客观职业成功存在正相关关系。

（四）核心自我评价的测量

核心自我评价构念提出以后，学者们进一步探究如何对这个构念进行准确测量。Judge、Erez 和 Bono 等在 2003 年开发出了核心自我评价测量的集成量表（CSES），该量表包括 12 个题项，并证明与自尊、一般自我效能感、控制点、情绪稳定性的分量表具有较好的聚合效度。

Judge 等开发的核心自我评价量表是基于西方文化背景的，其在中国文化下的适用性需要进一步验证。我国学者任志洪和叶一舵（2006）通过探索性因子分析和验证性因子分析的方法，对核心自我评价量表进行了验证。分析结果交互验证了核心自我评价的单维度模型，且研究表明量表具有良好的内容效度、建构效度、效标效度和信度。杜建政等（2012）以 Judge 等（2003）开发的核心自我评价量表为基础，也对核心自我评价量表在中国文化背景下的适用性进行了验证和修订。在控制共同性偏差的基础上，采用探索性因子分析和验证性因子分析的方法对核心自我评价量表进行修订，得到一个包括 10 个条目的新的量表，删除了原量表中的条目C3（只要努力，我通常都会成功）和条目 C9（我能决定生活中将要发生的事情）。

二　回任工作满意度

（一）概念界定

外派人员工作满意度是外派人员对外派工作进行整体评估后，能成功适应当地的工作环境，产生的正面情绪状态。为有效测量外派回任人员的回任状态，促进外派人员成功回任，本书引入了外派回任人员工作满意度（Repatriates' Job Satisfaction）的概念。外派回任是外派人员完成海外派遣任务，返回母国的程序。结合工作满意度的内涵，外派回任人员工作满意度将工作满意度的研究延伸到一种新的情境——跨国外派回任中，具体指外派人员在回任过程中对重新任职的工作本身及有关环境所持的一种态度或看法。

（二）影响外派回任工作满意度的因素

Lan（1996）对外派经理工作满意度研究后认为，影响外派经理工作满意度的因素不同于一般情景下的工作满意度因素。外派人员的工作满意度影响因素包括两种类型，一是工作方面的因素，如工作性质、任务复杂性、参与决策、跨文化培训等；二是工作以外的因素，如配偶支持、跨文化适应、教育水平、个人特质等。外派人员回任面临的问题通常是回任后的工作无法充分运用其在外派过程中积累的经验和技能，或是无法实现职业生涯上的提升（Bossard & Peterson，2005；Suutari & Brewster，2005；Vermond，2001）。Michael 等（2006）的研究证实，组织的人力资源政策（支持性的、战略性的）和回任人员的自我调节适应能力等都与工作满意度正相关。基于文献研究，在此将影响外派回任人员工作满意度的因素归结为以下几点：

1. 工作期望（work – related expectations）

工作期望一般指新员工对职业和组织生活的预期，大致包含三方面的内容：工作内容期望、工作环境期望和事业期望（Dean，1983）。由其包含的内容可以看出，工作预期不同于回任预期，后者含义更为丰富。外派回任人员由于较长时期在海外工作生活，回归母公司时会有一段时间的适应期，需要重新熟悉适应工作内容和工作环境。故本书将回任人员工作期望界定为外派员工在回归母公司前后对职位、工作内容业务流程、个人职业规划发展、组织文化以及劳动报酬等方面的预期。

多数外派员工在回到母公司前常常会对回任后的工作有积极的期望，这是因为他们对于自己离开这段时间的组织变化没有足够认识，其实他们不了解大到组织结构、战略及文化价值观，小到有关管理条例、岗位及部门在近年的转变，而是相信自己能够很快回归正轨，并认为组织会为他们提供合适的岗位以充分发挥他们的优势。Brian（1999）在 1995 年让若干外派员工列出了一系列关于对回任后工作、生活的期望，其中最具代表性的答案包括："我希望能在回任后职位以某种形式得到晋升，这样国外所学的东西就能派上用场。""鉴于我已经成功完成海外任务，因此我希望在回任后也能取得事业成功。""我的组织会认识到我所获得的新技能经验的价值，并希望公司能向我询问相关过程。"但是实际上许多企业并未达到上述期望，在 Stroh（1998）做的一项关于外派员工回任后的工作表现调查的回答中发现，许多员工表示，母国企业在回任后给他们安排的职位几乎无法让他们能够充分运用到海外执行任务期间所获得的专业知识和经验，这给他们带来较大的挫败感。还有员工表示他们回任后感受到来自同事的不友好和敌意，这使得他们无法很好地重建组织内的社会关系，也给工作适应带来负面影响。此外，他们认为组织并不关心他们在海外的工作和经历，并极少过问具体情况，这使他们对自己完成的外派任务所带来的工作价值感到怀疑和不安。

外派员工对回任后的工作期望与现实存在较大差距，这样容易形成心理落差，影响员工的组织承诺和心理契约，从而对其工作适应过程产生负面影响。外派回任期间，员工的工作期望是离职意向的重要决定因素和组织承诺的重要影响因素，同时，它也在员工回任后的工作适应中扮演着重要角色。Suutari（2003）认为，当员工能很好地融入组织并具有良好的职业发展前景时，他们的离职意愿将有效减少。

外派任务是员工个人和组织之间事务关系的延续，并不是独立的事件，外派员工对回任后的工作期望与他们一直以来对于母国企业组织的职业、工作条件及劳动报酬等期望密切相关。此外，Starr（2009）研究发现，即使是短期的外派任务，员工的国外生活和工作经历也会逐渐改变其自我认同感和回任后的工作期望。因此组织除了需要在外派前充分了解员工的工作期望，还要在回任后了解他们对工作内容和职业规划等方面期望的变化，将更多的注意力放在帮助那些具有宝贵海外经验和知识技能的外派员工在回任时构建符合实际的职业发展蓝图，提供专业性培训和实践发展机会以满足他们的主观愿望和客观需求。

另外，从外派回任员工的角度来看，需要认清现实，尽可能使自己的工作期望变得清晰。而且在回任前期能够设置更符合实际的职业目标，回任后积极参与组织、团队的事务，尽快熟悉公司的组织结构、业务流程和技术等新转变，及时向原来共事的同事和上级进行有效的工作简述和汇报，以便交流信息、提高效率，而这些都是回任员工能够实现的工作行为和目标。

2. 寻找外派回任后的合适职位的难度

研究发现，影响回任满意度的一个非常重要的因素是回任人员对国外任职的工作与回国后工作的差异的理解（Black et al.，1992）。大多数外派的员工在其外派过程中的职位都高于其外派前所处的职位，这也解释了外派员工将外派任职作为职业发展的重要阶梯。正因如此，他们对回任后的工作会产生非常积极乐观的期望（Riussala & Suutari，2000；Stroh et al.，1998；Suutari & Brewster，2003）。然而，外派人员重返母公司任职时，他们面临的却是有限的工作选择和局限性的职业机会（Black et al.，1992；Oddou & Mendenhall，1991；Tung，1988），很难在公司范围内找到合适的职位，无法实现其工作预期。由于回任后合适职位的难以获得，导致外派前后职位存在较大落差，许多外派人员回任满意度较低，同时导致回任人员较高的离职率。实际上，外派人员获得合适职位的难度越大，其回任满意度越低。

3. 工作特性，特别是工作责任感、工作自主性

理查德·哈克曼（1980）、爱德华·劳勒（2011）等学者在进行大量工作分析的基础上，提出工作由技能多样性、任务完整性、任务重要性、

工作自主性和工作结果反馈五个核心因素构成,阐明了工作责任感、自主性的重要性。马斯洛的需求层次理论指出,自我实现是个体的高层次需求,而工作责任感是自我实现的重要体现。赫兹伯格的双因素理论指出,引起人们工作动机的因素包括保健因素和激励因素,只有激励因素才能给人们带来满意。工作责任感、工作自主性作为一种激励因素,对工作满意度具有较大影响。OECD(经济合作与发展组织)1998 年调查发现,升迁与发展机会、工作自主性等是决定员工对工作满意的重要因素。因此,对于外派回任人员而言,其回任后工作责任感与自主性的大小会显著影响其回任满意度。回任后工作责任感与自主性的增加会提高外派人员的回任满意度。

4. 职务晋升

作为一种激励措施,组织职务晋升具有选拔优秀人才和激励保留优秀员工的双重功能。对于员工个人而言,职务晋升是其职业生涯发展的重要途径。同时,组织晋升员工的行为会传达一种信号,即组织对员工工作表现的认可和赏识。这种认可和赏识是员工自我实现的一种表现,凸显了员工的价值,是员工个人职业生涯走向成功的标志,会使员工获得更多的资源、机会、更高的社会地位等。Suutari 和 Brewster(2003)指出,外派人员愿意外派的一个主要原因就是他们认为外派任职完成后他们能够获得职务的晋升、职业生涯的发展。Morgan 等(2004)、Shen 和 Hall(2009)研究证实,职务晋升会影响外派回任人员的工作满意度。而且,这种职业生涯的发展还会培养其他员工跨国外派的意愿,因为他们认为组织重视他们的外派经验(Brewster & Scullion,1997)。

5. 员工特质

许多研究表明,员工个人特质中,控制点、自我效能、情绪稳定性等对工作满意度影响较大。个人特质也会影响到员工处理问题的方法,在面对困难和问题时,员工是倾向于解决问题,还是倾向逃避问题都将对员工的工作情绪产生影响。另有观点认为工作满意度有内在和外在之分。其中,内在工作满意度主要取决于责任感、外向性等因素,外在工作满意度则主要取决于宜人性等因素。

Jaime(2005)比较研究了跨国公司在外派人员、外派回任人员以及国内工作人员的工作满意度,研究结果表明外派人员由于其工作更具有多样性与挑战性、能提供更多的学习机会,因而比回任人员以及国内工作人员具有更高的工作满意度,而外派回任人员由于在回任期望与现实情况之间存在差距，其工作满意度相对较低。由于外派回任人员与一般的员工相比，一方面必须承受"重返母国文化冲击"，既要考虑回任后家庭成员的适应情况，又要兼顾工作中的新问题，比如回任后的职位晋升情况、福利待遇情况、与领导同事的沟通相处等，在这个阶段组织对于回任人员的支持显得尤为重要；另一方面由于回任人员在外派期间不仅花费了自己的时间与精力，努力为组织解决过一些问题或者创造过一些价值，同时还可能得到家庭成员的一些辅助与支持，根据人力资本理论以及公平理论，外派人员回任后对于自身的定位可能会更高，而现实中组织可能暂时难以利用其新获得的知识与技能，因而这种自我认知与现实情况的差距在很大程度上会影响其工作满意度。

（三）外派回任人员工作满意度的相关研究

翁麒翔（2007）对外派人员的跨文化适应程度、工作满意度以及离职意向三者之间的关系研究后发现，外派人员的跨文化适应程度与工作满意度呈正相关，而外派人员的工作满意度与离职意向呈负相关。江山（2008）对驻港澳国有企业员工的外派意愿与工作满意度进行了研究，证明了跨文化适应度在外派意愿与工作满意度之间起着一定的中介作用，当外派人员外派意愿越强，则员工的跨文化适应度越高，从而工作满意度也越高。Lan（1996、1998）对饭店外派经理的工作生活满意度做了比较系统的研究。他指出工作满意度是指由于工作者的工作或经验受到赞赏而产生的积极的情感状态，而饭店外派经理的生活满意度是指其对外派地的生活环境的满意度。通过对饭店外派经理的研究后发现影响外派员工工作满意度的影响因素主要可以划分成两类，一类是与工作有关的影响因素，包括角色清晰、技能的多样、参与决策、跨文化培训国际经历；另一类是与工作无关的因素，包括跨文化适应、配偶的支持和东道国的教育质量。同时，Lan还验证了饭店外派经理的工作生活满意与其离职意向存在显著相关关系。Jaime（2005）对跨国公司的外派人员、外派回任人员以及国内工作人员的工作满意度进行了实证对比研究，发现外派人员由于其工作更具有多样性与挑战性、能提供更多的学习机会，因而比回任人员以及国内工作人员具有更高的工作满意度，而外派回任人员由于在回任期望与现实情况之间存在差距，其工作满意度相对较低。由于外派回任人员与一般的员工相比，一方面必须承受"重返母国文化的冲击"，既要考虑回任后家庭成员的适应情况，又要兼顾工作中的新问题，比如回任后的职位晋升情况、福利待遇情况、与领导同事的沟通相处等，在这个阶段组织对于回任人员的支持显得尤为重要；另一方面由于回任人员在外派期间不仅花费了自己的时间与精力，努力为组织解决过一些问题或者创造过一些价值，同时还可能得到家庭成员的一些辅助与支持，根据人力资本理论以及公平理论，外派人员回任后对于自身的定位可能会更高，而现实中组织可能暂时难以利用其新获得的知识与技能，因而这种自我认知与现实情况的差距在很大程度上会影响其工作满意度。

（四）外派回任工作满意度测量

工作满意度包括单维和多维两种构念结构（Pinder，1998）。因此，工作满意度的准确测量很大程度上依赖于对工作满意度维度的划分（Moorman，1993）。单维测量将工作满意度视为一个整体的水平，不做维度划分。在单维测量视角下，其题项一般为"你对目前的工作是否满意"或"你是否喜欢现在的工作"等。Wanous、Reichers 和 Hudy（1997），Negy（2002）、Dolbier 和 Christyn 等（2005）的研究均表明，单维整体测量（单一题项）简单明确，具有较好的效度和信度。多维测量将工作满意度区分为薪酬福利、同事关系、工作性质、晋升机会、公司领导等不同的方面，进行分别测量。工作满意度的多维测量方法有两种：总体满意度等于各部分满意度的简单相加、总体满意度等于各方面的满意度加权总和。另外，工作满意度是员工的一种主观感知，取决于很多方面的因素，由于员工的教育、年龄、文化、价值观等因素的差异，将直接影响其工作满意度。Jaime（2005）运用多维测量的方法对外派、外派回任、国内工作三种情境下的满意度进行测量。其采用的测量工作满意度包括工作特征、报酬、职业前景、同事、内部沟通、整体满意度六个维度和 10 个条目的量表。

Leslie、Winter 和 Scott（2004）认为，满意度是一个很好理解的构念，适用于各种研究。尽管不同的研究可能采用不同的测量条目，但如果不是专门研究工作满意度测量，多维条目是不实用且不必要的，一个关于工作整体满意度的单维条目即可。

三　资质过高感知

（一）相关概念介绍

1. 资质

《现代汉语词典》中对于资质一词的解释是：①指的是人的素质，智力；②泛指从事某种工作或活动所具备的条件、资格、能力等。[①] 在英语中，endowment、intelligence、aptitude、qualification 等词语都能翻译成资质，而其中前三个词与中文中关于资质的第一层解释更为相近，都更侧重于人的天生素质和先天能力，即所谓的天赋。qualification 则与中文中关于资质的第二种定义更为相近，强调个体从事某项工作或者参与某项活动所具备的资格。如果用"冰山理论"来帮助理解资质，那么，资质就是由浮在水面以上的知识、技能等客观部分和水面以下的态度、个性等心智能力所构成的冰山整体。在人力资源管理实践中，人们通常容易将资质与胜任力（competency）混为一体。而事实上，资质和胜任力是两个完全不同的概念。资质主要是指个体静态拥有的个人素质，包括学历、知识和工作能力以及个性、工作态度等心智能力；而胜任力指的是个体拥有的动态完成某项任务或者工作的能力，讲究个体是否能将个人特征充分运用发挥。

2. 教育过度

国内外关于资质过高的研究起源于对教育过度（overeducation）现象的研究，教育过度现象的出现始于 20 世纪 60 年代，由于西方发达国家不断加大在教育方面的投资，学历教育一片欣欣向荣，尤其是高等教育的扩张，使得大量受过高等教育的劳动力无处安放，只能被迫从事低学历者就能够完成的工作。1976 年，Freeman 在其 *The overeducated American* 一书中，从教育经济学的角度第一次提出了"教育过度"（overeducation）的概念。[②] 关于教育过度的定义很多，学者们基本认同的观点是：①从宏观方面来看，教育过度是指教育发展的速度超过了社会发展的需求而造成教育的过量；②从个体层面来看，是指个体拥有的知识和技能超出了自身工作的需要以及个体所受的教育水平超出社会的吸纳能力的一种现象。有学者指出，资质过高可以认为是教育过度的个体层面，即个体拥有的知识、技能、学历等超出工作的需要。还有些研究者认为，资质过高是教育过度的产物，教育过度是资质过高形成的一个方面却不是成因。Lourdes 和 Luis（2006）在《学历不匹配与资质不匹配》一文中曾经提到学历不匹配与资质不匹配是同时存在于劳动力市场上的两种不同的现象，应当加以区分。不充分就业与客观的工作标准相比较，任何情况的才能或能力不充分运用都

---

① 中国社会科学院语言研究所词典编辑室编：《现代汉语词典》（第 5 版），商务印书馆 2005 年版，第 1801 页。

② Freeman, R. B., *The Overeducated American*, New York: Academic Press, 1995.

可以称之为不充分就业（Fine & Nevo，2008；Maynard et al.，2006），它包括过度教育、工作经验过度、技能的非充分运用、非自愿的临时工作、工资不足以及在个体的专业领域之外工作（Fine，2007）等。尽管 Johnson 等（2002）认为资质过高（overqualification）和不充分就业（underemployment）是同义词，但学者们普遍更赞同把资质过高当作不充分就业的一个子集（Fine，2007；Fine et al.，2008；Maynard et al.，2006）。更通俗地讲，当个体特征（如受教育水平、能力、认知水平和人格特征）和职业特征（如晋升机会、工作挑战性等）匹配不当时就导致不充分就业现象的出现，其中，个体资质高于职位要求的资质时，就出现了资质过高现象。

　　3. 知识失业

　　根据国际劳工局对于失业的定义，将失业界定为有劳动能力并愿意就业的劳动者找不到工作的一种社会现象。有关知识失业的研究主要是针对刚毕业的大学生，通常是指大学生在大学毕业后的一定时期内找不到工作或屈身做原来较低文化程度的人所从事的工作。知识失业（knowledge underemployment）的主体是具备一定知识与专业技能的劳动者。知识失业的表现形式主要有两种：一是公开失业，即劳动者有工作能力和意愿，却没有工作机会；二是隐性失业，如就业不足，人才过度浪费和教育过度等现象。①

　　（二）资质过高与资质过高感知

　　国外学者们对于资质过高的研究始于 20 世纪 70 年代，持续至今并且有丰富的研究成果。但在资质过高概念的定义上，仍然没有形成统一的说法。Webster（1988）曾在其 *Webster's Ninth New Collegiate Dictionary* 中，将资质过高定义为"个人所拥有的教育、培训和经历超出工作的需求"。②资质过高也被认为是个体的资质（如学历、技能、工作经历等）超出了工作的需求。Feldman（1996）认为资质过高是广义上"就业不足"（underemployment）的一种形式，他常在研究中将就业不足的形成因素与教育水平、工作经历、平时的工作状态、薪资以及就职领域进行比较，并认为这种比较研究有益于对资质过高的研究。③ Johnson 等（2000）则认为可将资质过高视为与"个人—环境匹配模型"一致的个体特质，或者是与

---

　　①　王效仿：《知识失业：一个时代的来临》，《社会》2003 年第 4 期。

　　②　Webster，*Webster's Ninth New Collegiate Dictionary*，Merriam – Webster Inc. Press，1988.

　　③　Feldman，D. C.，"The Nature，Antecedents，and Consequences of Underemployment"，*Journal of Management*，No. 22，1996，pp. 385 – 407.

"工作需求—控制模型"一致的工作需求特征或工作限制，它表征的是职业的不匹配、过度教育、技能利用不足和缺少成长的机会。①

　　Fine 等（2008）将资质过高细分为客观资质过高和主观资质过高两个方面，他把资质过高感知（perceived overqualification，POQ）定义为"人们感觉到自己拥有超过工作所需的资质的程度"②，这是从心理学角度展开的对资质过高的研究。这种心理上的资质过高感知虽然不易测量，但在实际研究和解释问题中比较有用。与主观资质过高相对应，客观的资质过高指的是工作维度与个人能力的不匹配，或者是个人的能力超过工作本身的需求，这是从教育学和经济学的角度对资质过高展开的研究。客观的资质过高可以通过诸如职业标准法、现实匹配法以及人力资本法等方法来检验。虽然资质过高感知被描述为工作需要与员工能力不一致的结果。但也有学者认为过度的认知能力是资质过高的首要特征（Fine & Nevo，2008），Eleni（2010）从整体层面上将资质过高定义为拥有超出了完成工作所需要的过高的知识、技能、能力或者其他的特征（knowledge，skills，abilities，or other characteristics，KSAOs），并提出无论员工本身与工作的关联如何，较高的 KSAOs 可能会导致员工感觉到资质过高。

　　通过对相关文献的归纳与总结，我们发现，无论表述方式、顺序如何，资质过高定义始终与个体特征（如受教育水平、能力、认知水平和人格特征）以及职业特征（如岗位对技能的要求、晋升机会、工作挑战性等）紧密相连。而与个体特征和职业特征紧密相连的理论是人岗匹配理论。人岗匹配理论的基本观点是：一方面，个体之间的差异是普遍存在的，每个单独个体都有自己的个性特征；另一方面，每一个工作岗位因其工作环境、性质、要求、属性的不同，对从业者的知识、技能、能力、性格、气质及心理素质等也有不同的要求。因此，在进行人员选拔、安置、职业指导时，就应该根据特定个体的个性特征来选择与之相对应的工作岗位，即进行人—岗匹配。根据对资质过高感知与外派回任人员管理相关文

　　① Johnson, G. J. and Johnson, W. R. , "Perceived Overqualification and Dimensions of Job Satisfaction: A Longitudinal Analysis", *Journal of Psychology*, No. 134, 2000, pp. 537 – 555.
　　② Fine, S. and Nevo, B. , "Too Smart for Their Own Good? A Study of Perceived Cognitive Overqualification in the Workforce", *The International Journal of Human Resource Management*, No. 19, 2008, pp. 346 – 355.

献的分析，并结合人力资源人岗匹配理论，本书将外派回任人员"资质过高感知"定义为：外派人员在回任过程中，由于在外派经历中所获取的知识与技能不能在回任工作中得以利用或发挥，从而产生的个体感知到的自身资质高于特定岗位任职资质要求的配位错位的现象。

（三）资质过高感知的前因与结果变量

一般心智能力（general mental ability，GMA）测试得分代表着个体推理、学习和解决问题的能力（Hull，1928；Spearman，1927），Fine（2008）通过对亚洲一家领袖训练营的受训者进行调查发现，POQ 与GMA 之间存在正相关关系（$r = 0.30$），在 GMA 测试中，按得分从高至低排列，得分占前 30% 的受训者产生资质过高感知的可能性高出得分较低的受训者的两倍多。[1] POQ 可以成为工作不满意感的来源，从而导致较高的离职意向和工作退缩行为（Johnson & Johnson，2002b）。大量研究证实POQ 与组织承诺中的情感承诺存在负相关关系（Johnsonea et al.，2002；Maynardet et al.，2006）。Lobene（2010）在总结和借鉴 POQ 已有研究的基础上，探索资质过高感知（POQ）的前因与结果变量，并建立了资质过高感知的理论研究模型[2]（如图 5-1 所示）。该模型第一次以图形形式展现了资质过高感知的前因与结果变量，让研究者们对资质过高感知有一个较为清晰而全面的认识。如图 5-1 所示，资质过高感知的前因变量是受个体的某些特征（如自恋、心智能力等）和职业特征（如工作环境、薪资、与工作相关的规章制度等）的影响；已有研究中的结果变量包括工作满意度、撤退行为（包括离职意向、旷工、罢工）和组织承诺等。

四　组织承诺

Mowday（1979）认为，组织承诺的含义包括三个方面：第一，员工对组织十分信任，并且认同和接受组织的目标和价值观；第二，员工愿意为组织的利益而努力；第三，员工对维护自己在组织中的身份地位有强烈欲望。另外，Allen 和 Meyer（1990）认为，这是员工和组织之间关系的

---

[1] Fine，S. and Nevo，B.，"Too Smart for Their Own Good? A Study of Perceived Cognitive Over-qualification in the Workforce"，*The International Journal of Human Resource Management*，No. 19，2008，pp. 346 – 355.

[2] Lobene，E. V.，*Perceived Overqualification：A Model of Antecedents and Outcomes*，North Carolina：North Carolina State University，2010.

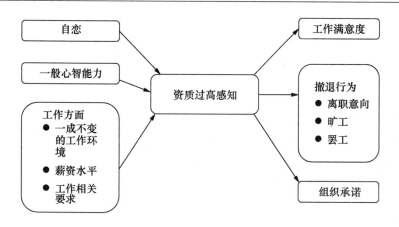

图5-1　资质过高感知的理论模型

一种心理状态，并将组织承诺发展成三因素的模型，包括情感承诺（af-fective commitment）、持续承诺（continuance commitment）和规范承诺（normative commitment）。从外派回任人员的个人与组织匹配角度来说，员工的组织承诺需要经历重新的调整过程，员工回任后对组织的情感承诺由其外派及回任后的工作经历和目前组织的结构特性决定。如果员工在海外工作时与组织保持密切联系，定期向组织汇报工作进展，并且及时了解组织的结构、文化价值观、业务流程及战略目标等各方面的最新变化，这有利于员工调整自己的工作预期，维持对组织的情感承诺，在主观上更加容易适应归国后的工作和生活。在持续承诺方面，若组织能给回任员工提供充分发挥其价值的职位，并在经济上支持员工度过回任过渡期，帮助其重新进行个人职业生涯发展规划，员工就会认识到回任后离开组织的损失以及重新就职的机会成本巨大，因而离职意向就会降低。回任员工的规范承诺则在客观上很大程度受到其东道国文化和母国传统价值观的影响，如果母国的组织文化反映了外派员工的母国文化和传统价值观并在其身上根深蒂固，则员工对母国组织的忠诚度和责任心在规范承诺中起主导作用。Black（1994）认为，日本的外派员工由于受日本传统的文化和价值观影响，重视与家族维持密切关系，并对企业忠诚度高，这种思想观念在员工的规范承诺中起纽带作用。

五　留任意愿

留任意愿是指员工意识到，并且经过深思熟虑后决定继续留在组织中的行为。在现有的文献中专门针对留任意愿的研究较少，而关于离职意向的研究成果非常丰富，留任意愿大多伴随离职意向而出现。学者们普遍认为离职意向是预测离职行为的最佳方式（Kraut，1979；Mobley，1994；Spector，1981）。但离职意向不同于离职行为，离职意向表明的是一种意向和态度，而离职行为是实际上发生的行为结果，二者之间尚有一定差距。在组织中，离职行为往往容易观察，而离职意向不易被察觉。因此，研究者往往用离职意向或者离职意愿来替代离职行为指标进行研究。

　　虽然国内外关于离职意向的研究成果较多。这其中包括对企业高层管理人员或者核心员工的留任意愿的研究，但是专门针对外派回任人员的离职意向或者留任意愿的研究还很少。外派人员回任后既要面对自身"重返母国文化冲击"、职业生涯发展、工作家庭平衡以及资质过高感知等各种问题，同时还要考虑同事和上级的沟通关系、组织待遇的公平性、回任岗位的合理性等一系列问题。通常具有国际外派工作经历的员工在职业选择方面会比较有优势，因而当感觉到对现有工作不满意时，更容易产生离职的倾向，从而实施离职行为。毋庸置疑的是，外派回任人员的离职会给企业带来不可估量的损失，那么如何提高他们的留任意愿成为管理者们必须面对的难题。比如，Lazarova 等（2002）通过对 175 位跨国公司外派人员的调查研究，验证了组织承诺在外派回任人员的组织支持感与离职意向之间的中介作用。Maria 等（2009）对 84 名外派回任人员进行实证调研，建立了回任职业晋升理论模型①（见图 5 - 2），验证了外派回任人员的不充分就业感在回任职业晋升与离职意向之间的中介作用，同时还指出回任人员的组织职业支持感与离职意向呈负相关。

　　国内学者赵西萍等（2002）通过问卷调查发现，工作满意感、工作压力感、组织承诺和经济报酬评价是影响员工离职的四个主要态度因子。② 高世葵等（2012）通过与外派人员进行问卷访谈沟通等方式，对跨国公司外派人员回任失败的原因进行归纳总结，认为回任失败（主要表现为离职意向高或者很低的留任意愿）是多由最为在意的事项没有得到满足而

---

① Maria, L. K., Margaret, A. S. and Mark, C. B., "The Influence of Expatriate and Repatriate Experiences on Career Advancement and Repatriate Retention", *Human Resource Management*, Vol. 48, No. 1, 2009, pp. 27 – 47.

② 赵西萍、刘玲、张长征：《员工离职意向影响因素的多变量分析》，《中国软科学》2002年第 5 期。

引发的（见表5-4）。①

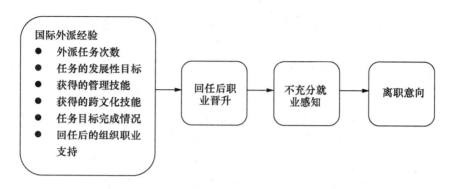

图5-2　回任后职业晋升的前因与结果变量

表5-4　　　　　　　　　　外派回任人员最在意的事项

事项	关注比例（%）
职业生涯/就业	63
改变生活习惯	59
目前的工作绩效	58
与同事的关系	55
被组织内有影响力的人评估工作	49
适应国内生活	48
回国后得到公司的支持	47
家庭生活受到不利影响	26
居住条件	18
与老板关系	17

综合国内外学者针对外派人员离职与留任问题的研究，并结合 Iverson（1999）提出的离职模型，笔者认为，在研究外派回任人员离职意向的过程中，必须同时考虑客观事实因素（外派任务时间、次数、通过外派获得的技能等）、个人因素（个体特质、资质过高感知、归国适应等）以及组织因素（组织支持等）对其留任意愿的影响。因此，研究外派回

① 高世葵、雷涅邻、王立娜、吕婧：《跨国企业外派人员回任失败成因及应对策略》，《中国人力资源开发》2012年第4期。

任人员这一特定群体的留任意愿问题时，同时考虑回任人员的离职意向，选择将其作为离职意向的对立面来看待，并假定当外派回任人员的离职意向高时，其留任意愿则低；反之，当他们的离职意向低时，则留任意愿高。

此外，Allen 等的"支持性人力资源管理实践"观点认为，支持性人力资源管理实践包括员工参与、奖赏公平和成长机会三个方面。[①] 他以组织支持感为核心，研究支持性人力资源管理实践与组织支持感、工作满意度、组织承诺和离职意向、离职的关系，建立理论模型（见图 5 - 3）并进行实证分析后认为，支持性人力资源管理实践的三个维度：员工参与、奖赏公平和成长机会会通过工作满意度和组织承诺的中介作用间接影响离职意向，并最终影响到员工的离职行为发生。

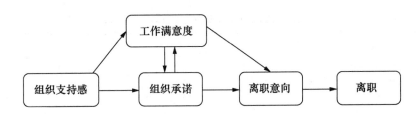

图 5 - 3　支持性人力资源管理实践对离职的作用机制模型

六　感知机会

Wheeler 等（2005）将感知机会定义为自己感觉可供选择的工作机会的多与少。Beach（1990）运用映像理论解释了个人如何获取信息来影响自己对机会的感知，最终对自己的决策产生作用。Beach 指出，个人是很少有认知的能力去系统地评估所有的信息，因此，其会对所得的有限信息进行简单、快速评估，而不是进行深思熟虑的评估，这样的评估是和以前的信息和行动方案进行比较的过程，进而形成对外部机会的感知，最后产生决策和实施工作搜寻行动。映像理论认为决策过程中，个人会搜集所有相关信息，在比较其他方案后，就促成了既有的行为模式。许多预期或非预期的事件会影响先前的决策流程，进而促成进一步的工作寻找行为。当

---

① Allen, D. G., Shore, L. M. and Griffeth, R. W., "The Role of Perceived Organizational Support and Supportive Human Resource Practices in the Turnover Process", *Journal of Management*, Vol. 29, No. Ⅰ, 2003, pp. 99 - 118.

新的信息使得个人评估离开组织更好时，基本上无形中增加了离职的意愿，员工就会更进一步去搜寻外部可能的工作替代机会，强化本身的工作流动认知，进而去影响离职行为。

员工的感知机会受两方面因素的影响，一是自身因素，如员工自身的能力、关系等；二是外部因素，比较典型的就是劳动力市场的供需状况、宏观经济形势等。过去的研究指出劳动力市场的工作机会的多少对员工感知机会以及离职行为有重要影响。Michaels 和 Spector（1982）认为，当劳动力市场有大量工作需求时，员工就会有较强的感知机会，离职的念头将会转换成实际的行动。许多研究结果都发现外部工作机会的多寡与员工感知机会、离职意向间具有显著的相关性（Price & Mueller，1981；Cotton & Tuttle，1986）。而由 Price 和 Mueller（1981）所构建的离职模型中，发现人口统计变量、任期、组织承诺和工作安全感等会影响员工寻找外部其他工作机会的可能，再加上个体认知到外部可能的工作机会，最终会导致员工产生离职的行为。

员工感知机会对其工作态度有重要影响。Sommer 等（2012）运用感知机会和感知尊重构建了一个关于主管的建设性绩效反馈对下级员工工作态度的影响机制模型，证实了员工感知机会对其情感和工作满意度有显著影响。Cuyper 等（2011）探讨了员工感知机会与离职意向的关系，结果显示员工感知机会对其离职意向影响显著。Stahl 等（2009）以外派人员作为研究对象，证实了外派人员在组织内的低职业发展机会对其离职意向有显著促进作用。Lu 等（2015）以 214 位中国员工为研究对象，调查了员工感知职业发展机会对其可雇用性与情绪、离职意向关系的调节作用，结果显示当感知机会很高时，员工可雇用性对情绪枯竭作用加强并且可雇用性对离职意向有显著负向作用。

七 逆境商

随着现代生活和工作的节奏加快，生活和工作中面对各方压力的机会逐渐增多，人们无法避免遭受逆境、工作不顺心、各种突发事件对我们的干扰，在这样的负面环境中，面对逆境和抵抗压力的能力越来越受到人们的重视。逆境商是衡量个体对负面环境的处理能力的指标。逆境商是由美国心理学博士 Stoltz（1997）提出的一个概念，他以数十位顶尖学者的研究和全球五百多个调查数据结果为基础，基于心理学中的认知心理学、精神神经免疫学和神经生理学三种学科而提出的一个概念。认知心理学认为当个体遇到挫折时是否采取行动是由自己控制的，那些相信自己能够有效地处理问题的人，会勇于接受挑战以及锻炼自己，掌握并控制自己的命运。精神神经免疫学认为适度的情绪压力可以对个人的工作效率有所帮助，但是过度的负面情绪会容易导致免疫力下降及产生心理疾病。神经生理学认为人脑内部有理想的结构，它能够形成习惯，这种习惯可以被改变，个体面对逆境的经常性反应会形成新的习惯，最终被人们所接纳。

基于三种理论，Stoltz 认为逆境商是由 C（control）、O（ownership）、R（reach）、E（endurance）四种要素组成的，这四个维度决定了一个人整体的逆境商。其中 C 是控制感，是指人们相信自己能够控制周围环境的能力，O 是起因和归因责任，意思是逆境是由什么人或者什么事造成的以及我对改善现有的逆境状况应该负多大的责任，R 是影响力，即逆境对人们其他领域的影响程度有多大，而 E 则是持续，即逆境会持续多长时间。逆境商的维度决定了逆境商的分数，而且除了逆境商的成绩，还能通过逆境商的维度了解自己在哪方面比较欠缺以及如何提升自己的逆境商。

Stoltz 使用逆境商量表访问了近 7500 位对象，其结果呈现正态分布，平均值大约在 114.5 分。依据逆境商调查的结果，Stoltz 将逆境商划分为 5 个区域。区域一为高逆境商，分数为 166—200 分，区域二为中高逆境商，分数为 135—165 分，区域三为中逆境商，分数为 95—134 分，区域四为中低逆境商，分数为 60—94 分，区域五为低逆境商，59 分以下。

逆境商作为一种人格特质，对人的行为有重要影响。Stoltz 的研究表明，逆境商高的员工，对工作压力和工作挑战有更大的承受能力，感受到的工作压力相对较小，他们在工作表现上比其他员工更为优秀，工作效率更高。而且逆境商对员工的工作态度也有一定的影响，如逆境商对员工的工作压力有负向作用（Li，2010），对员工的工作满意度（Ye，2012）、幸福感（Liu，2013）、自我授权（Kanjanakaroon，2011）等都有正向作用。由此看出，逆境商是一个具实用性的指标，增加关于逆境的成因与类别的识别，提升自我逆境商，可以更加灵活地应对逆境、提高自我效能，可以更好地面对生活、工作的困境，降低逆境的消极影响。

第三节　个体—组织匹配理论

一　外派回任人员的个体—组织匹配

（一）个体—组织匹配的性质

从组织的层面上看，传统的招聘选拔过程主要关注工作导向分析（即侧重分析提供产品和服务所需的任务和行为，继而寻找适合的应聘者）和 KSA（knowledge、skills、ablities）检测所要求的角色内行为。[①] 而近期的研究则侧重于超越职位本身的角色外行为[②]，因此，人们将关注点从传统的 KSA 模型选拔过程转向展现个体的个性、信念及价值观与组织所倡导的文化、规范及价值观之间的匹配的组织相容性。如 Schneider（2001）提出以人—环境匹配为基础的 ASA（attraction – selection – attrition）模型，它指出，工作价值观是员工衡量个体—组织匹配的核心手段。个人因与组织的特征相似而被吸引从而进行谋职，但个体也会因与组织的不匹配而选择离开。相应地，组织也会倾向于在决策过程中选拔与其特性最匹配的员工。

由此可见，在以往传统的外派人员选拔过程中，组织会分析国际任务的特性，根据其过程和要求以及海外子公司的组织特征和战略目标寻找最合适的员工。年轻的员工对外界事物的接受能力和适应能力较强，思想较开放，考虑到员工在海外的跨文化适应问题，企业会倾向于选择他们作为完成外派任务的最佳人选。然而从外派回任的角度来看，年轻的员工在归国后的工作适应期可能会面临更多的问题，他们的个体特征和价值观在海外得到重塑，并保持一定的稳定状态，归国后由于特征、价值观的改变因而与组织的匹配度会下降，离职意向也会上升。Black（1994）研究后发现，日本企业则倾向于将年龄较大的员工作为完成海外任务的优先人选，

---

　　① 角色内行为：组织内员工在工作场所行为的一种，是正式的、岗位说明书上明确指出的与工作职责和责任相关的行为，如工作表现。

　　② 角色外行为：组织内员工工作行为，依据其工作状态主要分为两种行为，一种是依据组织制度和工作职责而产生的一系列角色内行为，另一种是角色外行为，其特征是自主体现，自我裁量，不一定得到组织的明确回报或惩罚，但对组织发展产生重要影响。Van Dyne 和 Mclean Parks（1995）基于"促进—抑制"、"合作—挑战"将其分为帮助、建言、监督和检举。

这很大程度上是因为这些员工与母国的家庭、组织联系较密切，他们的个人特性和价值观不容易因受到海外环境的影响而发生较大改变，这能促进他们加速度过回任后的工作适应期，实现与组织的再匹配，提高外派任务的效益。但是管理者需要注意的是，在执行海外任务时，这些较年长的日本员工是否能尽快适应新环境、有效地减缓跨文化冲击并完成任务，研究结果对这一可能性仍然保留疑问。

（二）个体—组织契合度模型

Kristof（1996）认为个体—组织匹配理论（person – organization fit, POF）反映了个体与组织之间的相容性和一致性，强调个体与组织之间的共性和需求互补。也就是说至少有一方能满足另一方的需求或者双方分享相似的基本特性，该理论观点主要包括四个方面的内容，即个体与组织价值观的一致性、个体与组织领导者或成员的目标一致性、个人偏好和需要与组织制度结构的匹配和个体性格特征与组织氛围的匹配。[①] Chatman（1989）从价值观出发，为更好地衡量个人和组织的匹配程度，提出了基于个体—组织契合度的模型[②]，如图 5 - 4 所示。

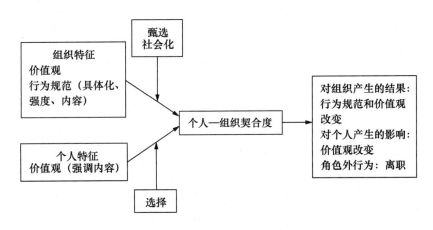

图 5 - 4　个体与组织契合度模型

---

　　① 组织氛围：可以分成员工的内在认知和组织气候对员工一些事件、活动和程序以及那些可能会受到奖励、支持和期望的行为影响。它与组织价值观和经营理念有着直接的关系，同时也与组织的领导者的性格特征有显著关系。

　　② Chatman, J. A., "Improving Interactional Organizational Research：A Model of Person – Organization Fit", *Academy of Management Review*, Vol. 14, No. 3, 1989, pp. 333 – 349.

那么，根据 Chatman 的 POF 模型，如果是低水平的个体——组织匹配度就可能会导致三种结果：个人价值观发生改变，而且会变得和组织的价值观系统越来越相似；组织的价值观发生改变；员工离开组织（即离职）。

由此可见，外派员工在回任初期与组织的匹配度较低，且需要通过双方的转变来磨合。员工主观上积极改变，适应组织的环境及新职位，同时组织为员工提供必要的支持和援助就能避免最坏的结果。研究还发现，高水平的 POF 对个人和组织都有正面影响，它不仅能提高员工的（工作）舒适感，还能增强员工的角色外行为，提高个人与组织价值观的相似性。但是过高的 POF 在组织成员中会引起低效率行为。例如引起同质性和降低员工的创新能力，以及组织适应和应对环境变化的能力。

外派员工在回到母国企业、重返组织进行工作适应的过程中，面临着个人与组织的再匹配。从价值观的角度来说，员工通过海外学习生活经验在原有价值观基础上又增添了许多新的元素，而母国企业组织的价值观也在不断发展改变，这使得回任期间二者的契合度没有以往的高，过低的 POF 可能导致负面影响（低绩效、高离职率、组织的经济成本损失等），而由于员工在外派期间具有较大的自主权，其价值观更具有独立性，特别是在完成海外任务期间，其自主决策能力增强，并习惯掌握较高的决定权，过于强调高水平的个体——组织契合度容易适得其反，员工回任后自由裁量权减弱，在组织内进行一项决策需要经过烦琐复杂的程序，这容易引起员工和组织之间的相互抱怨和矛盾，也不利于组织提高其在国际竞争性市场上的适应力、学习接受能力以及充分理解和利用外派员工所获取的国际经验和最新情报，同时也会抑制员工的积极性、主动性和创新能力。在这一背景下，外派回任员工的个人—组织匹配程度是否越高越好，又或者是需要控制在一个怎样的合适的程度，需要结合外派任务类型和个人及企业组织特性进行深入探讨。

（三）工作适应理论

工作适应理论（the theory of work adjustment，TWA）有两个基本原则：一是"工作环境对员工需求的激励及员工工作技能符合工作环境要求的"一致性有利于实现满意或满足；二是"不满意或不满足"能够促进适应调整行为。TWA 理论可以启发性地应用于企业外派回任员工的工作适应过程，并为企业人力资源部门及相关部门的干预、调解行为提供建设性解决方法。

TWA 属于个体—环境理论范畴，主要是关于个体与环境的匹配和互动。这里的环境特指工作环境。TWA 理论中，个体和环境变量一般被用来解释行为和行为结果。但是，若从个体—环境匹配理论的基本主题出发，对行为和行为结果的解释则更依赖于个体与环境之间的联结，也就是说，个体与环境之间的联结能更好地解释行为和行为结果。而个体与环境的整合在这里包含两方面的含义，第一是指匹配，即个人特性和环境特征之间在某种程度上的相符性。比如，一些特定的员工具有能满足某些工作要求的特定工作技能，而其他员工没有。第二是指相互作用，即关于个体和环境相互间的施与受、作用与反作用。即员工个体和工作环境或条件不是稳定的、一成不变的，而是可以相互调整、改变的。例如，对工作环境或条件不满意的员工会尝试去投诉或抱怨，并努力证明他们的工作值得获取更好的回报，而管理者可能会积极地做出回应比如增加员工的劳动报酬，改善其工作条件，但是也可能做出消极的回应如解雇员工。

1. TWA 的主要内容

个体与（工作）环境是平行和互补的，即个人有需求，而且大部分需要通过环境来得到满足。环境对个人也有要求，个人和环境的需求和要求通过相互满足形成互补关系。当个体和环境的需求都得到满足时，二者间的互动关系就会维持。否则，二者之间就会采取相应的调节适应行为，而这当中最坏的结果就是个体和环境之间的互动结束（辞职或被开除）。

根据 TWA 理论，满足、令人满意和在特定工作环境的任期是工作适应的三个基本指标。从工作的角度来说，环境对个体的要求表现为对工作技能的要求，工作技能来自人类的基本技能：认知、情感、动机、物理和感官知觉等。和需求一样，能力和技能源自人们的先天遗传并通过后天的学习（在不同工作环境的经历、培训等）得到塑造，员工通过持续不断的学习获得新的工作技能。在工作方面，环境对个人的要求就是完成工作并维持及发展组织，而个体对组织的需求表现为激励需求，即组织通过对个体的激励（包括给予报酬、名誉和特定的工作条件）来满足其生理和心理上的需求。此外，TWA 理论的概念中心是一致性，它的变动反映了个体和环境彼此之间相互满足对方需求的程度。Brammer 和 Abrego（1981）指出，在个体与环境一致性模型中，个体与环境彼此的需求和要求不是相互独立的，环境、组织的要求会随着个体的努力适应和调整而改变。同样，个人的需求会由于受到外部环境的压力等各种因素而产生相应的变化。

2. TWA 预测模型

Dawis 基于已有的理论基础，于 2005 年提出了一个 TWA 预测模型①，模型构造如图 5 - 5 所示。

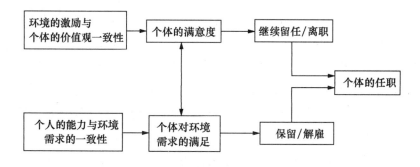

图 5 - 5　工作适应理论的基本预测模型

该模型采用的是因子分析法，个体表象没有但是潜在可能具有或获得的需求和技能可以用因子来测量，并且能用来帮助员工预测自己未来的满意度和对环境满足度最高的职业，而在 TWA 理论中这些因子被定义为价值观，即需求因子；以及能力，即技能因子。因而在 TWA 理论中，价值观和能力就是潜在需求和潜在技能的基准尺寸。

在该模型中，个体对环境的满足在环境激励与个人价值观一致性和个体满意度之间的相关关系中起到调节变量作用，个体对环境需求的低满足度会使这种预测相关关系水平变低，反之亦然。同理，个体满意度在个人能力与环境需求一致性和个体对环境需求的满足之间的相关关系中起调节作用，较低的个体满意度会使这种预测相关关系水平变低，反之亦然。而且，该模型解释了（工作）环境对个体需求的激励的一致性预测了个体的满足程度；个体对环境的（工作）技能要求满足的一致性预测了环境的满意程度；个体的满足程度和环境的满意程度决定了个体的任职状况：从个体角度来看是继续留任还是离职，从工作环境角度来看是继续聘用还

① Dawis, René, V., *The Minnesota Theory of Work Adjustment. Career development and counseling：Putting theory and research to work*, US：John Wiley & Sons Inc. , 2005.

是解雇。

3. TWA 理论的发展

Brown 和 Lent（2005）结合已有的研究结果和理论分析后提出了新的 TWA 理论模型①，该模型主要描述了个体对环境的调整适应过程（见图 5－6）。相比维持行为它更强调适应行为。其调整适应方式包括四个可变因素：灵活性、主动性、反应性和韧性，这四个因素因个人特性和环境特征的不同而表现出不同的程度。当个人感觉需求得不到满足时，就会自发地进行调整适应行为，对个体价值观和需求与环境激励的不一致性的容忍程度反映了个体的灵活性，高度灵活性表示个体不容易感到不满足，并容易对环境的激励感到满足。当个体开始自发的调节适应行为时，会对环境提出补偿要求，这种适应模式反映了主动性。而个体自发地优化技能学习

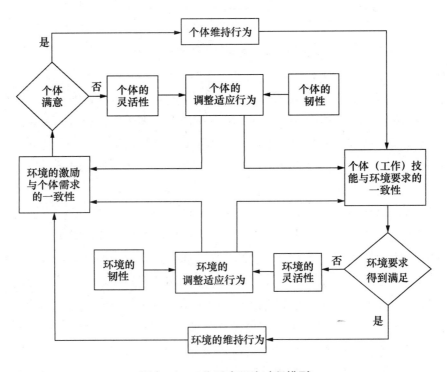

图 5－6　工作适应理论过程模型

---

① Brown, S. D. and Lent, R. W., *Career Development and Counseling: Putting Theory and Research to Work*, US: John Wiley & Sons Inc., 2005.

新知识以作为补偿来提高与环境匹配的一致性时，我们就称之为反应性。最后，韧性衡量了个人在离职前能留在所处的工作环境并做出最后努力的程度。在这一模型中，工作适应理论变量的定义更具细节性。

4. TWA 过程模型的应用

外派回任人员在完成海外任务后，面临着归国适应的各方面挑战，其中工作适应方面与组织的联系密切，从工作适应理论角度来看，回任期间，外派员工对组织的新需求和组织对外派员工工作技能的新要求体现了二者的互补关系，其实现程度也表现出一致性的程度。

外派员工回归后对组织的期望包括对个人职业规划、薪酬奖励及新工作技能的有效利用等，员工希望组织能帮助其制订职业发展计划，给予一定的物质和精神上的激励，而组织则希望员工回任后能通过其海外学习获得的最新技术和经验得到实践和利用，从而推动组织全球化目标的实现，帮助企业建立良好的国际形象。然而，当员工发现自己的需求没有得到满足时，就会产生不满，多数员工会很大程度上受到情绪影响而无法理性看待问题、进行综合分析，因而产生离职意向。工作适应理论能引导回任员工更理性地以全局眼光分析问题，并提供解决办法的基本原则。根据TWA 的过程模型，员工可以先自己进行调整，比如降低需求层级和提升技能体系以适应组织，并发挥主观能动性，努力学习了解组织的文化价值观、架构体系和近期战略目标。当不满意出现时，就说明期望和现实产生了较大差距，员工需要尽可能从多方面角度去评估现实，比如说向组织内的职业顾问或有类似外派经验并成功回任的员工进行必要的咨询，主动向组织寻求帮助。这一过程的结果就是员工成功度过工作适应期并继续留在组织，或者离职。

二　个体—组织匹配理论对提高回任人员适应性的分析

外派任务的成功给企业和员工带来的近期收益和潜在利益非常有诱惑力，因此，经过权衡以后企业的一些员工愿意接受外派任务，因为他们相信海外的工作和学习经历能帮助他们回任后在组织里崭露头角，并且比其他普通员工更具有晋升的可能。但是如果他们不能够顺利地在回任后度过工作适应期，其职业发展将会受到负面的影响，相应地，企业也会因此付出外派任务失败的代价（不仅包括对外派员工的经济、时间投入，还有企业自身声誉的破坏、商业机会的损失以及错失员工通过完成国际任务而增强的国际竞争力和技术经验等）。

　　跨国公司外派人员在回任过渡期的工作适应方面中主要面临的问题是：工作期望与实际不符。企业组织在现实中无法满足员工的需求（晋升、提薪及设置能充分利用其海外经验和技能的职位等），员工自身也没有做好调解适应准备，导致个体的不满意以及与工作环境的不一致性，因而离职意向增强。在回任员工与母国组织进行再匹配的过程中，由于个人的价值观和自我认知发生改变，与组织的价值观和文化规范产生不一致性，若组织未及时提供回任适应的支持和帮助，则会削弱员工的组织承诺，增强离职意向。许多研究已经发现外派员工对自己回任后的职位定义认识模糊，并感到与上级、同事的关系冷淡，在组织内处于一种被孤立的状态，对于自己该干什么、能够干什么并不是很清楚，这与回国前的积极自信形成鲜明对比。因此，根据上述问题，基于个人—组织匹配理论和工作适应过程以及前面介绍过的相关变量和研究成果从不同角度进行分析，探讨理论上增强回任人员适应性的几种可能。

　　（一）增强组织支持感

　　Allen（2003）通过研究认为，应该通过提高员工的组织支持感来为员工提供足够的支持和帮助，而提高员工的 POF 水平能增强其组织承诺和降低离职意向。Allen 的理论模型结构如图 5 - 7 所示①，Allen 认为组织支持感在外派员工回任后的工作适应期起到积极作用。

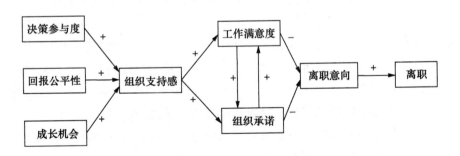

图 5 - 7　组织支持感理论模型②

　　①　Allen, D. G. , Shore, L. M. and Griffeth, R. W. , "The Role of Perceived Organizational Support and Supportive Human Resource Practices in the Turnover Process", *Journal of Management*, Vol. 29, No. 1. 2003, pp. 99 - 118.
　　②　模型图中，"＋"代表正向影响，"－"代表负向影响。

Bolino（2007）进一步认为，POS 对外派员工回任后的工作适应和职业发展表现在个人职业的规划利用、交流机制支持以及回任后的（工作适应）援助，因此我们可以从这三个方面来寻找组织在员工的工作适应方面扮演的角色。

1. 个人职业生涯规划

职业规划能帮助员工寻找发展的机会，提高他们自身的劳动力市场价值。外派员工的归国工作适应和调整不是国际任务完成的终点，而是他们个人在母国组织的职业生涯中的新起点，因此外派员工在回任后的第一份工作应该充分发挥他们在海外获取的知识和经验的价值，然而许多员工认为在回任期间企业组织和相关管理政策限制了他们的职业选择和发展。职业规划的实现形式包括定义工作任务、技能利用规划和交流机制。

帮助回任员工定义工作任务能评估员工外派工作所获得的收益（技能和经验等）以及组织的需求，并且让员工对自己回任后的工作内容和业务流程有清晰的认识，从而提高员工的主动性，防止职业"瓶颈"期的出现。技能利用规划能够提高组织对回任员工在外派期间获得的知识和技能的利用效率，也拓宽了回任员工的工作内容，让员工有更多的发展机会，而这一举措需要在员工外派前与组织双方进行好计划和协商，才能达到效益最大化。

2. 建立交流机制

其目的在于帮助外派员工保持与母国公司的联系，实际上，许多外派员工在海外工作期间与母国公司的联系和交流逐渐减少，这加大了他们回任后的工作适应和调整难度。对于那些外派时间较长的员工，应该定期让他们回国交流，以便帮助他们及时了解公司治理结构、政策、组织文化、生产技术和流程以及各个业务部门的近期变化，减少外派员工回任适应期的不确定性和焦虑情绪。同时，组织也能及时了解外派任务完成进度和员工的个人工作能力的提升状况。建立和保持组织与外派员工之间的有效联系是回任员工能成功度过回任适应期的重要因素（Mezias & Scandura，2005）。反之，如果员工在外派期间缺少与组织的双向沟通与联系，则会引起员工回任后的低绩效表现和高离职意向。

3. 回任后的援助

回任后的援助包括对回任人员的培训和后勤支持。回任前培训，目的在于帮助员工了解重新回到组织可能面临的挑战，由于外派人员长期在海外工作，具有较高的自主权，在外派人员回任前对其工作任务和职责进行讨论十分有必要。然而这种培训并没有在组织间得到广泛应用（Gregersen & Stroh，1997）。回任前培训介入的内容包括：跨文化培训（应对逆向文化冲击）、业务操作实践培训（让员工充分了解外出期间母国总公司的战略目标、组织结构和业务流程等发展变化）及技术和生产培训（更新员工的知识技能）。这些培训内容都能够促进员工的回任适应的良性发展。然而现在许多跨国公司（特别是亚洲）只重视员工的外派前培训，而忽视了回任前培训。

后勤支持就是为员工及其家庭搬迁提供帮助，比如其居住问题（租房买房）、子女上学问题及配偶的工作问题等。

（二）减少回任工作适应的不确定性

通常情况下，外派员工在回任后对母国的组织和社会环境的近况缺少了解，产生不确定性，而减少这种不确定性能帮助他们积极完成归国适应调整，成功融入母国组织和工作环境。Black（1992）的归国适应的理论①（如图5-8所示）认为，国际外派回任人员的归国适应过程分为预期调整适应和国内回任后适应，其中个体变量、工作变量、组织变量和非工作变量是影响整个过程的四个因素。而且将整个回任过程的影响因素分为预期变量和国内变量两个维度。预期变量包括个体因素和组织因素，国内变量包括个体因素、工作因素和非工作因素。员工的调整适应行为在回国

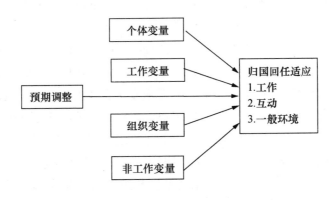

图 5 - 8　归国回任适应模型

---

① Black, J. S., Gregersen, H. B. and Mendenhall, M. E., *Global Assignments*. San Francisco: Jossey - Bass, 1992.

前和回国后都有进行：在回国前，员工能根据获取的相关信息进行预期行为转变，个人因素和组织因素这两个变量在这里就起到预期调整的作用；回国后，员工根据实际工作生活环境做出反应和调整，其中就涉及了个人因素、工作因素和非工作因素的作用。

当一个人进入新环境后常常会感到疑惑和不安，因为他/她不清楚哪些行为会被接受，哪些不被接受，哪些行为合适，哪些不合适，这就是个体变量在适应的过程中的作用，而减少员工这种个体认知的不确定性需要通过组织学习和工作交流。此外，Black（1992）认为，影响不确定性的工作变量与员工归国的工作适应方面有更显著的关系，而非工作变量则对非工作适应有更显著的影响。许多外派员工表示，他们回国后对自己的新职位和工作环境不甚了解，甚至一无所知，因此，需要关注工作变量在这方面的作用。在回任后的工作适应期间，企业应帮助员工进行自我角色认知，设置适当自由裁量权，减少角色冲突。[①] 在组织变量方面，组织制定清晰明了的回任政策和工作实践计划，以及让员工及时了解组织政策和工作任务的变化，是帮助员工减少不确定性的一种举措。Gomez - Mejia 和 Balkin（1983）发现，如果员工能对组织制定的回任政策和程序有很好的了解，其回任后的满意度会随之上升，而且不确定性也会下降。这是组织变量在预期的回任适应过程中的影响。研究发现，日本的许多公司趋于保持其国际子公司和总公司的工作流程与政策的相似性，这样不仅可以增强外派员工的跨文化适应能力还能提高其回任后的工作适应能力。明确员工回任后的职位定义（工作内容与职责等），帮助其了解新职位与各部门的联系、重新建立员工在组织内的社会关系也是减少不确定性的一个重要方面。

（三）调整工作期望

外派回任的失败原因除了缺少组织支持、不适应陌生环境等客观因素，还包括员工回任前的工作期望与回任后的实际工作情况的差距导致的主观因素。之前关于工作期望的描述中有提到 Brian（1999）做的一项关于外派人员对回任后的工作、生活期望调查发现大部分员工对回任后的工作、生活期望与现实存在较大差距，特别是他们对组织的期望偏高，这样

---

① 在社会角色扮演中，在角色之间或角色内部发生了矛盾、对立和抵触，妨碍了角色扮演的顺利进行就发生了角色冲突。这里指员工在外派期间和回任后的角色转换衔接不当而产生的矛盾和冲突。

容易形成心理落差，降低他们的组织承诺和心理契约，因而对他们回任后的个人—组织匹配过程产生负面影响。

事实上，许多成功完成外派任务的员工特别是管理层人员容易忽略母国现实中的工作环境和条件的局限性和缺点，他们一般对回国后的工作条件和组织环境期望较高，希望能得到组织的荣誉表彰和物质激励，并对快速适应原来的工作有较大信心；从另一个角度来看，那些在东道国享受的工作生活条件较母国水平高的回任人员也容易出现上述现象。当他们回国后发现事实与理想的差距后，容易产生心理压力，这种压力会限制他们的行为，打击他们的自信心，从而使工作适应的过渡期延长，从而造成个人时间成本和组织投入成本的损失。

调整外派员工的回任后工作期望，在其归国后的工作适应中将起到积极的作用，并且从个人—组织匹配层面上来看，调整工作期望有利于提高员工的工作满意度，继而增强员工组织承诺、降低离职意向。Black（1992）认为，外派员工的工作期望调整应在预期适应过程中进行，并在归国后的工作适应过程中进一步完善，而母国企业组织在其中扮演了引导性的角色。而且Stroh（1998）分别从员工和组织的角度提出了能够有助于调整期望的几点建议：

①外派职员要现实、清晰地认识自己回任后新职位的工作要求；

②组织要提醒职员新职位中可能对他们工作表现有负面影响的约束条件，明确职责职权，让他们做好心理准备，避免过大的心理落差；

③新职位的工作说明书要清楚地描述自由裁量权；

④设置合适的职位以尽可能充分利用回任员工海外学习的新知识、技能和海外经验，以发挥其最大价值，降低自愿离职意向；

⑤帮助员工积极重建组织内社会人际关系网，从另一方面来看，组织也可以对回任员工的上级和同事进行适当培训，让他们充分了解外派同事的任务内容和性质，减少摩擦，提高合作效率；

⑥帮助回任职工及时了解非工作事项如居住环境、国内经济社会水平和条件的最新变动。

调整工作期望，不是一味地降低员工的要求、打击员工的自信心，而是让其能够认清现实，趋利避害，有效应对突发状况，同时也能提高组织的人力资源配置效率，促进双方关系良性发展。

总之，在外派员工的归国工作适应过程中，员工个人和组织都扮演了关键角色。员工面对以前熟悉而今不同的组织环境，组织面对通过完成海外任务而得到知识技能增值、视野拓宽的员工，二者一定程度上可以说需要重新进行个人—组织匹配。在工作适应初期，个人和组织匹配程度会呈现出较低的水平，而随着员工对组织目标、价值观的深入了解，以及在组织内部进行社会化实践的发展，员工与组织的相容性会提高，在这当中组织对员工的支持和帮助起很大推动作用（体现在帮助员工了解组织环境的政策、战略目标、特定语言及其各方面的变化等）。

　　未来的人力资源管理方面研究也许可以更多地关注关于外派员工回任后在工作适应过程中的个人—组织匹配水平及其影响因素，其个人—组织匹配度可能随着工作适应时期（初期、中期和后期）和影响因素的共同作用而发生改变，而影响因素包括个人因素（年龄、任期、特征类型如学习导向型或职能导向型等）和组织因素（组织支持感和文化价值观等），如何将 POF 匹配度和这些影响因素先定性后量化并使用有效测量工具进行数据收集是需要克服的难题。另外，回任员工的个人—组织匹配度不是越高越好，过高容易影响员工的创新性和组织的灵活性及应变能力；也不是越低越好，个人—组织匹配度过低则容易导致员工的低绩效和高离职率。

　　另外，组织和外派回任人员之间的互补性和一致性不是一成不变的，而是一个双向的互动过程，员工在工作适应中需要发挥能动作用，以理性、综合分析的角度看待出现的问题，并做好应对措施，组织也要根据实际情况相应地调整目标要求，为员工创造有利的工作条件和环境，这将有助于实现个人—组织的再匹配，减少双方的损失，优化人力资源利用效率。

第六章　核心自我评价、组织支持感与外派回任工作满意度

工作满意度的研究由来已久，但研究情境主要关于传统的工作环境，较少与现在的新兴工作趋势——外派及外派回任相联系。对外派回任工作满意度进行研究，既拓展了工作满意度的研究范畴，也丰富了外派研究的理论体系。外派回任研究是外派人员研究的重要内涵，本章引入核心自我评价变量，考虑人格特质对外派及外派回任的影响，这是一个较新的研究视角。通过实证方法研究了组织情境和个人特质，即组织支持感和核心自我评价与外派回任工作满意度三者之间的关系，研究结果有助于企业更好地招聘选拔外派人员、为外派回任人员提供合适的组织支持，构建更有效的外派及外派回任管理体系，提高外派效果。

第一节　研究设计

基于社会交换理论、特质激发理论和人与情境交互理论，探讨外派回任人员组织支持感、核心自我评价、回任工作满意度之间的相互关系，借助第一手调查数据的分析验证假设模型获得最终研究结果。

一　研究目标

从员工和组织的双重视角研究外派回任过程，探讨外派回任人员核心自我评价、组织支持感与外派回任满意度之间的关系，进而探讨提高员工回任工作满意度的措施，实现有效回任。所以，本章希望通过实证研究达到以下研究结果：

①采用问卷调查与数据分析的方法，验证核心自我评价的测量量表在中国文化背景下的适用性；

②采用问卷调查与数据分析的方法，验证组织支持感的测量在外派回

任情境中的适用性；

③利用探索性因子分析、多元回归分析等方法，分别讨论组织支持感和核心自我评价与外派回任工作满意度之间的关系；

④探讨外派回任人员组织支持感与核心自我评价的交互作用对其回任工作满意度的影响，根据数据分析的结果来为企业如何更好地选拔外派人员、提供组织支持提出建议；

⑤根据研究结果，为企业如何构建有效的外派回任体系提供理论指导。

二　研究假设

(一) 组织支持感与外派回任工作满意度

工作满意度衡量的是员工对其工作本身、工作环境、工作方式、工作态度、工作责任性、工作自主性等工作相关方面的心理感受状态。组织支持感能够让员工感受到公正的组织环境、有利的工作条件和领导的赏识，让员工产生积极的心理感受。大量研究表明，组织支持感对员工工作满意度有正向影响（Wayne，2003；Cropanzano & Greenberg，1997）。徐哲（2004）的研究结果表明，组织支持感与工作满意度正相关。Eisenberger（2002）的研究进一步指出，组织支持感不仅使员工产生对组织的义务感，让员工相信组织会给予其必要的工作支持，更满足了员工的社会情感、自尊、自我实现需求，促使员工产生积极的心理感受和情绪以及积极的工作预期，进而提高工作满意度。

在外派回任的情境下，员工面临的是全新的组织环境，重返母国文化的冲击、对组织的陌生感、人际关系的变化、合适岗位的难以获得等难题会对他们的工作和生活产生很大的影响。Joinson（1998）、Solomon（1995）的研究认为，高外派回任离职率通常可以归因于缺乏职业指导和回任项目的不完善。叶晓倩（2010）、Yongsun 等（2002）指出，外派人员重返母公司任职时面临着跨文化冲击、社会网络变化、回任调节适应、回任预期落差等压力，使得他们的回任过程更加困难，需要组织提供相应的支持，如回任适应培训、协助职业生涯规划、组织制度保障等。所以，在这种情境下，来自组织的支持（适应支持、经济支持、职业支持）能够有效缓解外派人员回任压力，有助于他们重新融入组织，从而对其回任后的工作满意度产生较大的影响。

基于前述理论分析和已有的研究成果，特提出如下假设：

假设 1：组织支持感与外派回任工作满意度正相关；

假设 1a：经济支持感与外派回任工作满意度正相关；

假设 1b：职业支持感与外派回任工作满意度正相关；

假设 1c：适应支持感与外派回任工作满意度正相关。

(二) 核心自我评价与外派回任工作满意度

核心自我评价的四种特质与工作满意度之间的关系已经有研究。Locke (1976) 指出，高自尊的个体会将挑战性工作视为一个理想的机会使其变得精通或受益，而低自尊的个体更可能将其视为不好的机会或失败的可能。Dodgson 和 Wood (1998)、Korman (1970) 也证实了这一结论。类似地，Spector (1982) 指出内在控制点的个体工作满意度更高，因为他们可能较少处于工作不满的状态，更加可能在组织中获得成功。神经质与更低的幸福感相关，因为高神经质的个体更容易体验到消极情绪。Judge 等 (1997) 指出，一般自我效能感会通过工作上的成功实践影响个体的工作满意度。Gist 和 Mitchell (1992) 指出，高自我效能感的个体处理困难会更高效、面对困难会更坚持，从而更可能获得有价值的成果从而获得工作满意度。而 Hassan (2009) 的研究发现，只有达到高于平均水平的自我效能的员工，才能获得客观职业成功和主观职业成功。这些研究都表明，核心自我评价的各部分都与工作满意度具有较强的关系，但将部分进行简单相加并不能反映核心自我评价的本质，所以，总体核心自我评价与工作满意度的关系应做进一步研究。

核心自我评价是解释工作满意度的一个特质因素 (Judge，1997)。Judge 及其同事指出，核心自我评价与工作动机以及随之产生的工作绩效相关。Judge 和 Bono (2001a) 通过元分析证明核心自我评价与工作满意度正相关。Wu 和 Parker (2012) 对核心自我评价与工作满意度间关系进行了纵向研究，发现工作满意度和过去的工作满意度的提高与后来的 CSE 正相关，相应地，CSE 会导致更高的工作满意度和未来工作满意度的提高。[1] 黎建斌、聂衍刚、魏来 (2012) 的研究结果表明，核心自我评价水平和稳定性是两种不同的属性，核心自我评价的稳定性与核心自我评价的水平交互影响其生活满意度，当个体拥有稳定的高水平的核心自我评价

---

① Wu, c., and Parker, S. K., "The Role of Attachment Styles in Shaping Proactive Behaviour: An Intra - individual Analysis", *Journal of Occupational and Organizational Psychology*, Vol. 85, Issue. 3, 2012, pp. 523 – 530.

时，其生活满意度最高，当个体的核心自我评价水平较低且稳定性较高时，其生活满意度最低。员工适应不同的行为标准和模式的能力、对高不确定性的容忍度、思维和策略的开放性和灵活性，一定程度上决定了其外派成功的可能性。Judge 等（2005）研究了在非西方文化下（日本）核心自我评价在预测工作满意度、生活满意度和幸福中的效度，结果表明核心自我评价在许多方面都具有普适性。吴超荣、甘怡群（2005）的研究进一步证实了核心自我评价在中国文化下的适用性。

外派回任人员在工作中会遇到更加复杂的情境，其个性特质（用核心自我评价来衡量）所决定的对环境的控制能力、解决问题的方式等因素会对员工的工作满意度产生较大影响。

基于上述分析，本章提出如下假设：

假设2：核心自我评价与外派回任工作满意度正相关，即核心自我评价水平越高，外派回任工作满意度越高；核心自我评价水平越低，外派回任工作满意度越低。

（三）组织支持感、核心自我评价、外派回任工作满意度

人与情境交互理论认为，个体与情境并非两个独立的实体，个体及其情境构成一个整体的系统，交互产生作用。进一步地，Magnusson 和 Stattin（1998）提出了整体的交互作用论，认为个体是作为一个整合的机体而发展的。根据人与情境交互理论，员工工作满意度是员工个人特征（核心自我评价）和情境特征（组织支持感）共同作用的结果。基于此，单纯地考虑个人特质、情境特征对工作满意度的影响是缺乏系统性的。本章在分别探讨核心自我评价、组织支持感对工作满意度影响的基础上，进一步研究二者的交互作用与工作满意度的关系。

Nabi（2001）的特质激发理论认为个体拥有的某种类型的人格特质并不总是能够影响个体态度和行为。只有外部情境（通常认为是积极情境）唤醒个体意识时，这种特质才能真正发挥作用。[1] 例如，Kacmar 等（2009）的研究发现，员工意识到领导有效时（积极情境），核心自我评价与工作绩效间的关系会得到强化。类似地，Judge 和 Hurst（2007）指出，当员工感受到组织支持时（积极情境），也会强化核心自我评价与工

---

[1] Eisenberger, R., Stinglhamber, F., Vandenberghe, C., Sucharski, I. L., & Rhoades, L. "Perceived Supervisor Support: Contributions to Perceived Organizational Support and Retention", *Journal of Applied Psychology*, No. 87, 2002, pp. 565 – 573.

作满意度之间的关系，即员工组织支持感高时，高核心自我评价的员工会产生更高的生活满意度、工作满意度、职业满意度和更好的绩效表现。这可能是因为积极的工作情境强化了员工对组织的认同感。提供支持的组织通常被员工视为优秀的组织，高核心自我评价的员工希望自己服务的组织同自己一样优秀，因而他们在优秀的组织中会产生更高的敬业、尊重和认同感。

由此可见，在得到较多组织支持、产生较高组织支持感时，核心自我评价较高的员工的积极型人格特质能产生更强的驱动作用，促使他们对生活、工作、职业产生更高的满意度。对于外派回任的员工，其所处的组织情境在回任前后可能产生较大变化，会对核心自我评价与工作满意度关系产生相应的影响。

因此，基于理论分析，提出如下假设：

假设3：组织支持感与核心自我评价交互影响外派回任工作满意度，表现为组织支持感会强化核心自我评价与回任满意度之间的关系，且高核心自我评价员工在组织支持感高时会产生更高的外派回任工作满意度；

假设3a：经济支持感高时，核心自我评价与外派回任工作满意度关系更强；

假设3b：职业支持感高时，核心自我评价与外派回任工作满意度关系更强；

假设3c：适应支持感高时，核心自我评价与外派回任工作满意度关系更强。

第二节　研究方法及研究内容

一　量表与问卷调查

（一）量表

本章所用数据通过问卷调查方式获得。正式问卷形成过程如下：首先，在文献梳理的基础上将国外的量表进行英中翻译、中英倒译、对比修改，进而形成初始题项；然后，根据初始题项形成初始问卷；接下来，发放初始问卷并根据被试者的反馈对问卷进行修改，最终形成正式问卷。问卷包括两个部分，第一部分是被测对象的人口统计特征调查，第二部分是外派回任人员组织支持感量表、核心自我评价量表、工作满意度量表。各量表以 Likert 五点尺度来衡量，从"非常不同意"到"非常同意"，分别记为 1 分到 5 分。

1. 组织支持感量表

采用 Kraimer（2004）的外派员工组织支持感量表，该量表包括适应支持感、职业支持感和经济支持感三个子量表，各子量表分别包括 4 个题项，共 12 个题项。由于本章研究的是外派回任，为了适应本书的对象，本章将原始问卷中有关"国外环境"的字眼和说法改为"回国后的环境"等表达。在预测试中，我们发现该量表中 POS5 与 POS8 具有较高的重复性，根据测试结果删除 POS5。并且，POS1 题项易产生歧义，本研究将其修正为"单位努力提高我的经济待遇"。最终，外派回任员工组织支持感的量表包括 11 个题项。

2. 核心自我评价量表

核心自我评价量表借用 Judge（2003）的量表，已有研究表明该量表的各项指标均达到了测量学要求，也具有跨文化适用性。预测试数据结果表明该量表具有良好的信度和效度。所以，本研究采用的核心自我评价的量表包括 12 个题项，其中包括 6 个反向计分的题项。

3. 外派回任人员工作满意度量表

本研究的重点在于明确外派回任人员重返母公司后，对工作不同维度及整体情况满意程度的感知。考虑到测量样本的可获得性，并结合研究需要，采用了由 Smith、Kendall 和 Hullin（1969）所提出的衡量工作满意度的 5 个关键维度作为测量指标，形成一个包括 6 个题项的满意度测量量表，分别测量员工对工作不同维度及工作整体的满意度。

（二）问卷调查

研究采用抽样调查的方式，试图通过部分样本分布趋势来推测总体样本分布趋势。出于研究的可操作性因素考虑，问卷发放主要采用电子问卷形式，有针对性地发放给事先联系好的样本人群，包括华为、TP - Link、中水七局等公司外派人员。同时，借助网络调查方法（问卷）辅助调查。各变量均为自我评分问卷，为降低偶然性误差，我们在问卷设计的指导语部分郑重承诺：本调查纯属科学研究之用，完全采用匿名填写的方式进行，个人信息和回答将会受到严格保密。问卷回收后，除研究者外，任何人都不会看到问卷结果。

　　最终合计共发放 150 分问卷。回收的问卷的筛选根据几个准则，如反向题的选项与正向题的选项存在矛盾；整份问卷所勾选的选项皆为同一个；整份问卷所勾选的选项有规律性等皆视为无效问卷。剔除无效的问卷后，实际回收有效问卷 121 份，有效回收率达 80.67%。

　　二　研究方法与假设检验

　　通过样本的描述性统计分析得到样本资料的分布情况，通过探索性因素分析、验证性因素分析、信度分析、效度分析来检验量表的适用性，在保证问卷的一致性和有效性的基础上对研究提出的假设和模型进行验证。

　　（一）样本

　　调查问卷的第一部分为样本信息调查，旨在明确外派回任人员的性别、婚姻状况、年龄、受教育程度、外派次数、外派任务持续时间长度、外派国家、外派期间任职情况、外派回任后任职情况、外派前后工作变动情况等基本信息，以期对调查对象进行整体性把握。通过 SPSS 17.0 的描述性统计分析得到的汇总信息如表 6-1 所示。

表 6-1　　　　　　　　　　　　样本基本资料统计

项目	类别	人数	所占比例（%）
性别	男	96	79.3
	女	25	20.7
婚姻状况	未婚（包括离异）	76	62.8
	已婚	45	37.2
年龄	25 岁以下	35	28.9
	25—35 岁	82	67.8
	35—50 岁	4	3.3
教育程度	大专及以下	4	3.3
	本科	86	71.1
	硕士	31	25.6
外派次数	1 次	57	47.1
	2 次	16	13.2
	3 次	3	2.5
	3 次以上	45	37.2

续表

项目	类别	人数	所占比例（%）
最近外派东道国	亚洲国家	35	28.9
	非洲国家	24	19.8
	欧美国家	49	40.5
	其他国家	13	10.7
外派前后职位变动	晋升	20	16.5
	平级调动	92	76.0
	职位下调	9	7.4

由统计分析结果可知，男性员工共 96 人，占 79.3%，女性 25 人，占 20.7%，表明在外派人员当中男性占大多数。婚姻方面，未婚（包括离异）的 76 人，占 62.8%，已婚的 45 人，占 37.2%。年龄方面，25 岁以下的 35 人，占 28.9%，25—35 岁的 82 人，占 67.8%，35—50 岁的 4人，占 3.3%，表明接受调查的外派人员中几乎都是 80 后的新生代员工，且大部分处于未婚状态，整体比较偏年轻化。教育程度方面，大专及以下的 4 人，占 3.3%，大学本科的 86 人，占 71.1%，硕士 31 人，占 25.6%，博士及以上没有，因此，外派员工大部分为本科及硕士学历，教育程度较高。最近外派的东道国方面，外派到亚洲国家的 35 人，占 28.9%，外派到非洲国家的 24 人，占 19.8%，外派到欧美国家的 49 人，占 40.5%，外派到其他国家的 13 人，占 10.7%，表明样本分布较为合理，同时，外派到非亚洲国家的有 86 人，占 71.1%，那么该群体将面临较大的重返母国文化冲击。外派前后职位变动方面，得到晋升的有 20 人，占 16.5%，平级调动的有 92 人，占 76.0%，职位下调的有 9 人，占 7.4%，表明外派人员回任后只有小部分人（16.5%）获得了晋升，大部分人（83.5%）是平级调动甚至职位下调。

（二）描述性统计分析

组织支持感问卷共包含 11 个题项，对其进行描述性统计分析以后发现，外派回任人员组织支持感测量处在合理的范围内。最小值为 1，最大值为 5，均值处在 2.5—3.2，标准差都大于 0.7，说明被调查者的回答具有一定的差异性，选取的样本人群有一定代表性。

接下来分析核心自我评价。核心自我评价的测量包括 12 个题项，其中 CSE2、CSE4、CSE6、CSE8、CSE10、CSE12 为反向计分题项，在进行统计分析时，先将相应的数据转换，再进行后续分析。由描述性统计分析结果可知外派回任人员核心自我评价测量处在合理的范围内。最小值为1，最大值为5，均值处在2.6—3.9，标准差都大于0.7，说明被调查者的回答具有一定的差异性，选取的样本人群较为广泛。

最后分析外派回任人员工作满意度。回任工作满意度问卷包括6个题项，经由描述性统计分析结果可以看出，外派回任人员核心自我评价测量处在合理的范围内。最小值为1，最大值为5，均值处在2.6—3.9，标准差都大于0.7，说明被调查者的回答具有一定的差异性，选取的样本人群较为广泛。

（三）探索性因子分析

1. 组织支持感量表

对组织支持感进行 KMO 检验和 Bartlett's 球形检验。分析结果表明外派回任人员组织支持感的 KMO 值为 0.763，Bartlett 球形检验的卡方值为811.644（$p < 0.001$），因此，组织支持感变量适合做探索性因子分析。经过探索性因子分析并采用最大方差法进行旋转分析，得到旋转成分矩阵结果如表6-2所示。

表6-2　　　　　　　　　组织支持感旋转成分矩阵

旋转成分矩阵[a]			
	成分		
	1	2	3
POS1		0.820	
POS2		0.774	
POS3		0.783	
POS4		0.814	
POS5			0.873
POS6			0.844
POS7			0.824
POS8	0.866		
POS9	0.874		
POS10	0.830		
POS11	0.707		

注：①提取方法：主成分分析法。②旋转法：具有 Kaiser 标准化的正交旋转法。③a：旋转在5次迭代后收敛。

从表6-2可以看出，外派回任人员组织支持感变量经过探索性因子分析，11个题项分别负载到3个因子上，形成3个公因子。其中，POS1—POS4共同构成第一个公因子经济支持感，POS5—POS7共同构成第二个公因子职业支持感，POS8—POS11共同构成第三个公因子适应支持感。三个因子的特征值均大于1，累计解释方差变异量74.321%，表明外派回任人员组织支持感量表具有较好的结构。

2. 核心自我评价量表

对外派回任人员核心自我评价量表进行KMO检验和Bartlett's球形检验，由检验结果可知，外派回任人员核心自我评价的KMO值为0.716，Bartlett's球形检验的卡方值为449.823（$p < 0.001$），表明该量表适合做探索性因子分析。随后进行探索性因子分析，得到的统计分析结果表明：外派回任人员核心自我评价12个题项分别负载到4个因子上，形成4个公因子。四个因子的特征值均大于1，累计解释方差变异量65.745%，表明外派回任人员核心自我评价量表具有较好的结构。与以往研究相一致，核心自我评价包括4个维度的核心子特质，即自尊、一般自我效能感、控制点、情绪稳定性。但本章主要考察外派回任人员的整体核心自我评价水平对其工作满意度的影响，因此并没有具体划分4个维度，而是以整体水平进行研究。

3. 外派回任人员工作满意度量表

对该量表进行KMO检验和Bartlett's球形检验后的结果表明，外派回任人员工作满意度的KMO值为0.711，Bartlett's球形检验的卡方值为181.327（$p < 0.001$），表明工作满意度变量适合做探索性因子分析。通过进一步对回任工作满意度进行探索性因子分析，数据分析结果显示外派回任人员工作满意度6个题项均负载到1个因子上，形成唯一的公因子。这个因子的特征值大于2，累计解释方差变异量45.146%，表明外派回任人员工作满意度量表具有较好的结构。

（四）信度与效度检验

1. 信度检验

由于本章中所涉及的样本容量有限，且变量的测量均采用Likert五点式量表，因此选择Cronbach's α系数作为信度的测量工具。本章只对调研数据的一致性进行信度测试。数据分析结果表明，问卷的整体量表Cronbach's α系数为0.896，外派回任人员组织支持感子量表、核心自我评价子量表和工作满意度子量表的 Cronbach's α 系数分别为 0.871、0.768 和 0.743，组织支持感中的经济支持感、职业支持感和适应支持感潜变量量表的 Cronbach's α 系数分别为 0.840、0.865 和 0.860。所有的 Cronbach's α 系数均大于 0.7，这说明正式问卷具有较高的内部一致性。

2. 效度检验

效度一般包括内容效度、效标效度和建构效度。效度越高就意味着越能够得到想要测量的概念。

（1）内容效度。内容效度旨在检验量表中的内容是否符合主题以及与主题的符合程度。本书问卷各变量的衡量项目均是根据相关理论基础所设计。在翻译过程中，专门聘请了英语专业的人士采用英中翻译、中英倒译、对比修改等方法，确保翻译的准确性。在此基础上，邀请一位专业的人力资源经理对问卷中各题项的适用性和针对性进行评价，确保问卷语义清晰无误。通过正式问卷分析，确定了 11 个组织支持感题项、12 个核心自我评价题项、6 个工作满意度题项，从而保证了问卷的内容效度。

（2）效标关联效度。效标关联效度是变量的测验分数与测验标准间的相关程度，表示测验效度的高低。效标标准指个别题目与整体概念之相关系数的显著性。由于效标关联效度高低与信度有关，本书以信度的平方根来衡量问卷之准则效度。各构面的效标关联效度如表 6-3 所示。

表 6-3　　　　　　　　　各变量量表的效标关联效度

构面	题项数	Cronbach's α 系数	效标关联效度
经济支持感量表	4	0.840	0.91651514
职业支持感量表	3	0.865	0.93005476
适应支持感量表	4	0.860	0.92736185
核心自我评价量表	12	0.768	0.87635609
工作满意度量表	6	0.743	0.86197448

由表 6-3 可知，各量表的效标关联效度值均在 0.8 以上，显示有较好的关联性。

（3）建构效度。本章将变量各构面的得分与变量整体得分、构面各题项得分与构面得分做 Pearson 相关分析，结果表明组织支持感各构面与整体的相关性系数分别为：0.743、0.803 和 0.776，且都在 0.01 水平（双侧）上显著相关；经济支持感各题项与构面的相关性系数分别为：POS1（0.839）、POS2（0.835）、POS3（0.815）、POS4（0.804），且都在 0.01 水平（双侧）上显著相关；职业支持感各题项与构面的相关性系数分别为：POS5（0.914）、POS6（0.887）、POS7（0.864），且均在 0.01 水平（双侧）上显著相关；适应支持感各题项与构面的相关性系数分别为：POS8（0.877）、POS9（0.858）、POS10（0.860）、POS11（0.836），且均在 0.01 水平（双侧）上显著相关；核心自我评价各题项与量表的相关性系数分别为：CSE1（0.656）、CSE2（0.292）、CSE3（0.659）、CSE4（0.469）、CSE5（0.440）、CSE6（0.437）、CSE7（0.559）、CSE8（0.588）、CSE9（0.528）、CSE10（0.763）、CSE11（0.676）、CSE12（0.394），且均在 0.01 水平（双侧）上显著相关；工作满意度各题项与量表整体的相关性系数分别为：JS1（0.537）、JS2（0.700）、JS3（0.569）、JS4（0.677）、JS5（0.663）、JS6（0.830），且均在 0.01 水平（双侧）上显著相关。

分析结果表明，各量表、子量表的建构效度全部达到显著水平（$p < 0.01$），因此量表建构效度符合要求。

（五）假设检验

需要验证的是外派回任人员的核心自我评价与组织支持感的交互作用对其工作满意度的影响，因此在进行假设检验过程之前，首先需要明确什么是交互效应。交互效应和调节效应之间存在一定的异同。调节效应是指自变量和因变量之间关系的强弱和方向受到另一个变量（即调节变量）的影响。交互效应与调节效应类似，差别在于，调节效应中，自变量、调节变量非常明确且不可变换；交互效应中，并没有明确的自变量、调节变量之分，二者可能互为调节，两者都可以成为调节变量，也可能只有其中一个产生调节作用。交互效应虽然不同于调节效应，但二者的作用机制一致，因而可以采用相同的检验方法，在此运用调节效应检验方法来验证交互效应。

1. 主效应分析

通过相关分析、回归分析两个步骤来验证主效应。进行相关分析的考虑是因为之后的回归分析等高级统计数据分析都要在相关分析的基础上。对外派回任人员核心自我评价、组织支持感（分为经济支持感、职业支持感、适应支持感）与工作满意度进行相关分析（$p < 0.01$）后得到 Pearson 相关性系数分别为：0.626（核心自我评价）、0.394（经济支持感）、0.548（职业支持感）、0.499（适应支持感）以及 0.623（组织支持感），且相关性显著。可以进行进一步的回归分析。

由前述分析可知需要验证的主效应有：

假设 1：组织支持感与外派回任工作满意度正相关（主效应一）；

假设 1a：经济支持感与外派回任工作满意度正相关；

假设 1b：职业支持感与外派回任工作满意度正相关；

假设 1c：适应支持感与外派回任工作满意度正相关。

假设 2：核心自我评价与外派回任工作满意度正相关，即核心自我评价水平越高，外派回任工作满意度越高；核心自我评价水平越低，外派回任工作满意度越低。（主效应二）

利用 SPSS 17.0 统计软件进行多元线性回归，以验证外派回任人员核心自我评价与工作满意度、外派回任人员组织支持感与工作满意度之间的关系。为了控制其他变量的影响，将控制变量性别、婚姻状况、年龄、教育程度、外派次数、最近一次外派国家、回任职位变动共同加入回归分析模型中，回归结果如表 6-4 所示。

分析结果显示，外派回任人员组织支持感与工作满意度之间的回归系数为 0.513，标准化系数为 0.488，t 值为 6.591，显著性水平为 0.000，达到了 0.001 的显著性水平要求。所以，外派回任人员组织支持感与其工作满意度之间存在显著正向影响关系，假设 1 成立。具体到外派回任人员组织支持感的各维度与工作满意度的关系，其结果分别为：

第一，外派回任人员经济支持感与工作满意度。统计分析结果显示，外派回任人员经济支持感与工作满意度之间的回归系数为 0.103，标准化回归系数为 0.125，t 值为 1.453，显著性水平为 0.149，没有达到 0.1 的显著水平。所以，外派回任人员经济支持感与其工作满意度之间不存在显著影响关系，即假设 1a：经济支持感与外派回任工作满意度正相关不成立。

第二，外派回任人员职业支持感与工作满意度。统计分析结果显示，外派回任人员职业支持感与工作满意度之间的回归系数为 0.172，标准化系数为 0.218，t 值为 2.749，显著性水平为 0.007，达到了 0.01 的显著水平要求。所以，外派回任人员职业支持感与其工作满意度之间存在显著正向影响关系，即假设 1b：职业支持感与外派回任工作满意度正相关成立。

表 6-4　　　　　　　　　　　主效应回归分析结果

模型		非标准化系数		标准系数	t	Sig.
		B	标准误差	试用版		
截距项	（常量）	-0.825	0.531		0-1.554	0.123
控制变量	性别	0.313	0.098	0.238	3.195	0.002
	婚姻状况	0.021	0.069	0.019	0.300	0.764
	年龄	-0.111	0.069	-0.106	-1.607	0.111
	教育程度	0.065	0.075	0.060	0.872	0.385
	外派次数	0.043	0.026	0.112	1.661	0.100
	最近一次外派国家	0.076	0.034	0.145	2.232	0.028
	回任职位变动	0.137	0.084	0.124	1.631	0.106
因变量	回任工作满意度					
自变量	组织支持感	0.513 ***	0.078	0.488 ***	6.591	0.000
	经济支持感	0.103	0.071	0.125	1.453	0.149
	职业支持感	0.172 **	0.063	0.218 **	2.749	0.007
	适应支持感	0.235 ***	0.069	0.294 ***	3.422	0.001
	核心自我评价水平	0.490 ***	0.106	0.375 ***	4.640	0.000
R^2		0.527		调整 R^2		0.480
F 值				11.050		

注：* $p<0.1$，** $p<0.01$，*** $p<0.001$。

第三，外派回任人员适应支持感与工作满意度。统计分析结果显示，外派回任人员适应支持感与工作满意度之间的回归系数为 0.235，标准化系数为 0.294，t 值为 3.422，显著性水平为 0.001，达到了 0.001 的显著水平要求。所以，外派回任人员适应支持感与其工作满意度之间存在显著正向影响关系，即假设 1c：适应支持感与外派回任工作满意度正相关成立。

另外，外派回任人员核心自我评价水平与工作满意度之间的回归系数为 0.490，标准化系数为 0.375，t 值为 4.640，显著性水平为 0.000，达到了 0.001 的显著性水平要求。所以，外派回任人员核心自我评价与其工作满意度之间存在显著正向影响关系，假设 2 通过检验。

2. 交互作用分析

接下来验证组织支持感、核心自我评价之间交互作用对回任工作满意度的影响。原假设为："假设3：组织支持感与核心自我评价交互影响外派回任工作满意度，表现为组织支持感会强化核心自我评价与回任满意度之间的关系，且高核心自我评价员工在组织支持感高时会产生更高的外派回任工作满意度。

假设3a：经济支持感高时，核心自我评价与外派回任工作满意度关系更强；

假设3b：职业支持感高时，核心自我评价与外派回任工作满意度关系更强；

假设3c：适应支持感高时，核心自我评价与外派回任工作满意度关系更强。

在进行多元线性回归时为了控制其他变量的影响，将控制变量性别、婚姻状况、年龄、教育程度、外派次数、最近一次外派国家、回任职位变动共同加入回归分析模型中，回归结果如表6-5、表6-6、表6-7和表6-8所示。

表6-5　　　　　　组织支持感与核心自我评价交互效应检验系数

模型		非标准化系数		标准系数	t	Sig.
		B	标准误差	试用版		
1	（常量）	2.228	0.667		3.338	0.001
	性别	0.100	0.102	0.075	0.982	0.328
	婚姻状况	−0.064	0.079	−0.058	−0.820	0.414
	年龄	−0.052	0.073	−0.050	−0.721	0.472
	教育程度	0.163	0.077	0.149	2.125	0.036
	外派次数	0.072	0.026	0.184	2.718	0.008
	最近一次外派国家	0.048	0.038	0.091	1.284	0.202
	回任职务	−0.005	0.071	−0.005	−0.066	0.948
	核心自我评价水平	0.362	0.195	0.277	1.860	0.066
	组织支持感	0.400	0.205	0.380	1.948	0.054
	组织支持感×核心自我评价	0.183*	0.102	0.165*	1.800	0.075
R^2		0.589		调整 R^2		0.552
F 值				15.776		

注：* $p < 0.1$，** $p < 0.01$，*** $p < 0.001$。

表6-6　　　经济支持感与核心自我评价交互效应检验系数

模型		非标准化系数		标准系数	t	Sig.
		B	标准误差	试用版		
1	（常量）	0.236	0.544		0.434	0.665
	性别	-0.089	0.119	-0.068	-0.752	0.454
	婚姻状况	-0.120	0.092	-0.109	-1.311	0.193
	年龄	0.022	0.086	0.021	0.261	0.794
	教育程度	0.097	0.091	0.089	1.062	0.291
	外派次数	0.063	0.032	0.161	1.978	0.050
	最近一次外派国家	0.185	0.097	0.166	1.913	0.058
	回任职务	-0.005	0.082	-0.006	-0.066	0.947
	核心自我评价水平	0.505	0.151	0.392	3.335	0.001
	经济支持感	0.306	0.146	0.375	2.096	0.038
	经济支持感×核心自我评价	0.061	0.044	0.116	1.400	0.164
R^2		0.437		调整 R^2		0.385
F 值			8.523			

注：*$p < 0.1$，**$p < 0.01$，***$p < 0.001$。

表6-7　　　职业支持感与核心自我评价交互作用检验系数

模型		非标准化系数		标准系数	t	Sig.
		B	标准误差	试用版		
1	（常量）	1.894	0.659		2.873	0.005
	性别	0.112	0.105	0.084	1.058	0.292
	婚姻状况	-0.027	0.084	-0.025	-0.325	0.746
	年龄	-0.089	0.078	-0.084	-1.135	0.259
	教育程度	0.146	0.081	0.133	1.804	0.074
	外派次数	0.068	0.028	0.175	2.403	0.018
	最近一次外派国家	0.080	0.040	0.150	2.017	0.046
	回任职务	-0.021	0.074	-0.023	-0.288	0.774
	核心自我评价水平	0.214	0.084	0.195	2.541	0.012
	职业支持感	0.443	0.219	0.565	2.025	0.045
	职业支持感×核心自我评价	0.150*	0.090	0.137*	1.664	0.099
R^2		0.537		调整 R^2		0.495
F 值			12.765			

注：*$p < 0.1$，**$p < 0.01$，***$p < 0.001$。

表 6 – 8   适应支持感与核心自我评价交互效应检验系数

模型		非标准化系数		标准系数	t	Sig.
		B	标准　误差	试用版		
1	（常量）	− 2. 142	1. 467		− 1. 460	0. 147
	性别	0. 041	0. 118	0. 031	0. 345	0. 731
	婚姻状况	− 0. 067	0. 091	− 0. 060	− 0. 734	0. 464
	年龄	0. 023	0. 084	0. 021	0. 268	0. 789
	教育程度	0. 263	0. 088	0. 240	2. 975	0. 004
	外派次数	0. 007	0. 031	0. 019	0. 241	0. 810
	最近一次外派国家	0. 038	0. 043	0. 071	0. 875	0. 384
	回任职务	− 0. 016	0. 079	− 0. 017	− 0. 199	0. 842
	核心自我评价水平	1. 096	0. 426	0. 840	2. 572	0. 011
	适应支持感	1. 047	0. 517	1. 309	2. 024	0. 045
	适应支持感 × 核心自我评价	0. 069 *	0. 041	0. 129 *	1. 689	0. 094
R^2		0. 476		调整 R^2	0. 428	
F 值		9. 987				

注：＊$p < 0.1$，＊＊$p < 0.01$，＊＊＊$p < 0.001$。

　　由表 6 – 5 的统计分析结果可知，外派回任人员组织支持感与核心自我评价交互作用与工作满意度之间的回归系数为 0. 183，标准化系数为 0. 165，t 值为 1. 800，显著性水平为 0. 075，达到了 0. 1 的显著性水平要求，表明外派回任人员组织支持感与核心自我评价交互作用对其工作满意度具有额外的解释力度。所以，外派回任人员组织支持感与核心自我评价交互作用与其工作满意度之间存在显著正向影响关系，因此，假设 3 "组织支持感与核心自我评价交互影响外派回任工作满意度" 成立，表现为组织支持感会强化核心自我评价与回任满意度之间的关系，且高核心自我评价员工在组织支持感高时会产生更高的外派回任工作满意度。具体到外派回任人员组织支持感的各维度与核心自我评价的交互效应与工作满意度的关系，其结果分别为：

　　第一，外派回任人员经济支持感与核心自我评价交互效应与工作满意度关系。表 6 – 6 的统计分析结果显示，外派回任人员经济支持感与核心自我评价交互效应与工作满意度之间的回归系数为 0.061，标准化回归系数为 0.116，t 值为 1.400，p 值为 0.164，不能达到 0.1 的显著水平。所以，外派回任人员经济支持感与核心自我评价交互效应与工作满意度之间不存在显著影响关系，即假设 3a："经济支持感高时，核心自我评价与外派回任工作满意度关系更强"不成立。

第二，外派回任人员职业支持感与核心自我评价交互效应与工作满意度关系。表 6-7 的统计分析结果显示，外派回任人员职业支持感与核心自我评价交互效应与工作满意度之间的回归系数为 0.150，标准化系数为 0.137，t 值为 1.664，显著性水平为 0.099，达到了 0.1 的显著水平要求。所以，外派回任人员职业支持感与核心自我评价交互效应与工作满意度间存在显著正向影响关系，即假设 3b："职业支持感高时，核心自我评价与外派回任工作满意度关系更强"成立。

第三，外派回任人员适应支持感与核心自我评价交互效应与工作满意度关系。表 6-8 的统计分析结果显示，外派回任人员适应支持感与核心自我评价交互效应与工作满意度之间的回归系数为 0.069，标准化系数为 0.041，t 值为 1.689，显著性水平为 0.094，达到了 0.1 的显著水平要求。所以，外派回任人员适应支持感与核心自我评价交互效应与工作满意度之间存在显著正向影响关系，即假设 3c："适应支持感高时，核心自我评价与外派回任工作满意度关系更强"成立。

第三节　研究结果与外派回任管理建议

一　假设检验结果汇总

最终的检验结果汇总情况如表 6-9 所示。

表 6-9　　　　　　　　　假设检验结果汇总

序号	假设内容	验证结果
假设 1	组织支持感与外派回任工作满意度正相关	通过
假设 1a	经济支持感与外派回任工作满意度正相关	没有通过
假设 1b	职业支持感与外派回任工作满意度正相关	通过
假设 1c	适应支持感与外派回任工作满意度正相关	通过

续表

序号	假设内容	验证结果
假设 2	核心自我评价与外派回任工作满意度正相关	通过
假设 3	组织支持感与核心自我评价交互影响外派回任工作满意度	通过
假设 3a	经济支持感高时，核心自我评价与外派回任工作满意度关系更强	没有通过
假设 3b	职业支持感高时，核心自我评价与外派回任工作满意度关系更强	通过
假设 3c	适应支持感高时，核心自我评价与外派回任工作满意度关系更强	通过

二　结果分析

从组织和员工的视角研究外派回任过程，探讨组织支持感、核心自我评价与外派回任工作满意度之间的关系，进而探讨提高员工回任工作满意度的措施，提高回任成功率的研究过程基本完成。在深入分析以往相关研究的基础上，根据社会交换理论、人与情境交互理论、特质激发理论提出待验证的假设并构建相应模型。通过问卷调查获得第一手数据，运用统计分析的方法对数据分析以后对假设进行验证得到相应的分析结果，研究目标基本实现。现对最终研究结果分类归纳如下：

1. 外派回任人员组织支持感与回任工作满意度

由前述分析可知，外派回任人员组织支持感与其回任工作满意度显著正相关。在组织支持感的三个维度中，职业支持感、适应支持感与回任工作满意度存在显著的正向影响，而经济支持感与回任工作满意度不存在显著影响关系。

外派回任人员在外派过程中积累了丰富的国际化管理知识、经验和技能，具有较高的人力资本。随着个人能力提升，他们会产生更高的职业追求，充分展现自我。而且职业生涯的发展是很多外派人员的直接外派动机，若组织为他们提供相应的职业支持，会强化他们的职业支持感，产生强烈的组织归属感，努力回报组织，对回任工作更加满意。因此，外派回任人员的职业支持感对回任工作满意度存在显著的正向作用。

外派人员在回任过程中会面临很多压力，而压力源主要在于对国内、母公司陌生环境的不确定性，如重返母国文化的不适应，人际关系的不适应等。此时，若组织能为员工提供适应支持，尤其是关于组织环境方面的支持，让他们较快适应组织内部新的规章制度、组织文化、人际关系、信息网络等，可以大大降低其适应压力，更快地适应并胜任回任工作，产生较高的回任工作满意度。研究结果已经表明外派回任人员的适应支持感对回任工作满意度存在显著的正向作用。

然而，研究结果发现外派回任人员经济支持感与其回任工作满意度之间不存在显著的关系，这与以往的研究不太一致。Kraimer 等（2004）明确指出，经济支持感能够提高员工的组织承诺并能改善工作绩效。分析不一致的原因可能在于，外派回任人员外派的最基本动机是职业发展，具有较高的自尊需要和自我实现需要，对经济收入的要求并不是最重要的，而且他们在回任前已经有了一定的经济基础。另外，调查样本问卷数量较少，可能会对研究结论产生一定的影响。

2. 外派回任人员核心自我评价与回任工作满意度

外派回任人员核心自我评价与其回任工作满意度之间存在显著的正向影响。外派回任人员在工作中会遇到更加复杂而且陌生的工作情境，其个性特质（用核心自我评价来衡量）会显著影响他们对环境的控制能力、解决问题的方式、抗压能力等，这些因素会对回任人员的工作绩效、胜任情况、需求实现等方面产生作用，直接影响其工作满意度。所以，外派回任人员的核心自我评价与外派回任工作满意度正相关，即核心自我评价水平越高，外派回任工作满意度越高；核心自我评价水平越低，外派回任工作满意度越低。

3. 组织支持感与核心自我评价交互作用对回任工作满意度的影响

研究结果表明，外派回任人员组织支持感与核心自我评价会对其工作满意度产生交互作用，即高组织支持感（积极的组织情境）会强化核心自我评价与回任工作满意度间的正向影响关系，低组织支持感（消极的组织情境）会削弱二者间的关系。具体到组织支持感的每一维度，职业支持感、适应支持感与核心自我评价交互作用与回任工作满意度正相关，而经济支持感与核心自我评价的交互作用对回任工作满意度不存在显著作用。职业支持感、适应支持感与核心自我评价的交互作用可以理解为：当外派回任人员具有较高的职业支持感、适应支持感时，他们会积极主动地搜集相关工作信息，努力融入新的工作和生活环境，产生较高回任工作满意度。相反，如果他们的职业支持感、适应支持感较低，他们在职业发展和工作生活适应中就会存在较大的困难，即使具有较高的核心自我评价，他们也难以胜任，回任工作满意度可能较低。

三 外派回任管理建议

(一) 建立健全组织职业发展通道

建立健全组织职业发展通道，帮助员工做好职业生涯的规划工作。外派人员及其家庭不能重新融入母国和母公司，不仅对个人和家庭而言是一大损失，对公司、国家而言也是优秀人才的巨大损失。研究发现，外派人员选择外派的主要目的之一就是获得职业生涯的发展。所以，解决外派回任人员归国问题、提高其回任工作满意度的主要对策是做好外派人员的职业生涯发展规划。职业生涯发展支持是外派回任人员一项重要的组织支持实践（Lazarova & Caligiuri, 2001; Lazarova & Cerdin, 2007; Stahl et al. ,2009）。组织可以为外派员工量身定制职业发展通道，强化其职业支持感。目前，越来越多的公司都已经意识到外派人员职业发展计划的重要性，部分公司已经开始制订具体的职业发展计划。调查显示：48%的公司已有正式的职业发展计划，但44%的公司仍然没有正式的培训计划。

实际上，员工在接受外派任职时，他或她都会考虑该任职是否符合其职业发展路径、组织是否重视他们在任职过程中积累的工作经验。也许，外派前的洽谈及回任协议会消除他们对外派的担心，然而，一旦他们远在海外、无法获得自身职业发展的足够信息，一些公司甚至对他们采取"眼不见、心不想"的态度，他们很容易陷入恐慌。专家指出，职业生涯焦虑是员工在外派回任初期的一大恐惧，而且这种恐惧远在其回任前就已经产生了。因此，如果能够让回任人员明确知道其回任以后的职位或者职务，将大大降低他们的回任期不适应心理，甚至是对职业发展的焦虑感。

许多外派员工认为，中国日新月异，组织也处在不断地变化中，改制、并购、重组等，甚至回国后有的部门都不存在了，更别提职业的发展。所以，为外派员工提供职业生涯发展规划的另一举措是为他们创造把握自己的职业生涯发展的机会，实时了解组织动态，如职位空缺信息的全球共享、提供全球化的组织交流平台、建立外派任职的资源中心等，确保外派人员信息畅通，并维系外派人员与国内一些同事的关系以帮助他们了解、适应公司的变化。

(二) 帮助外派人员调整其回任工作期望

尽管回任人员需要对自身的职业生涯发展具有主动性，但组织更应该采取策略帮助他们形成切合实际的回任工作预期（Stroh et al. , 1998; MacDonald & Arthur, 2005），如保持外派人员与母公司的联系，实时把握公司变化、事先达成回任协议等。研究表明，许多外派员工在回任后产生较高的期望落差，形成强烈的资质过高感知，认为自己在外派过程中积累的知识、经验、技能在回任后的工作中无法运用，产生工作挫败感，降低工作积极性，甚至离职。解决期望落差的主要措施是促使外派过程中的相关人员的预期实际化。

为了实现预期的实际化，外派过程的关键人员，包括直线经理、外派人员、潜在外派人员，应该就长期的外派及回任预期达成一致协定。研究者普遍认为，管理层应该鼓励组织的外派员工与作出外派决定的领导者真正坐下来讨论相关外派事宜，如外派到哪里、是否为了解决子公司的技术难题而外派、是否能够学到相关技能为下一次任命做准备等。简言之，外派人员需要明确自己为什么外派，是简单的功能性外派，还是有助于管理技能提升的外派。如果他们错误地认为是后者，在回任后必然会遭遇强烈的期望落差。

当然，随着公司发展变化，很难预测若干年后公司的职务需求。尽管如此，外派人员还是希望组织能够保证在他们外派任职结束后，组织会为他们提供合适的职位，即签订一份外派回任协定。外派协定应明确列出每一方的外派预期，包括薪酬、交通、教育、国内住所、组织支持、回任职位等。

（三）为员工提供必要的工作和生活支持

为员工提供必要的工作和生活支持，提高适应支持感。员工在回任的过程中会遭遇很多困难，严重影响其回任满意度，而这种不满意会导致人才流失。工作方面，外派回任人员必须适应母公司新的工作环境、规章制度、人际关系、组织文化等，这可能导致他们回国任职后的工作业绩低下而被迫离职；生活方面，外派回任人员及其家属必须重新学习如何与生活在母国文化中的朋友和同事沟通，适应新的生活习惯和风俗，需要较长的时间来适应这些基本的生活环境。为此，组织应尽可能为员工提供必要的支持，帮助其平稳过渡。组织可以采取如下措施提供支持：

1. 开展回任前培训

目前，回任前培训尚未成为一项广泛采用的人力资源管理实践（GMAC Global Relocation Services，2008），但却是成功回任必不可少的环节。组织应开发灵活而多样化的适应支持培训，如一对一辅导机制、重返文化培训、鼓励参加行业协会、开展回任人员交流会等，增强回任人员适应支持感，留住优秀人才，发挥人才优势。这些培训实践可以帮助他们明确组织的战略目标、竞争对手的动向、组织的人力资源政策等信息，帮助员工形成准确的工作环境预期，快速适应母公司工作环境；同时，有助于缓解其心理压力，再次熟悉国内的人文环境、沟通环境和生活习惯等，对回国后的生活环境产生准确预期，快速融入新的生活。

2. 进一步拓展重返文化培训的内涵

外派期间，由于迥异的价值观、行为模式和思维方式的影响，外派人员的自身观念随之发生改变；而国内的组织环境和生活环境也不断发展变化。在自身变化和国内环境变化的双重冲击下，外派人员回国后会产生强烈的不确定感，难以安心工作和生活。为此，组织应充分考虑变化因素，为回任人员提供全面而丰富的重返文化培训。在传统跨文化培训的基础上，可以增加以下内容：首先，强化自我思考。作为中国人，尝试着以中国式思维思考什么是中国行为、什么是非中国行为、二者的差异所在、如何适应等。其次，有意识地学习文化。积极组织回任人员参与所在地区的文化活动，让其主动学习各种文化知识。最后，技能培养，主动驾驭文化冲击，如判断思考能力、文化重构能力、理论分析个人经验能力等。

3. 家庭支持

家庭也是影响外派回任成功与否的重要因素。在我国，随着经济社会发展，妇女成为劳动力市场的主体之一，越来越多的已婚子女家庭是双职工家庭，占比显著上升。而在外派人员当中 65% 有其配偶随行，其中 67% 的家庭至少有一个孩子，80% 的孩子都在 12 岁以下。1994 年的已婚有子女家庭中有 65% 以上是双职工家庭，比十年前上升了 9%。1996 年美国的外派人员中有 65% 有其配偶随行，而这些家庭的 67% 至少有一个孩子，80% 都在 12 岁以下。[1] 所以，外派和外派回任时期，都存在配偶工作问题、子女教育问题、家庭安置问题等。一项调查显示，员工外派失败，48% 的是因为配偶职业顾虑，27% 的是子女问题，29% 的是家庭安置问题。因此，组织需要为外派回任人员提供必要的家庭支持，帮助解决配偶工作、子女教育、家庭安置问题。

4. 提供经济帮助

提供经济支持，消除回任人员薪酬忧虑。人们工作最基本需求是物质报

---

① Michael S. S. and Charlene, M. S., *Captitalizing on the Global Workforce: A Strategic Guide for Expatriate Management*, McGraw – Hill, 1997.

酬，这使得工资问题日益成为一个敏感而关键的问题。由于外派人员在国外享受的报酬很高，他们对回任后的报酬通常持有较高的预期。然而，由于没有外派津贴，回任后的实际工资通常会降低大约30%。这种骤然的报酬落差会使回任人员陷入经济困境。因此，组织应该帮助他们建立合理的报酬预期，提供相应的经济支持，消除他们的薪酬忧虑。

根据回任前后经济环境的差别，组织可以从以下方面给予员工经济支持。一方面，指导性支持，包括财务咨询、税收咨询、薪酬政策咨询、财务计划等，帮助他们合理地规划自己的账务。另一方面，补贴性支持，包括住房补贴、交通补助、餐饮补贴、社交补助、医疗保险、育儿补助等，实现回任人员待遇变化的软着陆，提高海归知识员工对组织提供的经济支持的感知。

（四）完善组织内部外派选拔机制

完善组织内部外派选拔机制，从动机、需求、特质等方面全面考察外派候选人。作为评价体系的核心自我评价的高低直接影响着个体对情境的感受和对外部事物的评价。Sheldon 和 Elliot（1998、1999）提出的目标自我一致性理论[1]考察了目标对个人幸福感的影响，认为目标一致能够让员工向着自己的目标努力，而且更可能实现自己的目标。基于这一理论，Judge 等研究发现，高核心自我评价的个体对工作充满激情，对职业和生活充满希望[2]，工作满意度高，而且核心自我评价与工作满意度的关系受到目标一致性的中介作用。闫燕（2012）的研究证实，主动性人格的外派员工会产生更强的组织承诺，同时对其外派回任适应过程产生正向作用。本书进一步证实，外派人员的核心自我评价会对其回任工作满意度产生显著正向影响。

因此，组织在选拔外派人员时，需要重视考察其个人特质，尤其是自我效能感、内控性、情绪稳定性等方面。组织需要全方位地考虑各方面因素，不能仅仅考虑技能、专业因素。一方面，在国外陌生而复杂的政治、

① Sheldon, K. M. and Elliot, A. J. , "Goal Striving, Need Satisfaction, and Longitudinal Well-being: The Self-concordance Model", *Journal of Personality and Social Psychology*, No. 76, 1999, pp. 482-497.

② Judge, T. A. , Bono, J. E. and Erez, A. , "Core Self-Evaluation and Job and Life Satisfaction: The Role of Self-Concordance and Goal Attainment", *Jouinal of Applied Psychology*, Vol. 90, No. 2, 2005, pp. 257-268.

经济、文化环境下，以及外派任职结束后的重返文化冲击下，外派人员的专业素养固然重要，但是在复杂环境中积极应对各种问题和困难却不是人人都能做到的。有的外派人员倾向于积极解决问题的处事方式，有的则倾向于回避问题的处事方式，这在很大程度上取决于他们的人格特质。另一方面，积极人格特质、核心自我评价高的员工更倾向于追求更高的、更具挑战性的目标和职业生涯的发展，坚持不断地学习新事物，并积极接受正面或负面的反馈，从而更容易在逆境中获得发展。

组织应从外派人员招聘、选拔的环节做起，细化流程，引入专业而有效的人格测试，在关注人才的教育背景和专业能力的同时，关注其人格特质，把握好培养人才、留住人才的第一步。

（五）着力塑造积极的组织情境

着力塑造积极的组织情境，培育健康的组织文化。人与情境交互理论强调了人与环境（组织环境、国家环境）的交互作用，指出了积极组织情境的重要性。本章证实，作为一种积极的组织情境，外派人员回任组织支持会影响其工作满意度，同时还会对核心自我评价与工作满意度的关系产生正向影响。因此，组织应该着力塑造积极的组织情境，培育健康的组织文化，营造良好的工作氛围，增强员工的组织归属感。积极的组织情境包括很多方面，如组织支持实践、弹性工作制度、福利待遇多样化、工作自主性、学习创新机会、员工参与等。

需要注意的是，这些积极的组织情境要素并不是一朝一夕、一蹴而就的，重点在于长期持续地强化。为此，组织宜将这些积极的人力资源实践融入组织文化中，培育健康的组织文化。

（六）事业留人、情感留人双管齐下

事业留人、情感留人双管齐下，充分发挥人才优势。一方面，员工在外派的过程中会积累丰富的知识、经验和技能，同时培养了跨文化思维和管理方式，是组织重要的人才优势，是拓宽组织视野、更新组织血液、创建学习型组织必备的人力资本，是组织的核心竞争力。然而，回任人员的这些技能却没有得到充分的利用，他们经常抱怨技能的无法施展、职业受到限制（Bonache，2005；Suutari & Brewster，2003）等。一项研究表明，仅有39%的回任人员认为其跨国工作经验得到了运用（Stroh et al.，2000）。这不仅不利于组织发展，还严重损害员工对组织的信心，降低其工作满意度。所以，组织首先要做的就是给予员工用"武"之地。实际上，许多组织都在实施战略人力资源管理，即将组织的人力资源管理实践与发展战略、不同人力资源管理实践之间合理匹配（Huselid，1995），实现组织的高效管理。对于外派回任人员，组织应该将他们作为战略性资源加以充分运用，促进个人成长和组织发展。

另一方面，情感留人。人是社会性动物，情感是永恒的主题，留住人才的最佳办法就是感情承诺。对于外派回任人员，组织应该给予足够的包容和谅解，设身处地为他们考虑。在重返文化环境中，他们会遭遇逆向文化冲击，尤其是在文化差异较大、外派周期较长的情形下，这种逆向冲击更为强烈。重返文化冲击使得他们无法快速适应国内的思维方式和行为模式。此时，组织应该以包容理解的态度鼓励支持他们，提供适当的帮助，并给予他们足够的适应时间。

四 研究局限及未来研究展望

首先，在整个研究过程中存在一些难点，最大的困难是来自跨国公司的样本数据的获得。调查对象是中国的外派回任人员，即中国跨国公司外派到其他国家、完成外派工作、重返母公司任职的员工，是非常特殊的人群。虽然借助各种人际关系，如武汉大学 MBA 和 EMBA 校友的帮助，获得了有效问卷 128 份，但是没能严格根据外派国家、外派层次、外派年龄等因素分布获取问卷，这可能对研究结果的代表性产生一定的影响。

其次，本土研究量表的欠缺对研究结果的影响。关于外派回任研究的中文文献相对较少，成熟量表非常稀缺。为此，本书结合国外研究前沿，选取国外研究开发的量表，通过英中翻译、中英倒译、对比修改，形成本书的量表和问卷题项。虽然研究证实这些变量的量表具有较好的跨文化适用性，但文化差异、社会经济政治环境差异是客观存在的，最终还是会对研究结果产生一定影响。因此，后续研究可以考虑开发本土量表。

再次，研究过程中探讨了组织情境（组织支持感）与人格特质（核心自我评价）及其交互作用对外派回任人员工作满意度的影响。在研究组织支持感与核心自我评价的交互作用对外派回任人员工作满意度的影响时，没有深入挖掘该交互作用究竟是如何相互影响，以及组织支持感的各维度（适应支持感、职业支持感、经济支持感）与核心自我评价的交互作用之间是否存在某种关系。

最后，研究中虽然选取了组织支持感、核心自我评价为主要变量，但是影响外派回任人员工作满意度的因素很多，如组织文化差异、外派动机、组织的人力资源管理政策、组织结构等。若要全面了解和掌握影响回任满意度的因素，还需要拓展研究。因此，后续研究可以多角度、多维度开展，深度考察相关变量对外派回任人员工作满意度的影响。

第七章　外派回任人员资质过高感知、
组织支持感与离职意向

　　从外派回任人员的被动心理感知，即工作满意度出发，对工作满意度、组织支持感以及离职意向三个变量相互之间的关系，国内外的学者已经做过大量的研究；然而，从外派回任人员的主动心理感知，即资质过高感知出发，探讨资质过高感知与组织支持感、离职意向之间作用关系的成果并不多，专门针对外派回任人员与这四个变量有关的研究很少。那么，本章在对现有文献进行梳理的基础上，基于已有的研究基础和相关理论，探讨了跨国公司外派回任人员资质过高感知、组织支持感、工作满意度与离职意向之间的关系，既检验工作满意度对资质过高感知与离职意向、对组织支持感和离职意向的中介作用，同时还探讨组织支持感在资质过高感知与离职意向之间的调节效应。

第一节　研究思路和研究假设

一　研究思路

　　进一步梳理外派回任人员资质过高感知、组织支持感、工作满意度以及离职意向四个变量间的关系，找到它们之间的假设模型以及理论支撑，夯实对资质过高感知、组织支持感、工作满意度以及离职意向之间的关系机理研究的理论基础。而后，根据理论研究框架，通过问卷调查分析，在实证的基础上验证外派回任人员资质过高感知、组织支持感、工作满意度与离职意向之间的作用机理。最后，根据实证研究结果，探索跨国公司外派回任管理的人力资源管理策略与方案。

二　研究假设

（一）资质过高感知与组织支持感

20 世纪 70 年代，随着 Free（1976）的名为《过度教育的美国人》的问世①，资质过高逐渐成为劳动经济学和管理学领域中的热门话题。资质过高作为不充分就业的一个重要维度受到关注②，其测量方法主要有两种，即客观测量③和主观测量④。前者通过外部观察者来评估员工的资质和工作要求；后者是员工对自身资质与工作要求相比较的感知，这种测量可能产生资质过高感知。关于不充分就业的研究很多，如 Mark 等（2011）专门研究过外派人员不充分就业的前因变量与结果变量，并指出外派人员的不充分就业在一定程度上表现为资质过高或者资质过低，这种不充分就业状况对外派人员的工作态度、精神健康状况以及自身工作绩效都有一定的消极影响。也有研究者以职业晋升、不充分就业以及离职意向为主要变量进行研究，结果表明不充分就业在职业晋升与离职意向之间起中介作用⑤。资质过高感知是员工对自己拥有的高于工作要求的资质程度感知，是一种自我认知差异，即员工个体认为自己拥有足够多的资本（知识、技能和经验等），但组织只给予了较少的回报（薪酬、职位、责任等）。Maynard 等（2006）认为资质过高感知比客观的资质过高更能预测员工的退缩行为，因为员工的心理状态比之实际的资质——岗位不匹配状况，对员工职业态度与行为的影响更大。有鉴于此，本书将外派回任人员资质过高感知定义为：由于在外派经历中所获取的知识与技能，不能在回任工作中得到充分利用或发挥，而使外派回任人员对自身资质高于回任岗位任职要求这一匹配错位现象的感知。

组织支持感（perceived organizational support，POS）是员工感受到的组织重视自己的贡献和关心自己福利的程度。McMillin（1997）⑥ 认为员

---

① Freeman, R. B. , *The Overeducated American*, New York: Academic Press. 1976, pp. 15 – 21.

② McMillin, R. D. , *Customer Satisfaction and Organizational Support for Service Providers*, USA: University of Florida, 1997.

③ Thompson, K. W. , Shea, T. H. , Sikora, D. M. , Perrewé, P. L. , and Ferris, G. R. , "Rethinking Underemployment and Overqualification in Organizations: The Not so Ugly Truth", *Business Horizons*, Vol. 56, Issue. l, 2013, pp. 113 – 121.

④ Erdogan, B. , Bauer, T. N. and Truxiuo, D. M. , "Overqualified Employees: Making the Best of a Potentially Bad Situation for Individuals and Organizations", *Industrial and Organizational Psychology*, Vol. 4, No. 2, 2011, pp. 215 – 232.

⑤ Maltarich, M. A. , Reilly, G. , and Nyberg, A. J. , "Objective and Subjective Overqualification: Distinctions, Relationships, and a Place for Each in the Literature", *Industrial and Organizational Psychology*, No. 4, 2011, pp. 236 – 239.

⑥ McMillin R. D. , *Customer Satisfaction and Organizational Support for Service Providers*, USA : University of Florida , 1997.

工的组织支持感不仅应该包含组织提供给员工的心理上的尊重、关怀、职业安全感、职业发展等情感性的支持，还应该包含员工完成工作所必需的信息、培训、工作环境和设备等工具性的支持。关于组织支持感的维度研究有单维度、双维度和三维度的观点。但经过对外派员工组织支持相关文献的梳理，Kraimer 和 Wayne（2004）认为三维度划分更加合理，即组织支持蕴含"适应支持感、职业支持感和经济支持感"三个维度①。这一观点在后续较多关于外派人员的研究中得到了验证，闫燕对中国海归知识员工的实证研究也验证了该维度划分。因此，考虑到外派回任过程与回任前的延续性，以及外派回任情境与知识员工海外归来的相似性，本章认为跨国公司外派回任人员的组织支持感也应包含适应支持感、职业支持感和经济支持感三个维度，并将外派回任人员的组织支持感操作化定义为：外派人员回任后对组织在其归国适应、薪酬福利以及职业生涯发展方面提供的支持程度的感受。

　　国内外文献中单独对资质过高感知或组织支持感的研究较多，而对两者之间相关关系的研究较少。资质过高感知与组织支持感都是员工的一种主观认知和体验，具有内在联系的可能性较大。一方面，从资质过高感知角度分析，若外派回任人员由于资质过高感知，认为其回任后的工作岗位，不能使其知识、技能以及在外派过程中新获得能力得到充分应用，则会倾向于将这种资质与岗位的要求错位而归结为组织的不公正对待。Zhang 等（2012）研究者认为组织公正、工作条件以及发展机会是组织支持感的重要影响因素，因而由于上述错位引起的职业发展通道不清晰和职业发展机会缺乏将使得外派回任人员产生较低的组织支持感。② 另一方面，从组织支持感角度分析，组织的职业支持在一定程度上影响回任人员的不充分就业感（资质过高感知是不充分就业的一个重要维度），组织职业支持通过缓解外派回任人员回任担忧，为其提供发展职业资本的机会，增加了外派回任人员职业提升的可能，促进了其回任后职位与能力的匹配。因此，Kraimer 等认为组织支持感能够在一定程度上降低外派回任人

　　① Kraimer M. L., and Wayne, S. J., "An Examination of POS as a Multidimensional Construct in the Context of an Expatriate Assignment", *Journal of Management*, No. 2, 2004, pp. 209 – 237.

　　② Zhang, Y., Farh. J. L., and Wang, H., "Organizational Antecedents of Employee Perceived Organizational Support in China: A Grounded investigation", *The International Journal of Human Resource Management*, Vo. 23, No. 2, 2012, pp. 422 – 446.

员的资质过高感知。

基于上述理论分析，我们提出如下假设：

假设 1：外派回任人员的资质过高感知与组织支持感负相关。

（二）资质过高感知、组织支持感与离职意向

离职意向是因对工作不满意而产生了退缩行为，意欲寻找其他工作与找到其他工作可能性的综合体现。离职行为的发生与四个关键变量有关，即个体变量、组织变量、环境变量和员工意向变量，这四个变量相互影响且最终决定离职行为的发生，员工离职行为负相关于组织绩效。[1] Alad-wan 等（2013）基于行为学理论研究后认为行为意向可以很好地预测实际行为发生，事实上研究者已经将离职意向当作预测员工离职行为发生的指标。[2] Lobene 和 Meade（2013）指出资质过高感知高的个体一般表现出更高的离职意向，更可能重新寻找工作机会。[3] 外派回任人员的职位晋升情况会影响他们的不充分就业感知，而这种包含资质过高感知的不充分就业感，会成为回任人员离职与否的重要决定因素。

马斯洛的需求层次理论认为，自我实现是个体最高等级的需求，只有当个体完成与自己能力相称的工作、最大限度地发挥自身潜能时这种需求才能得到满足。因此，对于资质过高感知高的外派回任人员，若他们在外派过程中掌握的新技能、新知识在回任后难以得到展现，即自身能力明显超过工作所需、潜力难以充分发挥、高层次的自我实现需求得不到满足时将大大降低外派回任人员的成就感而产生不充分就业感。期望理论也认为个体总是渴求自身期望得到实现，并努力达成既定目标，当个体的期望或需求不能得到满足时，就会采取必要的措施来实现目标和期望。[4] 因此，资质过高感知高的个体一般表现出更高的离职意向，更可能重新寻找工作机会，因此，员工的资质过高感知与离职意向之间存在高度相关关系。

---

① Chang, W. A., Wang, Y., and Huang, T., "Work Design – related Antecedents of Turnover Intention: A Multilevel Approach", *Human Resource Management*, No. 52, 2013, pp. 1 – 26.

② Aladwan, K., Bhanugopan, R., and Fish, A., "Why do Employees Jump Ship? Examining Intent to Quit Employment in a Non – western Cultural Context", *Employee Relations*, No. 35, 2013, pp. 408 – 422.

③ Lobene, E. V., and Meade, A. W., "The Effects of Career Calling and Perceived Overqualification on Work Outcomes for Primary and Secondary School Teachers", *Journal of Career Development*, Vol. 40, No. 6, 2013, pp. 508 – 530.

④ Vroom, V. H., *Work and Motivation*, New York: John Wiley & Sons, 1964, pp. 47 – 51.

另外，外派回任人员的职位晋升也会影响到他们的不充分就业感知，这种因资质过高感知的不充分就业感会成为回任人员离职与否的重要决定因素。因外派回任人员的人力资本的特殊性，如国际化思维、跨文化管理经验等，所以他们可选择的外部机会较多，跳槽到其他组织实现自身价值和满足自身期望的可能性更大。因此，从逻辑上推理当外派回任人员资质过高感知高时产生离职意向的可能性更大。

基于上述理论分析，提出如下假设：

假设2：外派回任人员的资质过高感知对离职意向有正向影响作用。

组织支持感是员工对组织支持的感知，它作为一个重要的情感变量对员工的态度和行为有重要影响。社会交换理论认为组织支持是一种社会交换，组织支持感会使员工产生一种支持组织目标实现的责任感。根据互惠原则，人们往往倾向于认为自己有义务回报那些曾经帮助过自己的人，员工在感受到组织对自己的支持、关心和认同时，倾向于留在组织，持续参与组织经营活动，并用更好的工作表现回报组织。因此，组织支持感高的外派回任人员对组织有更高的责任感。若员工感知到的组织支持越多，那么员工对组织的情感依附和责任感就越强，寻找并接受可替代性工作的倾向和可能性就越小，选择继续留在组织内的可能性就越大。[①] Shore 和 Tetrick（1991）认为较高的组织支持感还能提高员工所能感知的离职代价，从而使员工更可能留在组织中，即导致持续承诺（continuance commitment）的发生。[②]

据此，基于理论分析提出如下假设：

假设3：外派回任人员的组织支持感对离职意向有负向影响作用。

（三）资质过高感知、组织支持与工作满意度、离职意向的关系

Johnson 和 Johnson（1996）研究发现，资质过高感知的一个最重要的影响结果就是对工作不满意，这显示有资质过高感知的个体对工作所表现出的一般情感。[③] 而工作满意度可以认为是员工在感知到资质过高之后的一种情绪性反应，离职意向则是在情绪反应之后的行为意向。工作满意度是已

① Hochwarter, W. A., Kacmar, C., Perrewe, P. L., et al., "Perceived Organizational Support as a Mediator of the Relationship Between Politics Perceptions and Work Outcomes", *Journal of Vocational Behavior*, Vol. 63, No. 3, 2003, pp. 438 – 456.

② Shore, L. M., and Tetrick, L. E., "A Construct Validity Study of the Survey of Perceived Organizational Support", *Journal of Applied Psychology*, Vol. 76, No. 5, 1991, pp. 637 – 643.

③ Johnson, W. R., Morrow, P. C., and Johnson, G. J., "An Evaluation of Perceived Overqualification Scale across Settings", *Journal of Applied Psychology*, Vol. 136, No. 4, 2002, pp. 425 – 441.

经被验证的离职意向的预测变量，并且在大量研究中充当前因变量与离职意向结果变量之间的中介变量。如果"外派回任人员的资质过高感知对工作满意度存在负相关关系"，那么我们就有理由认为资质过高感知通过工作满意度对离职意向产生中介作用。因此，基于前述分析，特提出以下假设：

假设4：外派回任人员的工作满意度中介作用于资质过高感知与离职意向。

组织支持感是员工感受到的组织对于其工作支持的程度，属于员工的认知过程，而这种认知能够影响到员工的工作情绪，即工作满意度。Allen等（2003）的"支持性人力资源管理实践"观点认为，支持性人力资源实践包括员工参与、奖赏公平和成长机会三个方面。[①] 他以组织支持感为核心，研究支持性人力资源管理实践与组织支持感、工作满意度、组织承诺和离职意向、离职的关系，建立理论模型（见图7-1）并进行实证分析。

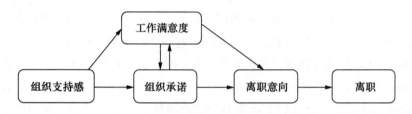

图7-1 支持性人力资源管理实践对离职的作用机制模型

其研究结论表明，支持性人力资源管理实践的三个维度：员工参与、奖赏公平和成长机会通过工作满意度、组织承诺的中介作用间接影响离职意向，并最终影响到离职。因此，基于以上研究，特提出如下假设：

假设5：外派回任人员的工作满意度中介作用于组织支持感和离职意向。

（四）组织支持感的调节作用

现有研究引入多种调节变量研究了资质过高感知对离职意向的正向作用，Lobene 和 Meade（2013）以中小学教师为研究样本，将员工的职业呼唤（career calling）作为调节变量，认为当员工职业呼唤较高时，资质过高感知对离职意向的影响将会减弱；Erdogan 和 Bauer（2009）以授权

---

① Allen, D. G., Shore, L. M. and Griffeth, R. W., "The Role of Perceived Organizational Support and Supportive Human Resource Practices in the Turnover Process", *Journal of Management*, Vol. 29, No. I, 2003, pp. 99 – 118.

（empowerment）作为调节变量，证实了授权能够改善资质过高感知对离职行为的正向影响作用。[1] 由此可见，不同情境会对员工资质过高感知与离职意向间的相关关系产生影响。闫燕以工作家庭绩效模型为理论基础，将员工的主动性人格与组织支持感作为认知层面的变量，组织承诺作为行为意向，证实了主动性人格、组织支持感与组织承诺存在交互关系。组织承诺意味着员工继续留在组织的所得，它与员工的离职意向直接相关，因而可以认为知识型员工的主动性人格、组织支持感与离职意向间同样存在着交互关系。[2]

组织对外派回任人员的支持（包括回任适应、薪酬福利和职业生涯）有利于缓解外派回任人员资质高感知，因为组织的支持力度将反映组织对外派回任人员的重视程度。若组织认为外派回任人员的经历和技能是有价值的，则更倾向于将外派回任人员安排在能够使其发挥最大效能的岗位上，充分利用外派回任人员的人力资本为组织创造价值。组织支持能够提高外派回任人员个人资质与工作岗位要求的匹配水平，使外派回任人员留在组织实现其自我成就等高层次的需求。因此，外派回任人员组织支持感在资质过高感知与离职意向之间具有调节作用，即有利于缓解资质过高感知对离职意向的正向作用。

因此，基于理论分析提出如下假设：

假设6：外派回任人员的资质过高感知与组织支持感共同影响离职意向，且资质过高感知对离职意向的影响较大。

假设7：外派回任人员的组织支持感在资质过高感知与离职意向之间具有调节效应。其中，在资质过高感知一定的情况下，组织支持感强的回任人员离职意向低，组织支持感弱的回任人员离职意向高。

第二节　研究方法及研究内容

一　量表

调查问卷共由两部分组成（详见附录），第一部分是外派回任人员基

① Erdogan, B., and Bauer, T. N., "Perceived Overqualification and Its Moderating Role of Empowerment", *Journal of Applied Psychology*, Vol. 94, No. 2, 2009, pp. 557–565.

② Meyer, J. P., Stanley, D. J., Jackson, T. A., et al., "Affective, Normative, and Continuance Commitment Levels Across Cultures: A Meta–analysis", *Journal of Vocational Behavior*, Vol. 80, No. 2, 2012, pp. 225–245.

本资料信息，包括性别、婚姻状况、年龄、教育程度、接受外派任务的次数、最近一次外派任务持续的时间、最近一次外派的东道国等十个题项；第二部分是研究中涉及四个变量的测量，依次是资质过高感知量表（共计9个题项）、组织支持感量表（共计11个题项）、工作满意度量表（共计6个题项）以及离职意向表（共计2个题项）。为了确保测量工具的信度和效度，本书尽量采用国内外文献已经开发出来的在该领域具有一定认可度的量表，再根据研究的需要进行微调整。所有量表均采用李克特五点式量表，计分方法为："1 = 完全不同意，2 = 不同意，3 = 不清楚，4 = 同意，5 = 完全同意"。

（一）资质过高感知

资质过高的测量，可以分为主观测量与客观测量两种方式，一般认为资质过高感知是资质过高测量的主观方面。关于资质过高感知的结构维度，根据目前的研究可知主要分为两种：一种是二维指标，另一种是三维指标。相应地，不同的维度划分方法对应不同的测量项目。但无论是二维指标还是三维指标，都是根据西方国家的文化背景所开发，之前的测量对象也主要是针对西方国家的人员展开，由于我国与西方国家在经济、文化以及社会等各方面都存在一定的差异，因此针对我国的跨国公司外派回任人员的资质过高感知的测量，其内容结构还需要在我国的文化背景下进一步分析以后适当调整。

在二维指标方面，Khan 和 Morrow（1991）在对不充分就业进行主、客观测量时，提出资质过高感知8项目量表，其中，不充分就业的主观测量方式就是资质过高感知量表形成的基础。该8项目量表将资质过高感知分为两个维度，分别是资质过高感知和无发展感知；Johnson 和 Johnson 分别于 1996 年和 1997 年先后通过探索性因素分析和验证性因素分析得到资质过高感知的两个指标：不匹配感知（perceived mismatch）和无发展感知（perceived no – grow），并形成包含十个项目的量表。而 Fine 和 Nevo（2008）在 8 项目量表和 10 项目量表的基础上，利用自陈式问卷测量方法开发了包含 9 个项目的资质过高感知问卷（perceived cognitive overqualification questionnaire，PCOQ）（$\alpha = 0.83$），该问卷也包含 2 个指标，分别是不匹配认知的感知（即个体认知能力与工作需求的不匹配）和无发展认知的感知（即知觉到的工作环境毫无变化及缺少学习和发展的机会）。

Maynard（2006）开发了最初包含 22 个项目的三维资质过高感知问卷

（scale of perceived overqualification，SPOQ），采用李克特五点式量表，通过项目分析和内容效度分析，最终保留9个项目，内部一致性信度系数为0.89。SPOQ的三个维度分别是教育过剩感知、经验过剩感知以及知识、技能和能力（KSAs：knowledge，skills 和 abilities）的过剩感知，每个维度均有3个项目，问卷共包含9个项目。本书项目根据研究的需要以及样本获取的可能性，对 Maynard 的9个项目 SPOQ 进行翻译。首先采用倒译法将英文原版问卷转换成中文问卷，然后邀请两位高校英语专业老师将中文题项回译成英文，作者再将回译后的英文问卷与原始的问卷进行对比，对其中基本一致或表达不同但意义相近的题项予以通过，重点修改中、英文表述不一致、有较大差异题项的中文，再次进行回译，直到所有题项都通过。在形成本书的中文 POQ 问卷后，为了检验问卷的语言表达是否清晰、是否存在歧义、是否存在晦涩难懂的情况，特邀请2名在读博士的高校教师、2名跨国公司人力资源部员工以及1名跨国公司外派回任人员对所有中文题项逐题阅读，提出其中表述欠妥的题项，再予以修改得到最终的调查问卷。问卷题项有"我的学历水平高于任职工作所要求的学历"、"我的工作经验在当前的工作中得不到充分施展"、"我的工作技能与当前工作所需求的不匹配"、"教育程度比我低的人也能胜任我现在的工作"、"我之前接受的培训未能在现有工作上充分利用"、"我所拥有的丰富知识，并非是目前的工作所需的"、"我的教育水平高于我所从事工作的教育需求"、"不如我工作经验丰富的人也能胜任我的工作"和"我有超出工作需要的能力"。

（二）组织支持感（POS）

目前测量组织支持感应用最多的是从 Eisenberger 等（1986）开发的36项目组织支持感量表中抽取的短型量表。如凌文铨等（2006）从 Eisenberger 开发的组织支持感短型问卷中抽取8个项目，在对中国员工的组织支持感进行的测量中，发现中国企业员工的组织支持感分为三个维度：工作支持、员工价值认同和关心利益。Kraimer（2004）在对外派员工的研究中发现，外派员工由于其所处情境的特殊性，他们的组织支持感的结构维度与以往的研究结论有所差异。Kraimer 首次专门针对外派员工的组织支持感进行研究，并开发了测量外派员工组织支持感的量表，在 Kraimer 的研究中，外派员工的组织支持感可以分为三个维度：适应支持感（adjustment POS）、职业支持感（career POS）以及经济支持感（financial

POS），量表中每个维度有 4 个题项，共 12 个项目。其中适应支持感指的是外派员工感知到组织对他本人及其家人在工作调动后适应（包括文化、环境、心理等适应）方面的支持程度。职业支持感指的是员工感受到组织对他的职业生涯发展的关心程度。而经济支持感指的是员工感受到组织对他的经济需求和经济回报的关心程度，主要表现在薪酬与福利方面。国内学者闫燕（2012）参考 Kraimer（2004）的外派员工组织支持感量表，对海归知识员工进行研究，验证了该量表在重返文化背景下的适应性。因此，本书在测量外派回任人员组织支持感时也采用该量表。

（三）工作满意度

工作满意度的测量方式非常多，常见的包括单一维度测量法、多维度测量法、关键事件测量法以及面谈测量法等。而在对员工工作满意度的测量中，被研究者们广泛认同并采用的量表主要有明尼苏达满意度量表（minnesota satisfaction questionnaire，MSQ）和工作描述指标量表（job descriptive index，JDI）。明尼苏达满意度量表由 Weiss 等（1967）编制而成，它既有长式量表（21 个分量表）又有短式量表（3 个分量表）。其中，长式量表包含 100 个题项，可以测量个体对与工作相关的 20 个方面的满意度以及一般满意度。短式量表包括一般满意度、内在满意度和外在满意度 3 个分量表。MSQ 的特点就是能对工作满意度的各个方面进行完整的测量，但是由于长式量表的题量过大，容易让测试者产生负担和疲倦，最终的测量结果与实际结果可能存在偏差。工作描述指标量表由 Smith、Kendall 和 Hullin（1969）编制，它从 5 个方面对员工的工作满意度进行衡量，即工作本身、升迁、薪酬、上司以及同事。JDI 的特点是对被测试者的教育程度要求不高，只需要被试者对工作的不同方面选择不同的形容词。JDI 在国外学者的研究中被反复使用验证，其测量效果稳定且良好。Jaime（2005）在对外派员工、外派回任人员以及国内员工三者的工作满意度进行对比研究时，以 JDI 为基础，编制了涉及工作本身、薪酬、晋升、上司、同事以及总体满意程度的工作满意度量表。国内有学者在对外派员工的工作满意度进行研究时，同样根据 JDI 的 5 个关键维度编制出测量工作满意度的 6 项目量表，并验证了量表对外派员工的适应性（江山，2010）。本书在选取工作满意度量表时，综合考虑样本的取得性、问卷的简易程度、研究对象的特征以及研究的需要，决定采用根据 JDI 改编的量表，该量表共包含了 6 个题目。

（四）离职意向

离职意向的测量采用龙立荣开发的量表，共 2 个题项，如"我常常想离开我现在的工作"等。

二 数据的初步分析

（一）样本信息

得益于武汉大学 MBA 及 EMBA 校友的帮助，先期与国内数十家大型跨国企业的高管人员进行了沟通，最终确定了十几家跨国经营企业的外派回任员工作为调查对象，经过反复沟通，最终以电子邮件的形式成功发放问卷 300 份，回收 156 份，回收率 52%。删除无效问卷 11 份，最后共得到有效问卷 145 份，有效问卷占发放问卷数量的比率为 48.33%。按数据来源企业性质划分，有 90 份来自大型国有跨国公司，55 份来自大型民营跨国公司；按数据来源所属行业划分，有 28 份来自通信行业，16 份来自电力行业，24 份来自建筑行业，35 份来自制造行业，9 份来自医药行业，25 份来自金融行业，8 份来自其他行业。在对样本进行描述性统计分析后得到表 7 – 1。

表 7 –1 样本基本资料统计（N = 145）

项目	类别	人数	所占比例（%）
性别	男	111	76.55
	女	34	23.45
婚姻状况	未婚（包括离异）	74	51.03
	已婚	71	48.97
年龄	25 岁以下	25	17.24
	25—35 岁	106	73.10
	35—50 岁	14	9.66
教育程度	专科及以下	6	4.14
	本科	89	61.38
	硕士	50	34.48
外派次数	1 次	79	54.48
	2 次	21	14.48
	3 次	6	4.14
	3 次以上	39	26.90

续表

项目	类别	人数	所占比例（%）
上次外派东道国	亚洲国家	53	36.55
	非洲国家	36	24.83
	欧美国家	42	28.97
	其他国家	14	9.65
外派前后职位变动	晋升	27	18.62
	平级调动	107	73.79
	职位下调	11	7.59

由表 7 – 1 可以了解到被调查的跨国公司外派回任人员的性别、婚姻状况、年龄、受教育程度、接受外派任务次数、最近一次外派的东道国以及回任前后职位变动情况等基本信息。由样本可知，调查对象中男性所占比例明显高于女性；婚姻状况较为均衡；被调查员工大都处于青壮年；在教育程度方面，本科和硕士学历占主体地位，反映出被调查的外派回任人员的受教育水平适中；外派次数以 1 次和 3 次以上居多；最近一次外派的东道国分布较为均衡；而外派前后的职位变动则以平级调动为主。

（二）信度和效度检验

1. 信度检验

本书采用 SPSS17.0 统计软件分别对问卷量表中单个变量的信度进行测量，研究中涉及所有变量的信度检验结果如表 7 – 2 所示。

表 7 – 2 量表信度分析结果

名称	Cronbach's α 系数	题项数	处理方式
资质过高感知整体量表	0.90	9	接受
教育过度感知	0.80	3	接受
经验过度感知	0.71	2	接受
知识、技能、能力过度感知	0.85	4	接受
组织支持感整体量表	0.87	11	接受
经济支持感	0.72	4	接受
职业支持感	0.79	3	接受
适应支持感	0.84	4	接受

续表

名称	Cronbach's α 系数	题项数	处理方式
工作满意度量表	0.83	6	接受
离职意向量表	0.92	2	接受
问卷整体量表	0.82	28	接受

从表7-2可以看出，问卷的整体量表Cronbach's α 系数为0.82，资质过高感知子量表、组织支持感子量表、工作满意度量表和离职意向量表的Cronbach's α 系数分别为0.90、0.87、0.83和0.92，资质过高感知中教育过度感知、经验过度感知和知识、技能、能力过度感知潜变量表的Cronbach's α 系数分别为0.80、0.71和0.85，组织支持感中的经济支持感、职业支持感和适应支持感潜变量量表的Cronbach's α 系数分别为0.72、0.79和0.84。所有的Cronbach's α 系数均大于0.7，这说明正式问卷具有较高的内部一致性。

2. 探索性因子分析

（1）资质过高感知量表

运用SPSS17.0统计软件对数据进行分析。首先对外派回任人员的资质过高感知变量进行探索性因子分析。外派回任人员资质过高感知的KMO检验数据显示，KMO值为0.84，Bartlett's球形检验值为632.60（$p < 0.0001$），这说明资质过高感知这一变量适合做因子分析。接下来采用主成分分析法和正交旋转法提取外派回任人员资质过高感知中的公共因子。分析结果表明资质过高感知的9个题项共得到3个因子，这三个因子的初始特征值分别是2.03、3.05、1.20，均大于1。三个公因子对方差的累积解释率为69.77%，说明这三个因子对方差的解释力较强。观察每个题项的因子载荷值我们发现并未出现"零载荷"和多重载荷的现象，并且POQ1、POQ4和POQ7成为第一个因子：教育过度感知；POQ3、POQ5、POQ6和POQ9成为第二个因子：知识、技能和能力过度感知；POQ2和POQ8成为第三个因子：经验过度感知。这与我们量表中提出的维度相吻合。

（2）组织支持感量表

基于对相关文献的梳理和综合文献对组织支持感量表的研究，本书使用的外派回任人员的组织支持感量表最终确定为三个维度：经济支持感、职业支持感以及适应支持感。采用 SPSS17.0 统计软件对组织支持感量表中的 11 个题项进行 KMO 检验和 Bartlett's 球形检验。分析后得到 KMO 值为 0.70，Bartlett's 球形检验的卡方值为 730.82（$p < 0.001$），因此，组织支持感的 11 个题项适合做探索性因子分析。

接下来采用主成分分析法和方差最大正交旋转法对组织支持感量表进行探索性因子分析，最终分析结果表明组织支持感的 11 个题项共得到 3 个因子，三个因子的特征根分别为 4.91、1.55、1.16，均大于 1。三个因子对方差的累计解释率为 69.31%，说明这三个因子对方差的解释力较强。通过观察每个题项的因子载荷值我们发现并未出现零载荷和多重载荷的现象，并且 POS1—POS4 成为一个因子：经济支持感；POS7 成为一个因子：职业支持感；POS8—POS11 成为一个因子：适应支持感。这与我们量表中提出的维度相吻合。

（3）工作满意度量表

对外派回任人员工作满意度量表中 6 个题项进行 KMO 检验和 Bartlett's 球形检验，结果显示工作满意度量表的 KMO 值为 0.77，且 Bartlett's 球形检验的统计值的显著性概率为 0.000，小于 0.01，可见适合做因子分析。采用主成分分析法和方差最大正交旋转法对组织支持感量表进行探索性因子分析，提取出的初始特征值大于 1 的因子有 1 个，该因子的初始特征值为 3.29，方差贡献率为 54.86%。因子在各题项上的因子负荷全部大于 0.6，可见工作满意度量表效度较好。

（4）离职意向量表

对外派回任人员离职意向量表中 2 个题项进行 KMO 检验和 Bartlett's 球形检验，结果显示留任意愿的 KMO 值为 0.71，且 Bartlett's 球形检验的统计值的显著性概率小于 0.01，可见适合做因子分析。采用主成分分析法和方差最大正交旋转法对离职意向量表进行探索性因子分析，得到 1 个因子结构，方差解释率为 92.80%，并且该因子在各题项上的因子负荷均大于 0.9，说明该量表通过了效度检验。

3. 验证性因子分析

为了检验各变量的区分效度，运用 Amos 进行了验证性因子分析。由于本书量表题项较多，样本相对较小，为了满足结构方程模型对样本大小的要求，本书根据探索性因子分析的结果合并观察变量，以减少观察变量的数量。对资质过高感知、组织支持感和离职意向 3 个研究变量加以组合建立了 3 个模型，分别对各模型进行验证性因子分析。结果显示，三因子模型各项拟合指标比其他嵌套模型都要好（见表 7 - 3）。因此，本书的各变量具有较好的区分效度。

表 7 - 3　　　　　　　　检验区分效度的验证性因子分析结果

模型	χ^2	df	χ^2/df	RMSEA	GFI	CFI	IFI
单因子模型	63.61	14	4.54	0.16	0.90	0.83	0.83
二因子模型	56.22	13	4.32	0.15	0.91	0.85	0.85
三因子模型	34.45	11	3.13	0.09	0.94	0.92	0.92

注：单因子模型将资质过高感知、组织支持感和离职意向合并为一个因子；二因子模型将资质过高感知和组织支持感合并为一个因子；三因子模型为资质过高感知、组织支持感和离职意向三个因子。

4. 共同方法偏差的控制与检验

由于问卷采用自我报告量表的形式，各个变量的数据都是由同一调研对象提供，为了避免共同方法偏差（common method variance，CMV），事前采取了以下预防措施：①对部分项目进行反向描述；②不同的量表采用了不同的指导语；③采用匿名方式进行填写。为了进一步了解本书各变量之间的共变到底在多大程度上是由共同方法偏差引起的，本书采用 Harman 单因素分析的方法进行检验。Harman 单因素分析结果显示，未旋转的主成分因素分析结果表明共有 5 个因子的特征值大于 1，而且第一个因子解释的变异量只有 28.28%，说明并不存在单一因子，也不存在某一因素的解释率过大的现象。因此，本书的共同方法偏差问题在较大程度上得到了有效控制。

三　假设验证

运用 SPSS17.0 和 AMOS7.0 统计软件，采用相关性分析、层次回归分析、偏相关分析和路径分析等方法来检验工作满意度、资质过高感知、组织支持感和离职意向之间的关系。

（一）控制变量对其他变量的影响分析

所有控制变量都是采用编码测量的，属于分类型自变量，因此，拟采用独立样本 T 检验和单因素方差分析的方法，分析它们对其他变量的影响，并对有显著差异的影响因素进行多重比较分析。

1. 性别独立样本 T 检验

分析结果显示，性别在外派回任人员的资质过高感知、组织支持感和离职意向上都没有显著差异，但在工作满意度上有差异，女性外派回任人员的工作满意度高于男性外派回任人员。

2. 婚姻状况独立样本 T 检验

分析结果显示，婚姻状况在外派回任人员的资质过高感知、组织支持感和离职意向上都没有显著差异，但在工作满意度上有差异，未婚外派回任人员的工作满意度高于已婚外派回任人员。

3. 不同教育程度对其他变量的单因素方差分析

本书将调查对象的教育程度分为"专科及以下"、"本科"和"硕士" 3 个层次，使用单因素方差分析法分析不同教育程度的外派回任人员在资质过高感知、组织支持感、工作满意度和离职意向上的差异。分析结果显示，学历在外派回任人员的组织支持感、工作满意度和离职意向上都没有显著差异，而在资质过高感知上有 0.01 水平以下的显著差异。根据均值比较显示，硕士学历的外派回任人员资质过高感知最高，专科及以下学历的回任人员其次，本科学历的外派回任人员资质过高感知得分最低。

4. 外派任务次数对各变量的单因素方差分析

外派任务次数对各变量的单因素方差分析结果显示，外派任务次数在外派回任人员的资质过高感知、工作满意度和离职意向上都没有显著差异，外派任务次数在组织支持感上有 0.05 水平以下的显著差异。根据不同外派任务次数在组织支持感上得分的均值可知，外派任务次数为 3 次的外派回任人员组织支持感最高，外派任务次数为 2 次的其次，然后是外派任务次数为 1 次的员工，外派任务次数超过 3 次的员工组织支持感最低。

5. 外派前后职位变动对各变量的单因素方差分析

分析结果显示，外派前后职位变动在资质过高感知和离职意向上没有显著差异，在组织支持感和工作满意度上有 0.05 水平以下的显著性差异。在外派回任人员中，职位晋升和平级调动的员工的组织支持感比职位下调的员工更高；回任后晋升的员工工作满意度最高，其次是平级调动的回任人员，职位下调的回任人员工作满意度最低。

（二）相关性分析

对资质过高感知、组织支持感和离职意向进行基本分析后得到各变量的平均值、标准差以及变量间的相关系数，见表 7 - 4。

表7-4　各变量均值、标准差和相关系数（N=145）

变量	M	SD	1	2	3	4	5	6	7	8	9	10
1. 资质过高感知	3.14	0.70	1									
2. 组织支持感	2.91	0.60	-0.09	1								
3. 工作满意度	3.10	0.68	-0.43**	0.71**	1							
4. 离职意向	2.83	0.89	0.51**	-0.33**	0.62**	1						
5. 性别	1.23	0.43	-0.08	0.09	0.15	0.11	1					
6. 婚姻	1.50	0.52	0.09	-0.01	0.12	0.00	0.08	1				
7. 年龄	1.94	0.56	0.12	0.05	0.11	0.12	0.28**	0.10	1			
8. 教育程度	2.32	0.57	0.25**	0.06	0.09	0.06	-0.09	-0.05	0.04	1		
9. 外派次数	2.03	1.29	-0.07	-0.08	-0.05	-0.18*	0.26**	-0.05	-0.02	0.05	1	
10. 外派国家	2.12	1.02	0.14	0.22**	-0.16	0.13	0.10	-0.07	0.16	-0.16	0.09	1
11. 职位变动	1.89	0.50	-0.06	-0.19*	0.02	-0.37**	0.16	0.05	0.10	0.21*	0.07	0.11

注：$*p<0.05$，$**p<0.01$，$***p<0.001$。

统计分析结果显示，资质过高感知和组织支持感之间相关系数为 -0.09，但并不显著，否定了假设1。此外，资质过高感知、组织支持感、工作满意度与离职意向的相关系数分别为0.51、-0.33和0.62，并且都在0.01水平上显著，并且工作满意度与资质过高感知、组织支持感也是显著相关。因此，接下来继续通过回归分析验证其他假设。

（三）回归分析

1. 资质过高感知、组织支持感与离职意向

以离职意向为因变量，控制变量性别、婚姻、年龄、教育程度、外派次数、外派国家以及外派前后职位变动进入模型，分别用资质过高感知、组织支持感为自变量进行回归分析。资质过高感知与离职意向的回归分析结果见表7-5。由表7-5中模型2可知，外派回任人员的资质过高感知（$\beta = 0.58$，$p < 0.001$）对离职意向存在显著的正向预测作用，因此，假设2得到证实。

同理，组织支持感与离职意向的回归分析结果也可以见表7-5。由表7-5中模型3可知，外派回任人员的组织支持感（$\beta = -0.33$，$p < 0.001$）对离职意向存在显著的负向影响，因此，假设3得到证实。

2. 工作满意度的中介作用分析

首先，以资质过高感知为自变量，离职意向为因变量，假定的中介变量为工作满意度。根据中介效应的检验方法，验证变量间关系仍然采用回归分析方法。步骤如下：第一步，控制变量（性别、婚姻状况、年龄、教育程度、外派次数、上次外派东道国、外派前后职位变动）进入回归方程；第二步，自变量资质过高感知进入方程；第三步，将假设的中介变量工作满意度放入回归方程。所有变量采用直接进入（enter）方式，得到检验结果如下：

回归系数 c（$\beta = -0.624$，$p < 0.001$）显著，回归系数 α（$\beta = -0.507$，$p < 0.001$）和 b（$\beta = 0.730$，$p < 0.001$）也显著，在加入假定中介变量后，回归系数 c' 依然显著且绝对值变小（从0.624变为0.335），证明了该假定中介变量具有部分中介效用。因此，可以推断工作满意度在资质过高感知和离职意向之间具有部分中介效应，假设4得到验证。

接下来，以组织支持感为自变量，离职意向为因变量，假定中介变量为工作满意度进行分析。中介效应的检验方法步骤如下：第一步，控制变量（性别、婚姻状况、年龄、教育程度、外派次数、上次外派东道国、外派前后职位变动）进入回归方程；第二步，自变量组织支持感进入方程；

表7-5　资质过高感知、组织支持感与离职意向的回归分析

离职意向

变量	模型1 β	模型1 t	模型2 β	模型2 t	模型3 β	模型3 t	模型4 β	模型4 t	模型5 β	模型5 t
控制变量										
性别	0.17	1.89	0.27***	3.66	0.16	1.94	0.26***	3.65	0.26***	3.78
婚姻状况	0.17	1.84	0.10	1.32	0.16	1.85	0.10	1.36	0.03	0.41
年龄	0.02	0.24	-0.06	-0.78	0.05	0.58	-0.03	-0.44	-0.02	-0.32
教育程度	0.13	1.59	-0.03	-0.35	0.15	1.88	0.00	-0.02	-0.05	-0.78
外派次数	-0.10	-1.14	-0.06	-0.79	-0.10	-1.20	-0.06	-0.87	-0.09	-1.39
外派国家	-0.23**	-2.63	-0.28***	-3.92	-0.16	-1.89	-0.22**	-3.21	-0.21**	-3.13
外派前后职位变动	0.05	0.51	0.14	1.85	-0.02	-0.17	0.09	1.20	0.07	1.01
自变量										
资质过高感知			0.58***	8.05			0.54***	7.68	0.64***	9.03
组织支持感					-0.33***	-4.11	-0.24***	-3.57	-0.20**	-3.00
乘积项									0.28***	4.07
R^2	0.10		0.39		0.20		0.44		0.50	
$\triangle R^2$	0.10		0.30		0.10		0.34		0.06	
F	2.15		10.86***		4.21***		11.90***		13.60***	

注：由于组织支持感对外派回任人员离职意向的影响不是本章的重点，故本章没有对组织支持感分维度进行讨论，分维度回归分析的结果也显示经济支持感（$\beta = -0.21$, $p < 0.05$）、职业支持感（$\beta = -0.28$, $p < 0.01$）和适应支持感（$\beta = -0.36$, $p < 0.001$）均对外派回任人员的离职意向存在显著负向影响。乘积项为资质过高感知与组织支持感的乘积项。

第三步使假设的中介变量工作满意度放入回归方程。所有变量采用直接进入（Enter）方式，检验结果表明回归系数 c'（$\beta = 0.432$，$p < 0.001$）显著，回归系数 a'（$\beta = 0.681$，$p < 0.001$）和 b'（$\beta = 0.730$，$p < 0.001$）也显著，在加入假定的中介变量后，回归系数 c'（$\beta = -0.131$，$p = 0.156$）不再显著，因此，证明该假定中介变量具有完全中介效用。由此可以推断工作满意度在组织支持感和离职意向之间具有完全中介效应，假设 5 得到验证。

3. 组织支持感的调节作用分析

对组织支持感调节作用的检验用层次回归法进行检验。首先，对资质过高感知、组织支持感以及资质过高感知与组织支持感乘积项进行标准化处理；其次，将性别、婚姻状况等控制变量引入方程；再次，将资质过高感知、组织支持感引入回归模型得到测定系数 R_2^2；最后，让资质过高感知与组织支持感的乘积项进入回归模型，得到测定系数 R_3^2。层次回归分析结果见表 7 - 5。

由表 7 - 5 中模型 4 和模型 5 可知，资质过高感知与组织支持感乘积系数显著（$\beta = 0.28$，$p < 0.001$），模型 5 中加入乘积项能对离职意向方差显著增加 0.06 的解释能力，进一步验证了调节作用。由于资质过高感知与离职意向乘积系数为正，进一步可知组织支持感在资质过高感知与离职意向关系中起到正向调节的作用。也就是说，在资质过高感知一定的情况下，外派回任人员的组织支持感越高，则离职意向越低，因此，假设 7 得到验证。

（四）偏相关分析

假设 6 认为外派回任人员的资质过高感知与组织支持感共同影响离职意向，且资质过高感知对离职意向的影响较大。这里采用偏相关分析的方法来进行验证，分别将资质过高感知与组织支持感作为控制变量，验证组织支持感、资质过高感知与离职意向的偏相关性，分析结果见表 7 - 6。

表 7 - 6　　　　　　　　　　　偏相关分析

控制变量	相关变量	资质过高感知	组织支持感	离职意向
资质过高感知	组织支持感		1.00	- 0.33 ***
	离职意向		- 0.33 ***	1.00
组织支持感	资质过高感知	1.00		0.52 ***
	离职意向	0.52 ***		1.00

注：$*p < 0.1$，$**p < 0.01$，$***p < 0.001$，双侧检验。

综合表7-6偏相关分析和表7-4各变量相关分析的结果可知，当控制住资质过高感知来对组织支持感与离职意向进行相关分析时，组织支持感与离职意向之间的相关系数仍然显著（$\beta = -0.33$，$p < 0.001$）；当控制住组织支持感对资质过高感知与离职意向进行相关性分析时，资质过高感知与离职意向之间的正向相关系数也仍然显著（$\beta = 0.52$，$p < 0.001$）。并且通过表7-5的分析我们可知，同时将资质过高感知与组织支持感对离职意向进行回归分析时，它们都能对离职意向产生直接的影响。由此可见，资质过高感知与组织支持感相互作用共同影响离职意向，因此，假设6得到部分验证。为进一步验证假设6，接下来采用路径分析法来验证。

（五）路径分析

对假设6后半部分采用结构方程模型进行路径分析予以验证，图7-2是最终分析结果。

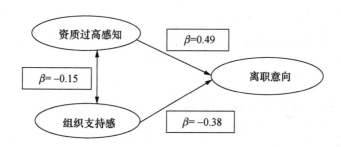

图7-2　结构方程模型路径

通过图7-2可以明显地看出，资质过高感知与组织支持感对离职意向都有直接的影响，并且它们都能通过对方对离职意向产生间接影响。此外，在路径分析中显示，资质过高感知的路径拟合系数$\beta = 0.49$，而组织支持感的路径拟合系数$\beta = -0.38$，由此可以证明资质过高感知对离职意向的影响更大。因此，假设6得到证实。

第三节　研究结果与人力资源管理建议

一　研究结果

本章以跨国公司外派回任人员为研究对象，探讨样本群体工作满意度、资质过高感知、组织支持感以及离职意向四个变量之间的关系，经过实证检验最终得到如下研究结果（见表 7 – 7）：

表 7 – 7　　　　　　　　　　假设检验结果汇总

序号	假设内容	验证结果
1	假设 1：外派回任人员的资质过高感知与组织支持感负相关	没有通过
2	假设 2：外派回任人员的资质过高感知对离职意向有正向影响作用	通过
3	假设 3：外派回任人员的组织支持感对离职意向有负向影响作用	通过
4	假设 4：外派回任人员的工作满意度中介作用于资质过高感知与离职意向	通过
5	假设 5：外派回任人员的工作满意度中介作用于组织支持感和离职意向	通过
6	假设 6：外派回任人员的资质过高感知与组织支持感共同影响离职意向，且资质过高感知对离职意向的影响较大	通过
7	假设 7：外派回任人员的组织支持感在资质过高感知与离职意向之间具有调节效应。其中，在资质过高感知一定的情况下，组织支持感强的回任人员离职意向低，组织支持感弱的回任人员离职意向高	通过

由表 7 – 7 可知，除了假设 1 没有通过，其他假设均通过了验证。并且工作满意度在资质过高感知和离职意向之间具有部分中介效应，工作满意度在组织支持感和离职意向之间具有完全中介效应。

二　人力资源管理建议

（一）研究结果分析

1. 外派回任人员的资质过高感知对离职意向存在显著的正向预测作用

在回归模型中，排除性别、年龄等控制变量的影响，资质过高感知可以解释离职意向 22.9% 的方差变异，并且影响效果非常显著。这从逻辑上不难理解，当员工感觉到自身的学历、工作经验以及技能等方面都超出了工作所要求时，追求自我实现需要的员工很可能就会去考虑另谋高就的问题。Ren 等（2013）在对外派员工与外派回任员工进行研究时，已经得出了外派回任人员的不充分就业感（包含资质过高感知）对离职意向有预测作用的结论。[①] 本章在中国情境下，同样证实资质过高感知对离职意

---

① Ren, H., Bolino, M. C., Shaffer, M. A., et al., "The Influence of Job Demands and Resources on Repatriate Career Satisfaction: A Relative Deprivation Perspective", *Journal of World Business*, Vol. 48, No. 1, 2013, pp. 149 – 159.

向的预测作用。在实践中，管理人员可以通过让回任人员担任即将接受外派任务员工的导师、举办外派经验交流活动以及将回任人员的工作扩大化和丰富化，以缓解回任人员的资质过高感知。此外，与回任人员的资质相当的福利待遇也能在一定程度上降低资质过高感知。

2. 外派回任人员的组织支持感对离职意向存在着显著的负向影响

在层次回归分析模型中，排除性别、年龄等控制变量的影响，组织支持感可以解释离职意向 22.5% 的方差变异，并且影响效果显著。国内外学者针对不同样本研究过组织支持感与离职意向的关系，有的研究证实组织支持感对离职意向具有预测作用，但是 Eisenberger 等（2002）的研究表明组织支持感并不能用于预测员工的离职意向。不过对于回国后的外派回任人员来说，他们在工作、家庭、经济上都需要经历一个重新适应调整的阶段，面临诸方面的变动和压力，组织的支持一方面能帮助他们尽快度过适应期，另一方面也能让他们感受到单位对自己的重视。因此，从外派回任人员所处的情境来看，组织支持感在一定程度上影响他们的离职意向也顺理成章。这就要求管理者们充分重视对回任人员的组织支持政策，在明确回任人员需求与困难的基础上，及时为他们提供工作上、情感上的支持。

3. 外派回任人员的资质过高感知与组织支持感共同影响离职意向，且资质过高感知对离职意向的影响更大

这可以从外派回任人员的外派动机以及回任期望角度来理解：跨国经营企业外派人员的外派动机更多偏向于个人事业的发展，在外派经历中，由于要面对各种各样不确定性的问题与挑战，他们的知识、技能以及沟通等能力都会有较大的提升，一旦回任，当他们感觉到资质过高时，在个人利益的驱动下，更容易考虑离职。而在组织支持方面，通常回任人员在外派前已经通过各种渠道了解到相应的组织支持政策，即在外派前已经在某种程度上接受了回任后的组织支持政策，或者已经有了一定的心理预期。当他们回任后，即使现实与期望有所差距，由于有事前心理准备，心理落差相对可控。如此，与组织支持感相比，资质过高感知对离职意向的影响更大。

4. 外派回任人员的组织支持感在资质过高感知与离职意向之间具有调节作用

由资质过高感知与组织支持感乘积项的系数为正可知，在资质过高感

知一定的情况下，回任人员的组织支持感越低，离职意向越高。为了更清楚直观地证明交互作用的存在，本书将资质过高感知以平均值 3.15 为基准，划分为高、低两类，将组织支持感以平均值 2.86 为基准，也划分为高、低两类，两两交叉组合共得四个群体，再分别计算每个群体在离职意向上得分的均值，统计结果见图 7 - 3。

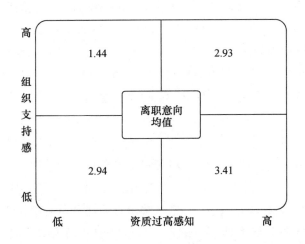

图 7 - 3　资质过高感知与组织支持感对离职意向的交互效应

由图 7 - 3 可知，当外派回任人员的资质过高感知与组织支持感都低或者都高时，他们的离职意向得分相差很小，略高于整体均值 2.79；当回任人员资质过高感知低、组织支持感高时，其离职意向较小，得分为1.44；而当回任人员资质过高感知高、组织支持感低时，其离职意向最大，得分为 3.41。由此我们认为，资质过高感知与组织支持行为会共同影响离职意向，并且资质过高感知对离职意向的影响更大。对此，管理者们并不是无可作为。尽管资质过高感知显著影响回任人员的离职意向，但若能积极主动为其提供支持与帮助，当他们的组织支持感提高时，仍然能在一定程度上抵消由于资质过高感知造成的离职意向，所以针对外派回任人员的组织支持工作尤其重要。

5. 工作满意度部分中介作用于资质过高感知和离职意向

层次回归分析证明了工作满意度对资质过高感知和离职意向之间的部分中介作用。即一部分资质过高感知对离职意向的正向影响是通过工作满意度实现的。相对剥夺（relative deprivation）是一种群体心理状态，指人们通过与参照群体的比较而产生的一种自身利益被其他群体剥夺的内心感受。根据这一理论，当员工想要、期望或者感觉到自己能胜任一个更好的工作岗位时，他们的心理会产生挫败感，从而导致退缩行为（Feldman et al.,2002）。该理论可以用来解释工作满意度对资质过高感知与离职意向的中介作用。

此外，部分中介作用说明还存在其他影响外派回任人员离职意向的因素。根据前面的理论分析，本书推断组织承诺中的情感承诺同样可能对资质过高感知和离职意向起中介作用。

当员工在认知层面上感受到组织对自身的支持，进而就会在情绪层面上做出一定的反应，这种情绪上的反应可以是对工作的满意感。而互惠原则也能进一步解释组织支持感对工作满意度的正向影响。Allen（2003）提出支持性人力资源管理实践对离职的作用机制模型，验证了工作满意度对组织支持感与离职意向之间的中介作用。本书通过回归分析，同样验证了外派回任人员的工作满意度对组织支持感和留任意愿的完全中介作用。

（二）人力资源管理建议

根据相关研究结果及结果分析，现提出几点有助于我国跨国公司外派及回任管理的建议。

1. 制定并实行灵活的外派员工归国政策

考虑到大多数外派回任人员都面临着重新适应母公司的工作环境、生活环境、组织文化、报酬减少、职位变动和重新安置等问题。跨国公司要想在一定程度上解决或者缓解这些问题，需要对这些问题量身定做一些人力资源管理政策。如为了帮助回任人员更快适应归国后的环境，企业可以给他们提供正式的归国培训，专门针对归国适应中遇到的问题设计培训材料和课程，一方面集合企业、同事、家人的共同努力来帮助回任人员及家属实现"逆向文化适应"，同时也提醒回任人员他们已经回国，需要自己积极主动地重新适应。在薪酬福利方面，由于大多数外派人员回任后都面临着薪酬福利待遇降低的问题，企业可以考虑增加外派回任人员的归国过渡津贴，让回任人员逐渐适应待遇降低。此外，对于市场开拓型以及技术型外派，企业可以对在外派期间取得突出业绩的回任人员承诺股票期权，以此提高回任人员的满意度以及留任意愿。外派人员回任后职位变动的问题在很大程度上会影响他们对自身资质的感知，进而影响工作满意度以及留任意愿，因此，跨国公司应该根据不同类型外派员工的工作特点制定明确的海外工作业绩评价指标和标准体系，并明确规定将绩效考核的结果与回任后的职位晋升相联系。如果在实际操作中，这种职位晋升标准难以实现，也可以考虑为回任人员建立一个缓冲适应的地带，例如，华为公司对于那些已经外派归国但暂时没有合适职位的员工，同样给予比较高的岗位级别，并维持与外派期间相对不变的待遇，这种做法同样会让回任人员感觉到自己的外派经历得到了重视，并相信自己的知识、技能和经验等能够得以发挥。对于随外派人员一起前往海外的员工的配偶及子女，企业可以在条件允许的情况下，根据不同的年龄、学历以及工作经验制定就业安置政策，并对子女的入学问题提供一定的帮助。

2. 重视员工的组织支持需求和组织支持感

组织支持感是影响外派回任人员工作满意度和留任意愿的重要组织行为学变量，因此，重视回任人员的组织支持需求和组织支持感对于跨国公司的人力资源管理工作具有重要的意义。企业应该充分认识到组织支持性的政策对于回任成功的重要性，及时了解回任人员在哪些方面需要企业的帮助与支持，最好能将企业可以为员工回任后提供的支持性政策明确纳入回任政策中。这些支持性的政策应该既包括工作方面的支持，又包括感情方面的支持。工作方面的支持主要是要求企业为员工的工作开展提供必要的条件，对于回任人员来讲，其工作对于资料、设备、技术或者其他方面可能需要一些特别的支持，否则他们在外派期间所掌握的新知识或者技能难以充分发挥或及时向企业传达。研究结果显示，组织支持感对于外派回任人员的工作满意度以及离职意向具有显著的预测力，因此，对于外派回任人员而言，工作支持是十分必要的。企业也可以为外派人员指定导师，导师的身份可以是有丰富国际工作经验的外派员工，可以是企业高层管理人员，也可以是专业咨询公司的管理咨询人员，由导师对外派人员的职业发展情况进行全程关注，并帮助他们保证在回国后能得到合适的发展。此外，企业可以专门针对外派回任人员建立一些专业团队或者部门，这些团队或部门的职责就在于：提供母公司的各种信息、搭建一个交流的平台，平衡和调节归国过程中外派人员和母公司可能存在的各种矛盾等。

3. 促进回任人员与企业之间的沟通

研究结果显示，外派回任人员的资质过高感知与组织支持感能预测工作满意度，而工作满意度又能预测离职意向，那么跨国公司要想留住这些具有国际经验的外派人力资本，就必须时刻关注他们的工作满意度，即他们的工作情绪。而了解员工工作满意度必须通过企业与员工之间的不断沟通来实现。在员工外派期间，公司应该定期给外派员工发送公司的内部刊物或者事物简讯，公司的人力资源部门或者相关部门的负责人时常与外派员工保持联系，最好能经常通过电话、电子邮件等沟通方式缩短与他们的距离，提高沟通的有效性，同时企业也要适当关注外派员工在国内的家属的生活情况。而在外派员工回任前后的各个阶段，企业应该与员工进行更加密切、深入地沟通，及时了解他们的工作动向、归国意愿、归国期望以及归国适应中遇到的困难等，从而有针对性地提供相应的建议或帮助，使他们感受到企业的重视。同时，企业还应该对外派员工在工作中取得的成绩给予充分的肯定和认可，并通过沟通与他们一起寻找适当的传播方式，使回任人员将外派期间所接受到的各种新的知识理念传播应用到企业中。此外，企业通过积极主动地与回任人员沟通，还能及时捕捉他们在工作中的消极情绪或者离职念头，在事情进一步恶化之前采取预防和补救措施，从而降低外派回任人员的离职率。

（三）研究的局限性

在整个研究过程中，从文献梳理到确立研究的理论基础，研究问题的提出以及相关研究问卷的确定都力求科学，同时尽可能多地获取第一手数据资料，最后虽然采用科学的研究手段得到了一些结论，说明了一定的问题，但仍然存在一些局限性，主要表现为：

首先，样本容量不够大，覆盖面不够广。由于调查对象的特殊性，本书只收集到了 145 份有效问卷，数据主要来自企业的一般员工以及基层、中层管理人员，缺乏来自高层管理人员的数据。

其次，本书在验证变量之间的关系时，只验证了各变量整体之间的关系，没有进一步分维度来验证各个变量维度之间的关系。后续研究可以在此基础上进行得更深入，如研究模型中两个自变量对于中介变量以及因变量的交互作用，如此可以更加清楚变量间的关系实质以及可以寻求到更为合理的关系解释和较全面的管理建议。

第八章　外派回任人员组织
公平感与离职意向

　　虽然组织公平感已经被认为是影响员工离职意向的重要因素，但由于外派回任人员的特殊性，跨国公司认识到根据国际外派回任人员的人力资源特性制定满足他们需求的政策、制度与措施依然相当重要。但是该如何区分国际外派回任人员与非国际外派回任人员对组织公平的感受，并制定出相应的政策与措施以实现两者之间的平衡？国际外派回任人员的组织公平感受与非国际外派回任人员的感受是否一致、国际外派回任人员的组织公平感对其态度与行为的影响是否还会受到其他因素的影响、有哪些因素影响他们之间的关系？职业机会和个体变量逆境商对组织公平感和离职意向之间的关系有影响吗？若有影响，存在什么样的影响机理？这正是本章意欲回答的问题。

第一节　研究意义和研究内容

一　理论意义

　　由以往文献基本可以推断国际外派回任人员与公司其他员工对组织公平维度的理解以及看重点存在差异性，但是差异性大小以及背后存在的机理还需通过实证分析探究。国际外派回任人员对组织公平感内涵的理解和分维度指标的看法也将需要进一步明确，由此可以揭示国际外派回任人员组织公平感的结构特征从而一定程度上丰富了相关理论。

　　拟通过数据检验国际外派回任人员组织公平感与离职意向的关系及不同维度的组织公平感的作用程度。可以进一步厘清国际外派回任人员这一特殊群体的组织公平感对其离职意向是否存在负向作用。若存在负向影响，国际外派回任人员组织公平感与其离职意向之间关系的应用条件如何，拟通过数据分析识别出哪些内在和外在因素在有效影响国际外派回任人员组织公平感与离职意向的关系。而且，相对来说，国际外派回任人员的研究大多以概念分析为主，理论分析层面较多，实证研究的文献较少。本章通过对中国多家跨国公司的国际外派回任人员进行了问卷调查，以实证方法检验相关理论推导，也丰富了国际外派回任人员的实证研究文献。

二 实践意义

组织在人力资源管理实践中，若能更多地制定国际外派回任人员的组织公平感的措施和政策，将有助于提高国际外派回任人员的存在感和对组织的忠诚度，也将影响到回任人员的工作绩效，并最终影响到所在组织的经营业绩和可持续发展。具体而言，调查国际外派回任人员对组织公平感各维度按重要程度的排序，验证国际外派回任人员组织公平感各维度与其离职意向的相关性和相关程度，探索情境变量（感知机会）、个体特征变量（逆境商）对国际外派回任人员组织公平感与离职意向关系的影响机理，有助于组织实施合理的回任人员管理举措，降低回任人员离职率，提高其国际性人力资本的应用价值从而增强跨国公司的国际竞争力。

另外，已有研究表明国际外派任务的失败很大部分源于外派人员的选择错误导致（Lee，2007），由此可见外派人员的挑选是跨国公司外派管理中非常重要的环节。一般跨国公司在设置外派人员选拔标准时，大多数以岗位技术能力、语言熟练程度、沟通交流能力等作为基本标准来确定外派人员选拔标准，以选择合适的人员满足公司的需要。较少考虑逆境商因素。一方面逆境商高的员工其抗压能力、承受挫折的能力更强，并且逆境商作为个人特质的一种，拥有信效度较高的测量量表；另一方面，国际外派人员接受外派任务本身就是一项极具挑战性的行为，因为外派环境的不熟悉、语言文化沟通的不便利等都加大了外派任务顺利完成的难度，逆境商高的员工可能更有助于完成这一挑战。因此，本书结果将有助于跨国公司外派人员的选拔。

三 研究构想

本章研究的总体构想是在对跨国公司国际外派回任人员组织公平感进行研究调查基础上，探讨组织公平感对其离职意向的作用效果，并在此基础上探讨国际外派回任人员的感知机会和逆境商对组织公平感与离职意向之间关系的调节效果。总体构想如图 8 - 1 所示。

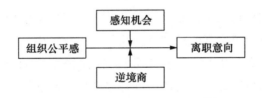

图 8 - 1　研究构想

在理论分析的基础上，确定研究变量的测量指标，并选择国外已经验证过的、信度和效度较好的相对成熟的问卷进行调研，根据调查数据对量表的信度和效度进行检验，在此基础上，对国际外派回任人员组织公平感的构成、各维度的重要性排序，组织公平感对离职意向的作用以及感知机会和逆境商对组织公平感与离职意向关系的调节效应进行分析。

第二节　理论和研究假设

国际外派回任人员因其特殊的职业经历往往具有较强的可雇用性，外部就业机会多。那么，他们对外部就业机会的感知可能使得组织公平感对离职意向的作用更为突出。然而，外派人员在其国际外派工作过程中经受过许多挑战和挫折，他们在面对和处理这些挫折的同时也提升了自己的逆境商数，较高逆境商的个体认为逆境是暂时的、自己可控的，如果将组织的不公平看作一种逆境的话，高逆境商的国际外派回任人员对组织的不公平具有更强的容忍度，所以，从这个角度又可以推断外派回任人员组织公平感对离职意向的影响可能会被削弱。那么，国际外派回任人员的离职意向究竟会受到组织公平感因素的何种影响？影响机理如何？这正是本章意欲回答的问题。

一　国际外派回任人员组织公平感对离职意向的影响

Adams 在 1965 年提出了公平理论，该理论认为，组织里面的成员更加关注的是自己收入的相对数量而非绝对数量，即相对于一个参照对象时，收入的多少问题。具体来说，就是组织成员会将自己的投入和所得进行比较，他们会同时关注自己为组织付出了多少和最终从组织里得到了多少。国际外派人员回任后会受到组织内各种人力资源实践的影响，这些人力资源实践，如培训、薪酬等，会促使国际外派回任人员评估自己的投入与所得比。

对于国际外派回任人员来说，他们会充分估计自己的付出（投入），包括直接的和间接的。比如，他们因接受外派任务放弃了国内已有的工作团队、业务关系、社会关系网络；他们与家人暂时分离（对于已婚的家庭，如果配偶和子女没有一起出国，国际外派人员便牺牲了与家人一起生活和增进感情的机会。即使配偶和子女陪同一起出国，他们也将面临配偶的工作问题和孩子的继续教育问题）；而且生活方式的改变也是代价之一。回任以后，他们会评估自己的所得，如工资是否得到相应增长，职业发展是否更加清晰、更加快速，社会地位是否得到提升，能力是否与岗位匹配等。同时，他们还会寻找一个参照对象，如国际外派前的自己、国际外派中的自己或者国际外派后的同事，并且将这一投入所得比与参照对象进行比较，如果相等，就会觉得组织对其是公平的；反之，就会觉得遭遇了不公平，即产生组织不公平感。

公平理论同时指出，当员工组织公平感降低时，员工会采取一些措施来提高其组织公平感，主要包括：第一，减少自己的投入，这是最常见的措施；第二，努力使组织增加自己的所得，一般是通过消极工作、显示自己的重要性，甚至通过威胁来增加所得；第三，扭曲参照对象的投入或所得；第四，转换参照对象；第五，离开组织，这也是最严重的、对组织危害最大的行为（Adams，1965）。

国际外派回任人员的离职行为是一种典型的员工应对组织不公平的行为，但是它有别于其他的组织不希望行为，因为国际外派回任人员离职将会给公司造成巨大的损失（Hemmasi，Downes & Varner，2010）。首先是使公司遭受严重经济损失。研究数据表明公司每年平均在每个国际外派人员身上投资将近是一百万美元（Lazarova & Caligiuri，2002），如果公司有上百名国际外派回任人员离职，则意味着公司每年将损失近亿美元。其次国际外派回任人员离职还会造成巨大的间接、隐性损失。因为知识管理是公司国际外派任命的一个重要原因，公司需要培养未来的接班人或者有潜力的高层管理者，其国际外派的主要目的是希望国际外派人员能够去国外学习到新的技能和管理方式，成为有国际化思维方式的人，能够为公司的重要决策提供建设性的意见（Macdonald & Arthur，2005），能够将自己学习到的知识和技能传递给国内其他员工，起到知识传递的重要桥梁作用（Hocking，Brown & Harzing，2007），而国际外派回任人员的离职将使得公司知识管理的战略目标得不到实现。另外，国际外派回任人员的离职给公司其他员工传递了一种消极的信号，降低了员工的士气（Bolino，2007），特别是那些准备接受国际外派工作的员工，同时也为公司以后的国际外派工作增加了难度，加大了以后的国际外派成本和风险（Vidal，Valle & Aragón，2010）。更为糟糕的是如果国际外派回任人员离开公司后进入竞争对手公司，更会给公司造成不可估量的隐性损失，公司不仅为竞争对手花巨资培养了优秀的人才，离职的国际外派回任人员还有可能泄露公司的商业秘密。

　　员工组织公平感的降低会促进员工的离职意向和离职行为。国外学者对 25 年中有关组织公平感的研究文献进行 Meta 分析，分析结果表明组织公平感与员工离职意向显著负相关（Cohen & Spector，2001）。Seiers（2007）将组织公平感与离职意向的关系推广到了国际外派人员，以 98 名国际外派人员为研究对象进行实证研究，结果发现组织公平感对国际外派人员的离职意向有显著直接作用。Hassan 和 Hashim（2011）对比研究马来西亚国内人员与国际外派人员在组织公平感、组织承诺、工作满意度以及离职意向等变量上的差异，结果显示这两类群体只是在工作满意度上有显著差异，在其他变量（如组织公平感、组织承诺、离职意向等）上并没有显著差异，这从侧面印证了组织公平感与离职意向之间的关系对国际外派人员仍然适用。也有部分研究发现国际外派人员的组织公平感对其离职意向的作用并不是直接的，而是间接的，如信任（Hon & Lu，2010）、感知社会交换（组织支持感、领导成员交换）（Chen，2010）等起部分或者完全中介作用。国际外派和回任是两个不可分离的阶段，研究者一般认为国际外派任务其实已经包含了外派和回任两个阶段。前者是国际外派任务的开始，后者是国际外派的结束（Osman & Hyder，2008），因此，我们认为国际外派回任人员同国际外派人员类似。由此，提出如下假设：

　　假设 1：国际外派回任人员的组织公平感对其离职意向存在负向影响作用。

　　二　国际外派回任人员感知机会的调节作用

　　国际外派回任人员有更多机会学到许多新的知识和技能，比如，国际市场的相关知识、个人跨文化技能、国外先进的管理技能、人际网络知识和一般通用技能等，这会大大增加国际外派回任人员的感知机会。根据人力资本理论，员工会对其人力资本（知识、技能、能力等）进行投资，个体一般通过教育、培训和经历等形式来增加其人力资本（Becker，1975）。国际经历就是一种重要的人力资本投资（Carpenter，Sanders & Gregersen，2001），人力资本在外部劳动力市场上具有价值，所以，国际外派人员会将其国际经历视为其人力资本的增加，增强其感知机会。研究表明，尽管国际外派任务对国际外派人员目前实际的职业发展没有或者只有很少帮助，但是国际外派人员比非国际外派人员会感知到更大的内部和外部发展机会（Benson & Pattie，2008）。Yan 等（2002）运用代理理论解释了可能会促使获得新经验、技能和人际网络的国际外派回任人员从事机会主义行为（离开现有的组织）的原因，其中最主要的因素就是国际外派回任人员感知的外部职业发展机会。另外，由于劳动力市场对具有国际化思维人才的饥渴需求，使得国际外派回任人员觉得自己的可雇用性很强，有助于国际外派回任人员离开目前的雇主。Suutari 和 Brewster（2003）的调查数据显示，65%的被试者在回国前就收到外部工作机会，60%的被试者回任后也收到了外部工作机会。

通过对相关研究文献梳理后我们发现，大部分学者将感知机会视作员工离职意向产生的前因变量，探讨了员工感知机会与离职意向之间的作用，较少文献将员工感知机会作为情境因素来探讨员工态度或情感变量与离职意向之间的关系。Wheeler 等（2007）将员工感知机会作为调节变量探讨了员工工作态度对离职意向的影响，结果发现感知机会能够调节工作满意度与离职意向的关系。Wei 等（2013）研究了员工感知机会在上级主管管理方式与下级员工工作行为之间的调节效应，结果显示员工感知机会在上级辱虐管理与员工的反生产行为（退缩行为和盗窃行为）之间有显著调节作用。翁清雄和席酉民（2010）通过对中国 9 个城市 961 名企业员工的调查研究后发现，职业成长的三个维度对离职意向的关系都受到了感知机会的调节作用，当感知机会好时，职业成长可以更好地预测离职意向，而在感知机会差时，职业成长对离职的预测作用就会低一些，人们的离职意向也相对较低。

国际外派回任人员在感到组织不公平时，会产生一定程度的离职意向，而国际外派回任人员的离职意向又受到了感知机会的调节作用。如果感知机会比较高，那么国际外派回任人员就会增加其离职意向，因为离职后很可能获得好的就业机会，对自己更加有利，即高感知机会强化了组织公平感对其离职意向的负向作用；如果感知机会比较低，那么国际外派人员就会减少其离职意向，因为重新在组织外寻找一份好的工作比较困难，花费的成本也较高，风险也较大，即低感知机会弱化了组织公平感对其离职意向的负向作用。

因此，根据理论分析特提出如下假设：

假设 2：国际外派回任人员的感知机会对组织公平感与离职意向的关系有调节作用，并且在高感知机会的情形下，组织公平感作用于离职意向的负向效果将加强，在低感知机会的情形下，组织公平感作用于离职意向的负向效果将减弱。

三　国际外派回任人员逆境商的调节作用

薛峰等（2013）认为逆境商是可以培养的，一方面，开展逆境商理论教育，让他们了解逆境商的内容和概念，明白逆境商对个人成功的重要性，学习面对和处理逆境的技巧，培养其逆境商的自觉性和意识；另一方面，实践是最好的学习方式，开展逆境商实践活动，如各种心理游戏和竞技比赛，特别是逆境体验，其效果尤为明显，逆境实践增强他们面临逆境的控制能力和减少逆境带来的负面效果。国际外派人员被派往海外工作，海外的许多情境可能都不如在母国掌握得那么清楚，在陌生的环境下，国际外派人员极可能在海外经营管理的过程中遇到各种难以解决的问题。如因跨文化因素的影响导致沟通难度加大，不能令东道国员工信服从而更好地辅助其完成工作；与当地政府、与社区成员因文化习俗差异导致沟通出现问题，等等。这些困难和逆境正是国际外派人员锻炼和提高其逆境商的最佳情境，Seery 等（2010）通过一个跨时间段的纵向研究证实了适度的逆境可以培养人们的韧性，提高其应对压力情境的能力。

现有关于逆境商研究的文献大都是将逆境商作为前因变量来探讨逆境商对个体态度或者行为的影响（Dostie & Jayaraman，2009；Elizabeth，2007）。逆境商作为一种个体能力商数，经常与智商、情商对比研究（Woo & Song，2015），但是将逆境商看作情境变量探讨不同逆境商的员工各种情感变量、态度变量和行为变量之间关系的研究比较少。Bukhari 等（2011）认为逆境商可以在心理契约履行与情感承诺以及离职意向等结果变量之间起到一定的调节作用，但是他们并没有通过数据对其模型进行验证。Chin 和 Hung（2013）以中国台湾地区 553 名保险代理人为样本，证实了逆境商显著调节员工心理契约违背与离职意向之间的关系。

国际外派人员的回任是一个充满挑战的过程，Ren 等（2013）将回任看作一个充满压力的情境，回任前后的种种事件和情境都可能会使国际外派回任人员产生组织不公平感。C 方面分数高的国际外派回任人员，相信自己对组织的不公平有控制能力，相信自己能够改变不公平的现状；O 方面分数高的国际外派回任人员，更倾向于分析造成现有组织不公平的其他外在因素，即并非是由于自己能力不行，而是因为组织安排不当，同时也愿意承担属于自己的那部分责任，能够努力提升自己；R 方面分数高的国际外派回任人员，更倾向于将组织的不公平视为一件特殊事件，会抑制这种不公平在其生活、学习等其他领域蔓延，相信自己有能力处理好当前的问题；E 方面分数高的国际外派回任人员，更可能认为组织的这种不公平只是暂时的，由于组织临时没有安排好自己的职位或者薪酬等，不久后这种组织不公平就会消失，而且以后也不太可能再次出现。Liu 等（2012）的研究表明，员工将主管辱虐管理①归因于两种，一种认为主管的行为是对自己的伤害，另一种认为主管是在激励员工自己。所以，高逆境商的国际外派回任人员更可能视组织不公平为组织对自己的考验，自己能够控制，不久后就会得到改善，同时也不会对自己产生更大的影响，意向于留在组织，即在逆境商较高的情况下，组织公平感对离职意向的负向作用就没有那么强烈了。高逆境商弱化了组织公平感对离职意向的负向作用；相反，低逆境商的国际外派回任人员更倾向于认为组织的不公平是长久性的，自己很难改变，也会影响自己的生活质量，对自己影响较大，倾向于离开组织来寻求公平感的恢复，即在逆境商较低的情况下，组织公平感对离职意向的负向作用就会更加强烈，低逆境商数就强化了组织公平感对离职意向的负向作用。

因此，根据分析特提出如下假设：

假设 3：国际外派回任人员的逆境商对组织公平感与离职意向的关系有调节作用，并且在高逆境商的情形下，组织公平感作用于离职意向的负向效果将减弱，在低逆境商的情形下，组织公平感作用于离职意向的负向效果将加强。

经过对组织公平感、离职意向以及感知机会、逆境商相关文献的梳理

---

① Tepper, B. J., "Consequences of Abusive Supervision", *Academy of Management Journal*, Vol. 43, No. 2, 2000, pp. 178 – 190.

和评述，特提出如下综合概念模型（如图 8 - 2 所示）。

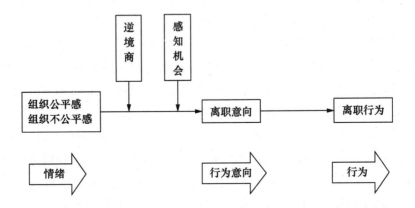

图 8 - 2　基于公平理论的国际外派回任人员离职行为过程概念模型

第三节　研究方法

一　问卷设计与调查

（一）量表

本章主要探讨国际外派回任人员组织公平感、离职意向以及与情境因素（感知机会和逆境商）之间的关系，基于文献分析和已有研究验证后较为成熟的量表为蓝本设计问卷。原始的英文问卷首先请英语专业研究生进行互译，访谈部分国际外派回任人员后酌情修改，数次修改以后形成最终的调查问卷。研究问卷共由五部分组成，第一部分到第四部分是关于国际外派回任人员组织公平感、离职意向、感知机会和逆境商四个方面的相关问题。其中，组织公平感通过四个维度进行考量，离职意向和感知机会均为一个维度考量，逆境商由四个方面进行描述。问卷调查的计分方式采用李克特 5 点尺度，用 1—5 分表示，"1 = 完全不同意，2 = 不同意，3 = 不清楚，4 = 同意，5 = 完全同意"。量表的具体内容参见附录部分。研究过程中涉及的测量量表分别有：

1. 组织公平感

组织公平感的研究由来已久，不同的学者根据自己研究的需要对组织公平感给出了不同的界定，同时也设计出不同的问卷。虽然研究的视角不同，但是他们都认为组织公平感是员工的一种内在体验（感受），这种感受是组织环境和员工对客观环境判断的综合结果。组织公平感的测量最具代表性的是 Colquitt 在 2001 年设计的问卷，他认为组织公平感是由程序、分配、人际和信息四个部分组成的，测量量表有 20 个题项。本研究借用该问卷，具体内容参见附录部分。

2. 离职意向

Mobley 等（1978）认为离职不仅仅是一个结果，更是一个过程，他们将离职过程分为若干个步骤，这个过程主要包括员工最开始对工作产生不满意感，然后产生离职的念头，再到转变对企业的印象，最后再寻找新的工作机会，并对新的工作机会进行分析、评估和判断，最终做出离开企业的行为。Mobley 等（1978）开发的离职意向量表很具有代表性，后来的学者对其进行了局部修正，不过还是以其为原型，保留了该量表主要的题项。如国内学者樊景立等（1998）在 Mobley 的基础上编制了 4 个题项的量表，其中 3 个为正向题项，1 个为反向题项，该量表经验证具有较高的信度。本章对离职意向的测量采用 Mobley 等（1978）设计的量表，该量表由 4 个题项组成。

3. 感知机会

感知机会含义在文献部分已做过梳理，本书选取的量表来自翁清熊（2009）研究中采用的量表，翁清熊结合 Rusbalt 和 Farell（1983）、McAllister（1995）、Hui 等（1999）和 Wheeler 等（2007）在研究中采用的量表，选取并修订了 4 个研究题项，数据分析结果显示该量表的信度非常好，具体量表如附录 7 所示。

4. 逆境商

刘礼维（2012）参考 Stoltz（1997）的逆境商反应量表共 40 题，分别由控制能力、责任归因、影响范围和持续时间四个因素来衡量个体的逆境商。控制能力部分的 Cronbach's α 信度为 0.849，责任归因部分的 Cronbach's α 信度为 0.732，影响范围部分的 Cronbach's α 信度为 0.831，持续时间部分的 Cronbach's α 信度为 0.790，整体量表的 Cronbach's α 信度为 0.920。逆境商反应量表的开发是希望能够形成统一的标准来测量人们的逆境商，采用自我评量的方式，Stoltz（1997）让约 7500 位来自全球不同年龄、种族、文化以及职业的人们填写此量表，经过分析显示该量表的确具有极高的信度，因此本书对于逆境商的测量采用刘礼维（2012）参考 Stoltz（1997）的逆境商反应量表，具体的量表信息参见附录部分。

（二）数据收集

本章的调查对象为中国跨国公司的国际外派回任人员，即中国跨国公司外派至海外子公司或者分公司、办事处工作 6 个月或者 6 个月以上后回到中国任职的中方员工。主要采用问卷调研的方法，将电子版的问卷以邮件和链接方式向中国跨国公司国际外派回任人员发放，请其填写相应的题项并回收有关数据。首先确定将要联系的目标人员名单，向其介绍本研究的目的，然后请他们协助联系符合本研究调查对象的相关人员，在与外派回任人员取得联系后先期介绍本研究目的并个别回答他们的提问，最后发放调查问卷。问卷调查时间从 2014 年 6 月开始，持续到 2015 年 1 月，最终共发放电子和纸质问卷合计 205 份，回收问卷 181 份，问卷的回收率为 88.3%，剔除无效问卷以后最终留下符合要求的问卷 170 份，有效问卷回收率为 83%。

二　数据分析

（一）样本信息

样本信息表明，中国的跨国公司更倾向于选择男性进行国际任职，占全体总数的 74.7%；未婚的员工更容易被选择作为国际外派人员，占 62.9%；国际外派回任人员的年龄方面比较年轻，其中小于 36 岁的占 83.5%；教育程度方面以本科和研究生为主，占 74.7%；国际外派次数多为 1 次或 2 次，各占 41.2%、30.6%；最近一次国际外派的东道国以亚洲国家最多，欧美国家次之；回任后的职位变动方面，50% 的国际外派回任人员的职位只是象征性地平级调动，得到晋升的仅占 38.8%（样本其他信息如表 8 - 1 所示）。

表 8 - 1　　　　　　　　　　　　　　样本信息

变量	类别	频数	所占比例（%）
性别	男	127	74.7
	女	43	25.3
婚姻状况	未婚	107	62.9
	已婚	63	37.1

续表

变量	类别	频数	所占比例（%）
年龄	25 岁以下	33	19.4
	25—35 岁	109	64.1
	36—50 岁	22	12.9
	50 岁以上	6	3.5
教育程度	专科及以下	43	25.3
	本科	56	32.9
	硕士及以上	71	41.8
外派次数	1 次	70	41.2
	2 次	52	30.6
	3 次	21	12.4
	3 次以上	27	15.9
最近一次外派东道国	亚洲国家	73	42.9
	非洲国家	27	15.9
	欧美国家	46	27.1
	其他国家	24	14.1
回任后职位变化	晋升	66	38.8
	平级调动	85	50.0
	职位下降	19	11.2

（二）信度检验

本书运用 SPSS17.0 统计软件进行信度分析，研究中主要使用 Cronbach's α 系数测量内部一致性，α 值越大，说明题项间的相关性越大，内部一致性也越高。采用的标准是：α 值高于 0.7，表示信度较高；α 值低于 0.35，表示信度较低；可接受的最低信度为 0.5（Devellis，2004）。

问卷各部分的 Cronbach's α 分别为：组织公平感量表的 α 系数为 0.928，程序公平感分量表的 Cronbach's α 系数为 0.854，分配公平感分量表的 α 系数为 0.925，人际公平感分量表的 α 系数为 0.924，信息公平感分量表的 α 系数为 0.946，离职意向量表的 α 系数为 0.912，感知机会量表的 α 系数为 0.917，逆境商整体量表的 α 系数为 0.975，逆境商控制能力部分分量表的 α 系数为 0.958，逆境商责任与归因部分分量表的 α 系数为 0.967，逆境商影响范围部分分量表的 α 系数为 0.960，逆境商持续时间部分分量表的 α 系数为 0.954，问卷整体的 α 系数为 0.944，因此，研究问卷的信度情况良好。

（三）效度检验

对量表的效度分析采取主成分分析的方法。为了判断数据是否适合进行主成分分析，在分析之前需要对其进行合适性检测，合适性检测方法包括 KMO 测量和 Bartlett's 球形检测两种方法。如果 KMO 值很大，说明题项间的共同因子较多，数据比较适合做主成分分析（吴明隆，2000）。一般而言，进行主成分分析的数据，KMO 值必须超过 0.6，如果 KMO 值比 0.5 还低，表示不适合对数据做主成分分析（George，2006）。另外，在做主成分分析时，球形检验结果的卡方值必须达到 p 值小于 0.05 的显著水平。

1. 组织公平感的效度检验

用主成分分析法对国际外派回任人员组织公平感问卷数据进行分析后结果表明，KMO = 0.888，大于 0.6，因此，适合做因子分析，而 Bartlett's 球形检验结果的 $\lambda^2 = 2736.629$，$df = 190$，$p < 0.001$，表明问卷数据适合做主成分分析。

接下来采用主成分分析法和方差最大正交旋转法对国际外派回任人员组织公平感量表进行探索性因子分析（如表 8 - 2 所示）。

表 8 - 2   组织公平感的探索性因子分析

题项	成分				公因子方差
	1	2	3	4	
OJ1		0.727			0.679
OJ2		0.677			0.584
OJ3		0.646			0.513
OJ4		0.615			0.462
OJ5		0.606			0.538
OJ6		0.596			0.545
OJ7		0.705			0.608
OJ8				0.894	0.878
OJ9				0.855	0.837
OJ10				0.850	0.836

续表

题项	成分				公因子方差
	1	2	3	4	
OJ11				0.786	0.733
OJ12		0.802			0.809
OJ13			0.836		0.827
OJ14			0.840		0.890
OJ15			0.778		0.709
OJ16	0.762				0.791
OJ17	0.849				0.856
OJ18	0.857				0.824
OJ19	0.868				0.862
OJ20	0.831				0.800
初始特征值	4.190	3.681	3.390	3.321	
解释的方差量（%）	20.950	18.404	16.948	16.603	
累计解释的方差量（%）	20.950	39.354	56.302	72.905	

表 8 - 2 显示了国际外派回任人员组织公平感的因子载荷结果。组织公平感的 20 个题项共得到 4 个因子，四个因子的特征根分别为 4.190、3.681、3.390 和 3.321，均大于 1。第一个因子占总方差的 20.950%，第二个因子占总方差的 18.404%，第三个因子占总方差的 16.948%，第四个因子占总方差的 16.603%，四个因子累计解释了总方差的 72.905%，说明这四个因子对总方差的解释力度较强。表 8 - 2 也显示了旋转因子的题项和因子载荷值，为了使数据更清晰，省略了小于 0.4 的载荷值。观测变量对因子的载荷均大于 0.6，证明各测试变量的结构效度较好，并且 OJ1、OJ2、OJ3、OJ4、OJ5、OJ6、OJ7 七个题项成为第二个因子，OJ8、OJ9、OJ10、OJ11 四个题项成为第四个因子，OJ12、OJ13、OJ14、OJ15 四个题项成为第三个因子，OJ16、OJ17、OJ18、OJ19、OJ20 五个题项成为第一个因子，这与量表中提出的维度相吻合。因此，组织公平感量表通过效度检验。

2. 离职意向的效度检验

采用主成分分析法对国际外派回任人员离职意向问卷数据进行分析。数据处理后表明，KMO = 0.846，大于 0.6，该数据适合做因子分析，而

Bartlett's 球形检验结果的 $\lambda^2 = 468.368$，$df = 6$，$p < 0.001$，表明问卷数据适合做主成分分析。

接下来采用主成分分析法和方差最大正交旋转法对国际外派回任人员离职意向量表进行探索性因子分析（如表 8 - 3 所示）。

表 8 - 3　　　　　　　　　离职意向的探索性因子分析

题项	成分	公因子方差
	1	
T1	0.900	0.809
T2	0.906	0.821
T3	0.913	0.834
T4	0.837	0.701
初始特征值	3.167	
解释的方差量（%）	79.163	
累计解释的方差量（%）	79.163	

表 8 - 3 显示了国际外派回任人员离职意向的因子载荷结果。离职意向的 4 个题项共得到 1 个因子，该因子的特征根为 3.167，大于 1，该因子占总方差的 79.163%，说明此因子对总方差的解释力度较强。表 8 - 3 显示了旋转因子的题项和因子载荷值，为了使数据更清晰，省略了小于 0.4 的载荷值。观测变量对因子的载荷均大于 0.7，说明各测试变量的结构效度较好，因此该量表通过效度检验。

3. 感知机会的效度检验

采用主成分分析法对外派回任人员感知机会问卷数据进行分析后的结果表明，KMO = 0.852，大于 0.6，该数据适合做因子分析，而 Bartlett's 球形检验结果的 $\lambda^2 = 488.488$，$df = 6$，$p < 0.001$，表明问卷数据适合做主成分分析。

接下来采用主成分分析法和方差最大正交旋转法对国际外派回任人员感知机会量表进行探索性因子分析（如表 8 - 4 所示）。

表8-4　　　　　　　　　感知机会的探索性因子分析

题项	成分	公因子方差
	1	
PO1	0.850	0.722
PO2	0.913	0.833
PO3	0.903	0.815
PO4	0.915	0.837
初始特征值	3.208	
解释的方差量（%）	80.192	
累计解释的方差量（%）	80.192	

表8-4显示了国际外派回任人员感知机会的因子载荷结果。感知机会的4个题项共得到1个因子，该因子的特征根为3.208，大于1，该因子占总方差的80.192%，说明该因子对总方差的解释力度较强。表8-4显示了旋转因子的题项和因子载荷值，为了使数据更清晰，省略了小于0.4的载荷值。观测变量对因子的载荷均大于0.9，说明各测试变量的结构效度较好，因此该量表通过效度检验。

4. 逆境商的效度检验

运用主成分分析法对国际外派回任人员逆境商问卷数据进行分析。由于逆境商量表的题项有40之多，样本量相对不足，为了避免样本量的影响，首先对数据进行打包处理（Chen、Lam & Zhong，2007）。分析结果显示，KMO = 0.908，大于0.6，说明这些数据可以用来做因子分析，而Bartlett's球形检验结果的 $\lambda^2 = 4944.323$，$df = 190$，$p < 0.001$，表明问卷数据适合做主成分分析。

采用主成分分析法和方差最大正交旋转法对国际外派回任人员逆境商量表进行探索性因子分析，国际外派回任人员逆境商的因子载荷结果如表8-6所示。逆境商的40个题项共产生了5个因子，这五个因子的特征根分别为8.077、7.515、7.282、7.185和1.052，均大于1。由于有C5和E1两个题项在两个成分上因子载荷均较高（见表8-5），因此需要对这两个题项进行剔除处理。

剔除C5和E1两个题项后再采用主成分分析法和方差最大正交旋转法对国际外派回任人员逆境商量表进行探索性因子分析，表8-6显示了国际外派回任人员逆境商的因子载荷结果。逆境商的 40 个题项产生了 4 个因子，这四个因子的特征根分别为 7.903、7.430、6.808 和 6.757，均大于 1。第一个因子占总方差的 20.797%，第二个因子占总方差的 19.552%，第三个因子占总方差的 17.916%，第四个因子占总方差的 17.782%，四个因子累计解释了总方差的 76.048%，说明这四个因子对总方差的解释力度较强。

表 8-5　　　　　　　逆境商问卷的第一次探索性因子分析

题项	成分					公因子方差
	1	2	3	4	5	
C1			0.702			0.733
C2			0.838			0.858
C3			0.767			0.845
C4			0.850			0.867
C5		0.399	0.546			0.617
C6			0.714			0.658
C7			0.646			0.602
C8			0.843			0.846
C9			0.880			0.895
C10			0.725			0.735
O1	0.674					0.722
O2	0.788					0.801
O3	0.874					0.839
O4	0.843					0.838
O5	0.822					0.802
O6	0.823					0.842
O7	0.847					0.828
O8	0.848					0.833
O9	0.808					0.774
O10	0.706					0.739
R1		0.803				0.830
R2		0.633				0.692
R3		0.830				0.793

续表

题项	成分					公因子方差
	1	2	3	4	5	
R4		0.855				0.806
R5		0.752				0.818
R6		0.682				0.719
R7		0.760				0.810
R8		0.855				0.782
R9		0.785				0.857
R10		0.770				0.812
E1	0.416			0.579		0.691
E2				0.698		0.635
E3				0.844		0.849
E4				0.825		0.851
E5				0.751		0.752
E6				0.811		0.758
E7				0.855		0.845
E8				0.740		0.750
E9				0.714		0.752
E10				0.609		0.635
初始特征值	8.077	7.515	7.282	7.185	1.052	
解释的方差量（%）	20.193	18.786	18.206	17.963	2.630	
累计解释的方差量（%）	20.193	38.980	57.186	75.148	77.778	

　　表8－6显示了旋转因子的题项和因子载荷值，为了使数据更清晰，省略了小于0.4的载荷值。观测变量对因子的载荷均大于0.6，说明各测试变量的结构效度较好，并且C1、C2、C3、C4、C6、C7、C8、C9、C10九个题项成为第三个因子，O1、O2、O3、O4、O5、O6、O7、O8、O9、O10十个题项成为第一个因子，R1、R2、R3、R4、R5、R6、R7、R8、R9、R10十个题项成为第二个因子，E2、E3、E4、E5、E6、E7、E8、E9、E10九个题项成为第四个因子。因此，逆境商量表通过效度检验。

表 8－6   逆境商问卷的第二次探索性因子分析

题项	成分				公因子方差
	1	2	3	4	
C1			0.693		0.690
C2			0.841		0.867
C3			0.764		0.827
C4			0.854		0.841
C6			0.694		0.634
C7			0.646		0.604
C8			0.847		0.845
C9			0.885		0.894
C10			0.707		0.713
O1	0.679				0.718
O2	0.795				0.749
O3	0.875				0.835
O4	0.841				0.813
O5	0.821				0.793
O6	0.829				0.781
O7	0.844				0.804
O8	0.845				0.816
O9	0.811				0.768
O10	0.704				0.720
R1		0.805			0.823
R2		0.646			0.620
R3		0.841			0.772
R4		0.856			0.798
R5		0.750			0.769
R6		0.685			0.712
R7		0.777			0.669
R8		0.860			0.786
R9		0.781			0.783
R10		0.774			0.809
E2				0.696	0.619

续表

题项	成分				公因子方差
	1	2	3	4	
E3				0.848	0.844
E4				0.824	0.825
E5				0.747	0.729
E6				0.818	0.734
E7				0.856	0.841
E8				0.736	0.747
E9				0.706	0.682
E10				0.612	0.626
初始特征值	7.903	7.430	6.808	6.757	
解释的方差量（%）	20.797	19.552	17.916	17.782	
累计解释的方差量（%）	20.797	40.349	58.266	76.048	

（四）相关性分析

由于数据收集采用问卷调查的方法，所有测量变量都在一份问卷中，因此，需要采用 Harman 提出的单因子分析方法来测试是否存在共同方法偏差。对所有测量变量的所有题项进行主成分分析，结果发现 9 个因子的特征值都大于 1，总的方差解释量为 77.228%，其中最大的一个因子的方差解释率为 14.273%，不存在单一的因子（如表 8 – 7 所示）。因此，调查所得数据有显著的共同方法偏差问题的机会很小（Podsakoff & Organ，1986）。

表 8 – 7   总方差解释量统计

因子	特征值	方差的（%）	累计（%）
1	9.705	14.273	14.273
2	8.936	13.141	27.414
3	8.375	12.315	39.729
4	8.162	12.003	51.732
5	5.003	7.357	59.090
6	4.044	5.947	65.037
7	3.767	5.539	70.576
8	3.246	4.773	75.349
9	1.277	1.879	77.228

相关分析常用来研究变量之间紧密联系的程度，通常可用系数 r [−1，1] 来衡量。相关系数 r 越接近 −1 时，变量间的负相关越强；相关系数 r 越接近 1 时，变量间的正相关越强。由最终的相关性分析结果可知，三个前因变量（组织公平感、感知机会、逆境商）均与结果变量存在显著相关关系：自变量组织公平感和组织公平感各维度均与结果变量离职意向在 0.01 显著性水平下负相关，组织公平感与离职意向的系数为 −0.699，程序公平感与离职意向的系数为 −0.790，分配公平感与离职意向的系数为 −0.726，人际公平感与离职意向的系数为 −0.303，信息公平感与离职意向的系数为 −0.277；调节变量感知机会与离职意向在 0.01 显著性水平下正相关，系数为 0.894，调节变量逆境商与离职意向在 0.01 显著性水平下负相关，系数为 −0.842。另外前因变量之间也存在显著相关性：组织公平感与感知机会在 0.01 显著性水平下负相关，系数为 −0.369，组织公平感与逆境商在 0.01 显著性水平下正相关，系数为 0.326，感知机会与逆境商在 0.01 显著性水平下负相关，系数为 −0.933。具体结果如表 8 − 8 所示。

表 8 − 8　　　　　　　各主要变量的均值、标准差和相关系数

变量	均值	标准差	1	2	3	4	5	6	7	8
组织公平感	3.00	0.78	1							
程序公平感	2.77	0.81	0.859**	1						
分配公平感	2.72	1.28	0.697**	0.618**	1					
人际公平感	3.39	1.04	0.742**	0.472**	0.254**	1				
信息公平感	3.24	1.07	0.769**	0.497**	0.227**	0.650**	1			
感知机会	3.29	1.15	−0.369**	−0.477**	−0.555**	−0.051	−0.003	1		
逆境商	3.38	0.75	0.326**	0.444**	0.549**	0.000	−0.042	−0.933**	1	
离职意向	3.23	1.11	−0.699**	−0.790**	−0.726**	−0.303**	−0.277**	0.894**	−0.842**	1

注：$*p < 0.05$，$**p < 0.01$，双侧检验。

（五）控制变量对主要变量的影响分析

在对研究假设进行检验以前，首先分析控制变量对各研究变量的影响。在此采用独立样本 T 检验和单因素方差分析的方法，分析各控制变量对主要变量的影响，并对有显著差异的影响因素进行多重比较分析。

1. 独立样本的 T 检验

（1）性别因素

性别因素的 T 检验分析结果见表 8 – 9 所示。性别在程序公平感、分配公平感、感知机会、逆境商和离职意向方面均有比较显著的差异，女性国际外派回任人员在程序公平感、分配公平感和逆境商方面显著高于男性，男性国际外派回任人员在感知机会和离职意向方面显著高于女性。

表 8 – 9　　　　　　　　控制变量性别独立样本的 T 检验

检验变量	t	Sig.	Gender 1 $M \pm SD$	Gender 2 $M \pm SD$
组织公平感	– 1. 382	0. 169	2. 95 ± 0. 76	3. 14 ± 0. 83
程序公平感	– 2. 431 *	0. 016	2. 69 ± 0. 78	3. 03 ± 0. 84
分配公平感	– 3. 130 **	0. 002	2. 54 ± 1. 28	3. 23 ± 1. 15
人际公平感	0. 604	0. 546	3. 41 ± 1. 04	3. 30 ± 1. 06
信息公平感	0. 961	0. 338	3. 29 ± 1. 06	3. 11 ± 1. 08
感知机会	2. 235 *	0. 027	3. 40 ± 1. 12	2. 95 ± 1. 18
逆境商	– 2. 145 *	0. 033	3. 31 ± 0. 76	3. 59 ± 0. 67
离职意向	2. 628 **	0. 009	3. 36 ± 1. 05	2. 85 ± 1. 21

注：* $p < 0.05$，** $p < 0.01$，双侧检验；Gender 1 代表性别为男（$n = 127$），Gender 2 代表性别为女（$n = 43$）。

（2）婚姻状况

对婚姻状况进行检验后得到的结果见表 8 – 10。由表中数据可知，婚姻状况在组织公平感、程序公平感、分配公平感、感知机会、逆境商和离职意向上均有比较显著的差异，已婚国际外派回任人员在组织公平感、程序公平感、分配公平感和逆境商方面显著高于未婚，未婚国际外派回任人员在感知机会和离职意向方面显著高于已婚。

表 8 – 10　　　　　　　　婚姻状况独立样本的 T 检验

检验变量	t	Sig.	Marriage 1 $M \pm SD$	Marriage 2 $M \pm SD$
组织公平感	– 2. 938 **	0. 004	2. 86 ± 0. 66	3. 24 ± 0. 91
程序公平感	– 3. 664 **	0. 000	2. 59 ± 0. 68	3. 08 ± 0. 91

检验变量	t	Sig.	Marriage 1 $M \pm SD$	Marriage 2 $M \pm SD$
分配公平感	−4.306 **	0.000	2.41 ± 1.21	3.24 ± 1.24
人际公平感	−1.105	0.271	3.32 ± 1.05	3.50 ± 1.02
信息公平感	−0.286	0.775	3.22 ± 1.03	3.27 ± 1.13
感知机会	3.921 **	0.000	3.55 ± 1.02	2.84 ± 1.22
逆境商	−3.732 **	0.000	3.23 ± 0.74	3.65 ± 0.68
离职意向	4.478 **	0.000	3.53 ± 0.94	2.73 ± 1.21

注: * $p < 0.05$, ** $p < 0.01$, 双侧检验; Marriage 1 代表婚姻状况为未婚 ($n = 107$), Marriage 2 代表婚姻状况为已婚 ($n = 63$)。

2. 单因素方差分析

(1) 年龄因素

将年龄分为 4 个阶段并使用单因素方差分析法分析不同年龄阶段的国际外派回任人员在组织公平感、程序公平感、分配公平感、人际公平感、信息公平感、离职意向、感知机会和逆境商方面的差异,详细结果见表 8 - 11。由表中数据可知,年龄除在人际公平感方面没有显著差异外,在其他主要变量方面均有显著差异。其中,年龄在信息公平感和逆境商方面达到 0.05 水平下的显著差异,在组织公平感、程序公平感、分配公平感、感知机会和离职意向方面达到 0.01 水平下的显著差异。

表 8 - 11　　　　　　　　　年龄的单因素方差分析结果

检验变量	F	Sig.	Age 1 $M \pm SD$	Age 2 $M \pm SD$	Age 3 $M \pm SD$	Age 4 $M \pm SD$
组织公平感	6.689 **	0.000	2.80 ± 0.75	2.92 ± 0.73	3.46 ± 0.77	3.86 ± 0.91
程序公平感	8.280 **	0.000	2.64 ± 0.73	2.65 ± 0.71	3.40 ± 0.91	3.50 ± 1.08
分配公平感	4.358 **	0.006	2.33 ± 1.16	2.65 ± 1.24	3.38 ± 1.31	3.67 ± 1.59
人际公平感	1.748	0.159	3.21 ± 1.10	3.35 ± 1.06	3.65 ± 0.72	4.08 ± 1.02
信息公平感	2.868 *	0.038	3.08 ± 1.04	3.18 ± 1.08	3.47 ± 1.01	4.33 ± 0.33
感知机会	5.386 **	0.001	3.52 ± 1.16	3.41 ± 0.98	2.50 ± 1.35	2.63 ± 1.89
逆境商	3.525 *	0.016	3.19 ± 0.83	3.35 ± 0.64	3.82 ± 0.82	3.50 ± 1.29
离职意向	7.695 **	0.000	3.48 ± 1.11	3.38 ± 0.93	2.34 ± 1.23	2.46 ± 1.99

注: * $p < 0.05$, ** $p < 0.01$, 双侧检验; Age 1 代表年龄为 25 岁以下 ($n = 33$), Age 2 代表年龄为 25—35 岁 ($n = 109$), Age 3 代表年龄为 36—50 岁 ($n = 22$), Age 4 代表年龄为 50 岁以上 ($n = 6$)。

（2）教育程度

将"教育程度"分为 3 个层次并使用单因素方差分析法分析不同教育程度的国际外派回任人员在组织公平感、程序公平感、分配公平感、人际公平感、信息公平感、离职意向、感知机会和逆境商方面的差异，详细结果如表 8 – 12 所示。由表中数据可知，控制变量"教育程度"在程序公平感、分配公平感、人际公平感、感知机会、逆境商以及离职意向六个方面均无显著差异，在组织公平感方面达到 0.05 水平下的显著差异，在信息公平感方面达到 0.01 水平下的显著差异。

表 8 – 12　　　　　　　　教育程度的单因素方差分析

检验变量	F	Sig.	Education 1 M ± SD	Education 2 M ± SD	Education 3 M ± SD
组织公平感	3.262 *	0.041	2.74 ± 0.92	3.10 ± 0.74	3.08 ± 0.70
程序公平感	0.859	0.426	2.63 ± 0.86	2.80 ± 0.77	2.83 ± 0.80
分配公平感	1.299	0.276	2.62 ± 1.24	2.94 ± 1.32	2.60 ± 1.27
人际公平感	1.955	0.145	3.13 ± 1.18	3.40 ± 0.99	3.53 ± 0.97
信息公平感	8.851 **	0.000	2.68 ± 1.16	3.39 ± 0.86	3.47 ± 1.05
感知机会	0.061	0.941	3.30 ± 1.22	3.25 ± 1.07	3.32 ± 1.18
逆境商	0.027	0.973	3.41 ± 0.75	3.38 ± 0.75	3.37 ± 0.75
离职意向	0.655	0.521	3.38 ± 1.17	3.13 ± 1.05	3.23 ± 1.14

注：* $p < 0.05$，** $p < 0.01$，双侧检验。Education 1 代表教育程度为专科及以下（$n = 43$），Education 2 代表教育程度为本科（$n = 56$），Education 3 代表教育程度为硕士及以上（$n = 71$）。

（3）国际外派次数

将国际外派次数分为"1 次"、"2 次"、"3 次"和"3 次以上"4 种情况，使用单因素方差分析法分析不同国际外派次数的国际外派回任人员在组织公平感、程序公平感、分配公平感、人际公平感、信息公平感、离职意向、感知机会和逆境商方面的差异，详细结果如表 8 – 13 所示。由表中数据可知，控制变量国际外派次数在组织公平感、程序公平感、分配公平感以及人际公平感四方面均无显著差异，在感知机会、逆境商以及离职意向三个方面均达到 0.05 水平下的显著差异。

表 8 – 13　　　　控制变量国际外派次数的单因素方差分析

检验变量	F	Sig.	Times 1 M ± SD	Times 2 M ± SD	Times 3 M ± SD	Times 4 M ± SD
组织公平感	1.700	0.169	3.05 ± 0.81	2.81 ± 0.75	3.07 ± 0.71	3.19 ± 0.80
程序公平感	1.980	0.119	2.77 ± 0.83	2.60 ± 0.71	2.81 ± 0.81	3.06 ± 0.87
分配公平感	1.092	0.354	2.74 ± 1.28	2.48 ± 1.28	2.96 ± 1.34	2.93 ± 1.25
人际公平感	1.448	0.231	3.44 ± 1.11	3.17 ± 0.99	3.38 ± 0.94	3.67 ± 0.99
信息公平感	0.740	0.530	3.37 ± 1.08	3.08 ± 1.10	3.28 ± 1.00	3.20 ± 1.03
感知机会	3.733*	0.012	3.46 ± 1.10	3.44 ± 1.13	3.14 ± 0.92	2.67 ± 1.29
逆境商	3.020*	0.031	3.29 ± 0.74	3.27 ± 0.80	3.54 ± 0.48	3.72 ± 0.74
离职意向	3.615*	0.015	3.30 ± 1.09	3.50 ± 1.11	3.11 ± 0.79	2.67 ± 1.23

注：$*p < 0.05$，$**p < 0.01$，双侧检验；Times 1 代表国际外派次数为 1 次（$n = 70$），Times 2 代表国际外派次数为 2 次（$n = 52$），Times 3 代表国际外派次数为 3 次（$n = 21$），Times 4 代表国际外派次数为 3 次以上（$n = 27$）。

（4）最近一次国际外派东道国

研究中将"最近一次国际外派东道国"分为"亚洲国家"、"非洲国家"、"欧美国家"和"其他国家"4 个类别，使用单因素方差分析法分析"最近一次国际外派东道国"不同的国际外派回任人员在组织公平感、程序公平感、分配公平感、人际公平感、信息公平感、离职意向、感知机会以及逆境商八个方面的差异，详细结果如表 8 – 14 所示。由表中数据可知，控制变量"最近一次东道国"在组织公平感、分配公平感、人际公平感、信息公平感以及逆境商五个方面均无显著差异，在程序公平感、感知机会和离职意向方面均达到 0.05 水平下的显著差异。

表 8 – 14　　　控制变量最近一次国际外派东道国的单因素方差分析

检验变量	F	Sig.	Country 1 M ± SD	Country 2 M ± SD	Country 3 M ± SD	Country 4 M ± SD
组织公平感	1.226	0.302	2.95 ± 0.58	2.86 ± 0.79	3.18 ± 0.85	2.99 ± 1.09
程序公平感	2.986*	0.033	2.60 ± 0.61	2.68 ± 0.82	3.01 ± 0.89	2.95 ± 1.02
分配公平感	1.318	0.270	2.58 ± 1.21	2.73 ± 1.37	3.02 ± 1.33	2.54 ± 1.29
人际公平感	1.244	0.296	3.32 ± 0.98	3.13 ± 0.81	3.57 ± 1.04	3.51 ± 1.38
信息公平感	1.717	0.165	3.43 ± 0.85	2.98 ± 1.04	3.23 ± 1.12	3.00 ± 1.49
感知机会	2.871*	0.038	3.55 ± 0.94	3.25 ± 1.27	3.11 ± 1.25	2.86 ± 1.26

续表

检验变量	F	Sig.	Country 1 M ± SD	Country 2 M ± SD	Country 3 M ± SD	Country 4 M ± SD
逆境商	1.562	0.201	3.27 ± 0.65	3.36 ± 0.95	3.47 ± 0.76	3.61 ± 0.72
离职意向	2.996*	0.032	3.47 ± 0.82	3.35 ± 1.19	2.97 ± 1.29	2.88 ± 1.28

注: $*p < 0.05$, $**p < 0.01$, 双侧检验; Country 1 代表最近一次国际外派东道国为亚洲国家 ($n = 73$), Country 2 代表最近一次国际外派东道国为非洲国家 ($n = 27$), Country 3 代表最近一次国际外派东道国为欧美国家 ($n = 46$), Country 4 代表最近一次国际外派东道国为其他国家 ($n = 24$)。

（5）回任后职位变化

本研究将回任后职位变化分为"晋升"、"平级调动"和"职位下降"3 个结果，使用单因素方差分析法分析回任后职位变化不同的国际外派回任人员在组织公平感、程序公平感、分配公平感、人际公平感、信息公平感、离职意向、感知机会和逆境商八个方面的差异，详细结果如表 8-15 所示。并且由表中数据可知，回任后职位变化在分配公平感、感知机会、逆境商和离职意向方面均无显著差异，在程序公平感方面达到 0.05 水平下的显著差异，在组织公平感、人际公平感和信息公平感方面均达到 0.01 水平下的显著差异。

表 8-15　　　　控制变量回任后职位变化的单因素方差分析

检验变量	F	Sig.	Change 1 M ± SD	Change 2 M ± SD	Change 3 M ± SD
组织公平感	6.232**	0.002	3.18 ± 0.70	2.97 ± 0.76	2.49 ± 0.91
程序公平感	3.462*	0.034	2.95 ± 0.87	2.71 ± 0.71	2.44 ± 0.88
分配公平感	0.127	0.881	2.66 ± 1.23	2.76 ± 1.33	2.70 ± 1.28
人际公平感	9.723**	0.000	3.67 ± 1.03	3.35 ± 0.95	2.54 ± 1.02
信息公平感	10.153**	0.000	3.54 ± 1.02	3.21 ± 0.99	2.36 ± 1.09
感知机会	1.504	0.225	3.16 ± 1.23	3.44 ± 1.03	3.07 ± 1.33
逆境商	1.267	0.284	3.45 ± 0.74	3.30 ± 0.74	3.54 ± 0.81
离职意向	1.555	0.214	3.05 ± 1.16	3.36 ± 1.05	3.34 ± 1.19

注: $*p < 0.05$, $**p < 0.01$, 双侧检验, Change 1 代表回任后职位变化为晋升 ($n = 66$), Change 2 代表回任后职位变化为平级调动 ($n = 85$), Change 3 代表回任后职位变化为职位下降 ($n = 19$)。

三 假设验证

（一）组织公平感与离职意向的关系

在此运用层次回归方法对假设 1 进行检验。以离职意向为结果变量，组织公平感为自变量进行层次回归分析，具体操作步骤为：第一步将控制变量（性别、婚姻状况、年龄、教育程度、国际外派次数、最近一次国际外派东道国、回任后职位变动）进入回归方程，第二步将自变量组织公平感进入回归方程，回归分析结果见表 8 - 16。由表中数据可知，国际外派回任人员组织公平感与离职意向之间存在显著的负向作用（$\beta = -0.677$，$p < 0.001$）。因此，假设 1 得到证实。

表 8 - 16　　　　　　　　　组织公平感与离职意向的回归分析结果

变量	第一步			第二步		
	β	t	Sig.	β	t	Sig.
控制变量						
性别	-0.178*	-2.355	0.020	-0.107	-1.922	0.056
婚姻状况	-0.173	-1.750	0.082	-0.116	-1.596	0.112
年龄	-0.109	-1.129	0.261	0.052	0.717	0.474
教育程度	-0.041	-0.517	0.606	0.008	0.138	0.890
国际外派次数	-0.089	-1.104	0.271	-0.152*	-2.570	0.011
国际外派国家	-0.115	-1.480	0.141	-0.102	-1.796	0.074
职位变化	0.088	1.143	0.255	-0.067	-1.158	0.249
自变量						
组织公平感				-0.677***	-11.839	0.000
R^2	0.181		0.000	0.562		0.000
ΔR^2	0.181		0.000	0.381		0.000
F	5.107		0.000	25.826		0.000

注：进入模型的均为标准化回归系数：$*p < 0.05$，$**p < 0.01$，$***p < 0.001$。

前面的效度分析已经证实组织公平感由四个维度组成，为进一步验证国际外派回任人员组织公平感对离职意向的影响，本研究对国际外派回任人员组织公平感各维度分别进行回归分析，分析结果分别如表 8 - 17、表 8 - 18、表 8 - 19、表 8 - 20 所示。并且由表 8 - 17 可知国际外派回任人员程序公平感对离职意向有显著负向影响（$\beta = -0.756$，$p < 0.001$）；由表

8 - 18可知国际外派回任人员分配公平感对离职意向有显著负向影响（$\beta = -0.692$，$p < 0.001$）；由表8 - 19可知国际外派回任人员人际公平感对离职意向有显著负向影响（$\beta = -0.261$，$p < 0.001$）；由表8 - 20可知国际外派回任人员信息公平感对离职意向有显著负向影响（$\beta = -0.308$，$p < 0.001$）。因此，进一步证实了假设1。

表8 -17　　　　　　　程序公平感与离职意向的回归分析结果

变量	第一步			第二步		
	β	t	Sig.	β	t	Sig.
控制变量						
性别	- 0.178 *	- 2.355	0.020	- 0.043	- 0.860	0.391
婚姻状况	- 0.173	- 1.750	0.082	- 0.109	- 1.676	0.096
年龄	- 0.109	- 1.129	0.261	0.032	0.492	0.624
教育程度	- 0.041	- 0.517	0.606	- 0.013	- 0.246	0.806
国际外派次数	- 0.089	- 1.104	0.271	- 0.103	- 1.959	0.052
国际外派国家	- 0.115	- 1.480	0.141	- 0.010	- 0.187	0.852
职位变化	0.088	1.143	0.255	- 0.058	- 1.118	0.265
自变量						
程序公平感				- 0.756 ***	- 14.689	0.000
R^2	0.181		0.000	0.650		0.000
ΔR^2	0.181		0.000	0.469		0.000
F	5.107		0.000	37.364		0.000

注：进入模型的均为标准化回归系数：$*p < 0.05$，$**p < 0.01$，$***p < 0.001$。

表8 -18　　　　　　　分配公平感与离职意向的回归分析结果

变量	第一步			第二步		
	β	t	Sig.	β	t	Sig.
控制变量						
性别	- 0.178 *	- 2.355	0.020	- 0.050	- 0.928	0.355
婚姻状况	- 0.173	- 1.750	0.082	- 0.028	- 0.389	0.698
年龄	- 0.109	- 1.129	0.261	- 0.002	- 0.033	0.974
教育程度	- 0.041	- 0.517	0.606	- 0.044	- 0.784	0.434
国际外派次数	- 0.089	- 1.104	0.271	- 0.092	- 1.612	0.109

续表

变量	第一步			第二步		
	β	t	Sig.	β	t	Sig.
国际外派国家	-0.115	-1.480	0.141	-0.157**	-2.853	0.005
职位变化	0.088	1.143	0.255	0.114*	2.072	0.040
自变量						
分配公平感				-0.692***	-12.673	0.000
R^2	0.181		0.000	0.590		0.000
ΔR^2	0.181		0.000	0.409		0.000
F	5.107		0.000	28.945		0.000

注：进入模型的均为标准化回归系数： $*p<0.05$ ， $**p<0.01$ ， $***p<0.001$ 。

表 8 - 19　　　　　　人际公平感与离职意向的回归分析结果

变量	第一步			第二步		
	β	t	Sig.	β	t	Sig.
控制变量						
性别	-0.178*	-2.355	0.020	-0.182**	-2.502	0.013
婚姻状况	-0.173	-1.750	0.082	-0.183	-1.913	0.058
年龄	-0.109	-1.129	0.261	-0.071	-0.752	0.453
教育程度	-0.041	-0.517	0.606	-0.031	-0.407	0.684
国际外派次数	-0.089	-1.104	0.271	-0.108	-1.383	0.169
国际外派国家	-0.115	-1.480	0.141	-0.086	-1.141	0.255
职位变化	0.088	1.143	0.255	0.011	0.135	0.893
自变量						
人际公平感				-0.261***	-3.558	0.000
R^2	0.181		0.000	0.240		0.000
ΔR^2	0.181		0.000	0.060		0.000
F	5.107		0.000	6.372		0.000

注：进入模型的均为标准化回归系数： $*p<0.05$ ， $**p<0.01$ ， $***p<0.001$ 。

表 8 - 20　　　　　　　　信息公平感与离职意向的回归分析结果

变量	第一步			第二步		
	β	t	Sig.	β	t	Sig.
控制变量						
性别	- 0.178 *	- 2.355	0.020	- 0.191 **	- 2.653	0.009
婚姻状况	- 0.173	- 1.750	0.082	- 0.178	- 1.882	0.062
年龄	- 0.109	- 1.129	0.261	- 0.037	- 0.388	0.699
教育程度	- 0.041	- 0.517	0.606	0.005	0.059	0.953
国际外派次数	- 0.089	- 1.104	0.271	- 0.148	- 1.894	0.060
国际外派国家	- 0.115	- 1.480	0.141	- 0.151 *	- 2.028	0.044
职位变化	0.088	1.143	0.255	0.005	0.059	0.953
自变量						
信息公平感				- 0.308 ***	- 4.055	0.000
R^2	0.181		0.000	0.257		0.000
ΔR^2	0.181		0.000	0.076		0.000
F	5.107		0.000	6.950		0.000

注：进入模型的均为标准化回归系数：* $p < 0.05$，** $p < 0.01$，*** $p < 0.001$。

（二）感知机会的调节作用分析

为了降低多重共线性的影响，在进行调节作用的数据分析之前，先将自变量与调节变量进行了中心化处理（Baron & Kenny，1986）。在层次回归分析中，主要分三步：第一步将控制变量（性别、婚姻状况、年龄、教育程度、国际外派次数、最近一次国际外派东道国、回任后职位变动）放入回归模型，第二步将自变量（组织公平感）和调节变量（感知机会和逆境商）放入回归模型，第三步将自变量与调节变量的交互项（组织公平感×感知机会、组织公平感×逆境商）放入回归模型。

数据分析表 8 - 21 显示了国际外派回任人员感知机会对组织公平感与离职意向关系的调节作用检验结果，结果表明国际外派回任人员感知机会对主效应的调节作用不显著（$\beta = - 0.060$，$p > 0.05$），但组织公平感对离职意向有显著负效应（$\beta = - 0.399$，$p < 0.001$），感知机会对离职意向存在显著的正效应（$\beta = 0.784$，$p < 0.001$）。因此，假设 2 没有通过验证。

表 8 – 21　　感知机会对组织公平感与离职意向关系的调节分析结果

变量	第一步			第二步			第三步		
	β	t	Sig.	β	t	Sig.	β	t	Sig.
控制变量									
性别	-0.178*	-2.355	0.020	-0.019	-1.123	0.263	-0.020	-1.192	0.235
婚姻状况	-0.173	-1.750	0.082	-0.039	-1.733	0.085	-0.037	-1.644	0.102
年龄	-0.109	-1.129	0.261	0.048	2.177	0.031	0.046*	2.065	0.041
教育程度	-0.041	-0.517	0.606	-0.001	-0.061	0.951	0.002	0.114	0.910
国际外派次数	-0.089	-1.104	0.271	-0.002	-0.112	0.911	-0.003	-0.185	0.854
国际外派国家	-0.115	-1.480	0.141	-0.020	-1.136	0.258	-0.023	-1.291	0.198
职位变化	0.088	1.143	0.255	-0.010	-0.544	0.587	-0.011	-0.642	0.522
自变量									
OJ				-0.435***	-23.589	0.000	-0.399***	-9.403	0.000
PO				0.726***	39.712	0.000	0.784***	12.339	0.000
交互项									
OJ × PO							-0.060	-0.954	0.342
R^2	0.181		0.000	0.957		0.000	0.957		0.342
ΔR^2	0.181		0.000	0.779		0.000	0.000		0.342
F	5.107		0.000	422.908		0.000	380.493		0.000

注: 进入模型的均为标准化回归系数: $*p < 0.05$, $**p < 0.01$, $***p < 0.001$。

　　为进一步探明国际外派回任人员感知机会对组织公平感与离职意向关系的调节作用不显著的原因, 现将国际外派回任人员组织公平感分维度分别检验感知机会的调节作用效果。由表 8 – 22 可知, 国际外派回任人员感知机会对程序公平感与离职意向的关系有显著负向调节作用($\beta = -0.266$, $p < 0.001$); 由表 8 – 23 可知, 国际外派回任人员感知机会对分配公平感与离职意向的关系的调节作用不显著 ($\beta = 0.117$, $p > 0.05$); 由表 8 – 24 可知, 国际外派回任人员感知机会对人际公平感与离职意向之间的关系存在显著正向调节效应 ($\beta = 0.382$, $p < 0.01$); 由表 8 – 25 可知, 国际外派回任人员感知机会对信息公平感与离职意向的关系有显著正向调节作用 ($\beta = 0.309$, $p < 0.01$)。因此, 假设 2 部分得到验证。

表 8 – 22　感知机会对程序公平感与离职意向关系的调节分析结果

变量	第一步			第二步			第三步		
	β	t	Sig.	β	t	Sig.	β	t	Sig.
控制变量									
性别	-0.178*	-2.355	0.020	0.012	0.839	0.403	0.007	0.533	0.595
婚姻状况	-0.173	-1.750	0.082	-0.042*	-2.269	0.025	-0.029	-1.787	0.076
年龄	-0.109	-1.129	0.261	0.029	1.603	0.111	0.012	0.732	0.465
教育程度	-0.041	-0.517	0.606	-0.015	-1.060	0.291	-0.009	-0.733	0.464
国际外派次数	-0.089	-1.104	0.271	0.021	1.387	0.167	0.022	1.621	0.107
国际外派国家	-0.115	-1.480	0.141	0.032*	2.216	0.028	0.022	1.709	0.089
职位变化	0.088	1.143	0.255	-0.001	-0.085	0.933	0.004	0.283	0.777
自变量									
POJ				-0.474***	-29.825	0.000	-0.290***	-9.577	0.000
PO				0.677***	43.289	0.000	0.958***	22.007	0.000
交互项									
POJ × PO							-0.266***	-6.820	0.000
R^2	0.181		0.000	0.972		0.000	0.979		0.000
ΔR^2	0.181		0.000	0.792		0.000	0.006		0.000
F	5.107		0.000	627.794		0.000	730.407		0.000

注：进入模型的均为标准化回归系数：$*p<0.05$，$**p<0.01$，$***p<0.001$。

表 8 – 23　感知机会对分配公平感与离职意向关系的调节分析结果

变量	第一步			第二步			第三步		
	β	t	Sig.	β	t	Sig.	β	t	Sig.
控制变量									
性别	-0.178*	-2.355	0.020	-0.008	-0.276	0.783	-0.007	-0.239	0.811
婚姻状况	-0.173	-1.750	0.082	-0.009	-0.239	0.811	-0.016	-0.423	0.673
年龄	-0.109	-1.129	0.261	-0.006	-0.168	0.867	0.006	0.161	0.872
教育程度	-0.041	-0.517	0.606	-0.034	-1.180	0.240	-0.039	-1.361	0.175
国际外派次数	-0.089	-1.104	0.271	0.032	1.046	0.297	0.031	1.042	0.299
国际外派国家	-0.115	-1.480	0.141	-0.052	-1.800	0.074	-0.048	-1.649	0.101
职位变化	0.088	1.143	0.255	0.103***	3.601	0.000	0.107***	3.745	0.000
自变量									
DOJ				-0.336***	-10.154	0.000	-0.465***	-5.154	0.000
PO				0.694***	20.914	0.000	0.601***	8.669	0.000
交互项									
DOJ × PO							0.117	1.536	0.127
R^2	0.181		0.000	0.890		0.000	0.892		0.127
ΔR^2	0.181		0.000	0.709		0.000	0.002		0.127

注：进入模型的均为标准化回归系数：$*p<0.05$，$**p<0.01$，$***p<0.001$。

表 8 - 24　　感知机会对人际公平感与离职意向关系的调节分析结果

变量	第一步			第二步			第三步		
	β	t	Sig.	β	t	Sig.	β	t	Sig.
控制变量									
性别	-0.178*	-2.355	0.020	-0.047	-1.574	0.117	-0.043	-1.479	0.141
婚姻状况	-0.173	-1.750	0.082	-0.066	-1.676	0.096	-0.077*	-2.001	0.047
年龄	-0.109	-1.129	0.261	-0.008	-0.221	0.826	0.011	0.288	0.773
教育程度	-0.041	-0.517	0.606	-0.021	-0.692	0.490	-0.036	-1.182	0.239
国际外派次数	-0.089	-1.104	0.271	0.045	1.396	0.165	0.054	1.702	0.091
国际外派国家	-0.115	-1.480	0.141	0.016	0.526	0.600	0.032	1.036	0.302
职位变化	0.088	1.143	0.255	0.016	0.512	0.609	0.026	0.836	0.404
自变量									
interOJ				-0.250***	-8.342	0.000	-0.491***	-6.128	0.000
PO				0.865***	28.379	0.000	0.579***	6.201	0.000
交互项									
interOJ × PO							0.382**	3.226	0.002
R^2	0.181		0.000	0.874		0.000	0.882		0.002
ΔR^2	0.181		0.000	0.693		0.000	0.008		0.002
F	5.107		0.000	123.447		0.000	118.674		0.000

注：进入模型的均为标准化回归系数：$*p < 0.05$，$**p < 0.01$，$***p < 0.001$。

表 8 - 25　　感知机会对信息公平感与离职意向关系的调节分析结果

变量	第一步			第二步			第三步		
	β	t	Sig.	β	t	Sig.	β	t	Sig.
控制变量									
性别	-0.178*	-2.355	0.020	-0.056	-1.952	0.053	-0.048	-1.692	0.093
婚姻状况	-0.173	-1.750	0.082	-0.062	-1.637	0.104	-0.055	-1.499	0.136
年龄	-0.109	-1.129	0.261	0.022	0.591	0.555	0.014	0.393	0.695
教育程度	-0.041	-0.517	0.606	0.011	0.374	0.709	-0.006	-0.204	0.839
国际外派次数	-0.089	-1.104	0.271	0.007	0.232	0.817	0.015	0.478	0.633
国际外派国家	-0.115	-1.480	0.141	-0.046	-1.541	0.125	-0.033	-1.142	0.255
职位变化	0.088	1.143	0.255	0.013	0.425	0.671	0.022	0.746	0.457
自变量									
inforOJ				-0.286***	-9.555	0.000	-0.469***	-6.874	0.000
PO				0.861***	29.564	0.000	0.641***	8.073	0.000
交互项									
inforOJ × PO							0.309**	2.966	0.003
R^2	0.181		0.000	0.885		0.000	0.891		0.003
ΔR^2	0.181		0.000	0.704		0.000	0.006		0.003

注：进入模型的均为标准化回归系数：$*p < 0.05$，$**p < 0.01$，$***p < 0.001$。

（三）逆境商的调节作用验证

同样用层次回归的分析方法检验逆境商对国际外派回任人员组织公平感与离职意向关系的调节效应。表8-26显示了国际外派回任人员逆境商对组织公平感与离职意向关系的调节作用检验结果，分析结果表明逆境商对国际外派回任人员组织公平感与离职意向之间关系存在显著负向的调节作用（$\beta = -0.495$，$p < 0.01$）。因此，假设3得到验证。

表8-26　　逆境商对组织公平感与离职意向关系的调节分析结果

变量	第一步			第二步			第三步		
	β	t	Sig.	β	t	Sig.	β	t	Sig.
控制变量									
性别	-0.178*	-2.355	0.020	-0.032	-1.301	0.195	-0.028	-1.165	0.246
婚姻状况	-0.173	-1.750	0.082	-0.021	-0.673	0.502	-0.028	-0.880	0.380
年龄	-0.109	-1.129	0.261	0.017	0.552	0.582	0.025	0.796	0.427
教育程度	-0.041	-0.517	0.606	0.007	0.268	0.789	-0.008	-0.315	0.753
国际外派次数	-0.089	-1.104	0.271	-0.017	-0.666	0.506	-0.009	-0.358	0.720
国际外派国家	-0.115	-1.480	0.141	-0.064*	-2.593	0.010	-0.055*	-2.228	0.027
职位变化	0.088	1.143	0.255	-0.007	-0.285	0.776	0.004	0.172	0.864
自变量									
OJ				-0.476***	-18.350	0.000	-0.126	-0.951	0.343
AQ				-0.666***	-26.398	0.000	-0.416***	-4.319	0.000
交互项									
OJ × AQ							-0.495**	-2.685	0.008
R^2	0.181		0.000	0.918		0.000	0.922		0.008
ΔR^2	0.181		0.000	0.737		0.000	0.004		0.008
F	5.107		0.000	199.609		0.000	187.340		0.000

注：进入模型的均为标准化回归系数：$*p < 0.05$，$**p < 0.01$，$***p < 0.001$。

与感知机会分析方法类似，同样对国际外派回任人员组织公平感分维度分别检验逆境商的调节作用效果。最终得到分析结果见表8-27、表8-28、表8-29和表8-30。由表8-27可知国际外派回任人员逆境商对程序公平感与离职意向的关系的调节作用不显著（$\beta = -0.337$，$p > 0.05$）；由表8-28可知国际外派回任人员逆境商对分配公平感与离职意

向的关系存在非常显著的调节作用（$\beta = -1.160$，$p < 0.001$）；由表 8 -
29 可知国际外派回任人员逆境商对人际公平感与离职意向的关系有显著负
向调节作用（$\beta = -0.400$，$p < 0.05$）；由表 8 -30 可知国际外派回任人员逆
境商对信息公平感与离职意向的关系有显著负向调节作用（$\beta = -0.380$，
$p < 0.05$）。因此，假设 3 进一步得到验证。

表 8 -27　　　逆境商对程序公平感与离职意向关系的调节分析结果

变量	第一步			第二步			第三步		
	β	t	Sig.	β	t	Sig.	β	t	Sig.
控制变量									
性别	-0.178*	-2.355	0.020	0.001	0.045	0.964	0.003	0.123	0.903
婚姻状况	-0.173	-1.750	0.082	-0.028	-0.923	0.358	-0.033	-1.109	0.269
年龄	-0.109	-1.129	0.261	-0.002	-0.075	0.940	0.007	0.227	0.821
教育程度	-0.041	-0.517	0.606	-0.010	-0.411	0.682	-0.013	-0.570	0.570
国际外派次数	-0.089	-1.104	0.271	0.008	0.305	0.761	0.008	0.342	0.733
国际外派国家	-0.115	-1.480	0.141	-0.006	-0.238	0.812	-0.002	-0.075	0.940
职位变化	0.088	1.143	0.255	0.003	0.112	0.911	0.003	0.118	0.906
自变量									
POJ				-0.510***	-19.806	0.000	-0.265	-1.970	0.051
AQ				-0.609***	-24.525	0.000	-0.467***	-5.763	0.000
交互项									
POJ × AQ							-0.337	-1.847	0.067
R^2	0.181		0.000	0.926		0.000	0.928		0.067
ΔR^2	0.181		0.000	0.746		0.000	0.002		0.067
F	5.107		0.000	223.921		0.000	204.908		0.000

注：进入模型的均为标准化回归系数：$*p < 0.05$，$**p < 0.01$，$***p < 0.001$。

表 8 -28　　　逆境商对分配公平感与离职意向关系的调节分析结果

变量	第一步			第二步			第三步		
	β	t	Sig.	β	t	Sig.	β	t	Sig.
控制变量									
性别	-0.178*	-2.355	0.020	-0.020	-0.574	0.567	-0.016	-0.492	0.623
婚姻状况	-0.173	-1.750	0.082	0.009	0.191	0.849	-0.022	-0.527	0.599
年龄	-0.109	-1.129	0.261	-0.039	-0.884	0.378	0.010	0.235	0.814

续表

变量	第一步			第二步			第三步		
	β	t	Sig.	β	t	Sig.	β	t	Sig.
教育程度	-0.041	-0.517	0.606	-0.030	-0.851	0.396	-0.050	-1.527	0.129
国际外派次数	-0.089	-1.104	0.271	0.016	0.441	0.660	0.026	0.747	0.456
国际外派国家	-0.115	-1.480	0.141	-0.099**	-2.815	0.005	-0.080*	-2.438	0.016
职位变化	0.088	1.143	0.255	0.115**	3.293	0.001	0.134***	4.125	0.000
自变量									
DOJ				-0.375***	-9.305	0.000	0.562**	3.101	0.002
AQ				-0.613***	-15.438	0.000	-0.299***	-4.287	0.000
交互项									
DOJ×AQ							-1.160***	-5.284	0.000
R^2	0.181		0.000	0.835		0.000	0.860		0.000
ΔR^2	0.181		0.000	0.654		0.000	0.025		0.000
F	5.107		0.000	90.140		0.000	97.569		0.000

注：进入模型的均为标准化回归系数：$*p<0.05$，$**p<0.01$，$***p<0.001$。

表 8-29　逆境商对人际公平感与离职意向关系的调节分析结果

变量	第一步			第二步			第三步		
	β	t	Sig.	β	t	Sig.	β	t	Sig.
控制变量									
性别	-0.178*	-2.355	0.020	-0.065	-1.805	0.073	-0.064	-1.784	0.076
婚姻状况	-0.173	-1.750	0.082	-0.048	-1.010	0.314	-0.055	-1.170	0.244
年龄	-0.109	-1.129	0.261	-0.051	-1.105	0.271	-0.039	-0.838	0.403
教育程度	-0.041	-0.517	0.606	-0.014	-0.377	0.707	-0.029	-0.770	0.442
国际外派次数	-0.089	-1.104	0.271	0.032	0.814	0.417	0.038	0.988	0.325
国际外派国家	-0.115	-1.480	0.141	-0.033	-0.876	0.382	-0.023	-0.629	0.530
职位变化	0.088	1.143	0.255	0.021	0.541	0.589	0.028	0.747	0.456
自变量									
interOJ				-0.283***	-7.829	0.000	0.032	0.206	0.837
AQ				-0.809***	-22.405	0.000	-0.576***	-4.915	0.000
交互项									
interOJ×AQ							-0.400*	-2.086	0.039
R^2	0.181		0.000	0.816		0.000	0.821		0.039
ΔR^2	0.181		0.000	0.636		0.000	0.005		0.039

注：进入模型的均为标准化回归系数：$*p<0.05$，$**p<0.01$，$***p<0.001$。

表 8 – 30　　　　逆境商对信息公平感与离职意向关系的调节分析结果

变量	第一步			第二步			第三步		
	β	t	Sig.	β	t	Sig.	β	t	Sig.
控制变量									
性别	-0.178*	-2.355	0.020	-0.075*	-2.166	0.032	-0.070*	-2.055	0.042
婚姻状况	-0.173	-1.750	0.082	-0.043	-0.937	0.350	-0.035	-0.778	0.438
年龄	-0.109	-1.129	0.261	-0.015	-0.345	0.730	-0.027	-0.598	0.551
教育程度	-0.041	-0.517	0.606	0.023	0.651	0.516	0.009	0.236	0.814
国际外派次数	-0.089	-1.104	0.271	-0.011	-0.298	0.766	-0.003	-0.069	0.945
国际外派国家	-0.115	-1.480	0.141	-0.103**	-2.890	0.004	-0.098**	-2.776	0.006
职位变化	0.088	1.143	0.255	0.016	0.433	0.665	0.027	0.755	0.452
自变量									
inforOJ				-0.328***	-9.084	0.000	-0.005	-0.034	0.973
AQ				-0.809***	-23.453	0.000	-0.595***	-5.995	0.000
交互项									
inforOJ × AQ							-0.380*	-2.289	0.023
R^2	0.181		0.000	0.833		0.000	0.828		0.023
ΔR^2	0.181		0.000	0.652		0.000	0.005		0.023

注：进入模型的均为标准化回归系数：$*p < 0.05$，$**p < 0.01$，$***p < 0.001$。

第四节　研究结果与管理启示

一　研究结果

（一）研究结论

通过理论分析提出了研究假设模型，以中国跨国公司国际外派回任人员为研究对象，通过深度访谈和问卷调查等实证研究方法对假设模型进行了检验，得到了如下主要结论：

（1）国际外派回任人员组织公平感由四个部分组成，这四个部分分别是程序、分配、人际和信息。

（2）国际外派回任人员组织公平感对离职意向有显著负向作用，组织公平感各维度对国际外派回任人员离职意向影响程度由大到小依次为：程序、分配、信息、人际。

（3）国际外派回任人员感知机会对组织公平感与离职意向之间关系的调节效应不显著。但是国际外派回任人员感知机会对程序公平与离职意向之间关系有显著负向调节作用，国际外派回任人员感知机会对分配公平与离职意向之间关系调节作用不显著，国际外派回任人员感知机会对人际公平与离职意向之间关系有显著正向调节作用，国际外派回任人员感知机会对信息公平与离职意向之间关系有显著正向调节作用。

（4）逆境商对组织公平感与离职意向之间关系有显著负向调节作用，其中国际外派回任人员逆境商对程序公平与离职意向之间关系的调节作用不显著，国际外派回任人员逆境商对分配公平与离职意向之间关系有显著负向调节作用，国际外派回任人员逆境商对人际公平与离职意向之间关系有显著负向调节作用，国际外派回任人员逆境商对信息公平与离职意向之间关系有显著负向调节作用。

（二）主要贡献

一般员工的组织公平感与离职意向之间的关系的研究基本上已达成共识，但是关于对国际外派人员而言他们之间关系的内在机理还不是太清楚。另外，那些受到公司同样安置，拥有同样组织公平感的国际外派回任人员，在现实中的离职意向也不尽相同。为什么存在同样组织公平感的国际外派回任人员离职意向有很大区别？这也是关于国际外派回任人员离职研究的焦点问题。本章所构建的理论模型就是立足于国际外派回任人员，首先运用公平理论解释了国际外派回任人员离职行为产生的原因，然后在此基础上做出了国际外派回任人员感知机会和逆境商对组织公平感与离职意向关系具有调节作用的推论，最后运用调查数据对理论模型进行验证。主要贡献有：①运用公平理论解释了国际外派回任人员离职背后的原因，提出了一个基于公平理论的国际外派回任人员离职的概念模型，从理论上阐释了国际外派回任人员组织公平感与离职意向之间的内在机理，并用数据验证了部分假设。②以往关于感知机会的研究更多关注于宏观因素（劳动力供求状况或经济形势等）对其的影响，这里更加关注的是国际外派回任人员自身能力的提升这一微观因素，他们经过海外经历的洗礼后人力资本和社会资本更加雄厚。因此，本章根据研究结果所阐述的管理对策具有一定的借鉴意义。

二　管理启示

研究变量中，组织公平感、离职意向、感知机会和逆境商的平均得分分别为 3.00、3.23、3.29 和 3.38。从变量的得分均值可以看出，中国跨国公司国际外派回任人员的逆境商方面得分最高，感知机会方面的得分也较高，这主要是因为国际外派回任人员工作任务的特殊性，导致其个人人力资本的增值，较高的离职意愿也与现实中中国际外派回任人员较高的离职率较吻合。意外的是组织公平感各维度表现的差异较大，其中程序和分配方面低于中位值，人际和信息方面高于中位值，最终导致的结果是总的组织公平感处于中等水平。而且回归分析的结果验证了假设 1，即国际外派回任人员组织公平感对离职意向的作用，组织公平感各维度的探讨结果也与之前学者的研究结果相一致。但是假设 2 和假设 3 只有部分假设得到验证，主要是因为组织公平感的各维度呈现两极分化的现象导致，值得注意的是当感知机会作为调节变量时，组织公平感各维度的负向作用与感知机会的正向作用存在此消彼长的趋势，结果表现为分维度的调节效应有正有负从而整体的调节效应并不显著。

根据研究结论能够为中国跨国公司的管理实践提供如下启示：

第一，要重视国际外派回任人员的程序公平感。国际外派回任人员将程序公平感作为其最高层次的需求，说明他们比较看重领导对自己工作评估的公平感知以及自己是否有机会在评估考核中表达自己的看法。国际外派回任人员通过国外工作，自己的能力得到较大的提升，回国后希望自己学到的技能能够迅速运用到实际工作中，同时希望自己的工作能够得到领导的肯定，具有较高的成就动机，因此比较关注于程序公平。组织在对员工进行考核时要关注国际外派回任人员的程序公平感，提供给他们充分与其他员工公平竞争的机会，同时给予其申诉的权利和途径，鼓励他们对不公平的决策进行申诉。第二，不能忽视国际外派回任人员的分配公平感、人际公平感和信息公平感，特别是分配公平感。分配公平感作为排在第二位的因素，说明他们还是有非常强烈的物质层面的需求。这可能与中国传统的文化有关，在中国传统文化里，不同的阶层或者等级拥有不同水平的物质基础。物质的奖励不仅能够满足人最基本的需求，更为重要的是它代表着一定程度的成功与获得资格，代表组织或领导对自己的一种肯定。跨国公司在制定薪酬标准时要运用科学的方法，保证薪酬的公平感，既要在不同的岗位表现为一定的差别与弹性，又要使制定的标准能够充分反映员工的工作能力和对公司的贡献程度。第三，跨国公司需要对国际外派回任人员进行全面评估，充分了解回任人员的态度、能力等。定期或者不定期组织座谈会，与国际外派回任人员进行深层次的交流与沟通，了解他们的工作情况并对他们的工作业绩给予肯定，了解他们思想上的最新动态，对有负面情绪的国际外派回任人员进行思想辅导。运用科学的方法对国际外派回任人员进行评估，将其安排在合适的岗位上，充分发挥他们的潜能，给予他们一个广阔的平台，让他们在为公司做出贡献的同时实现自己的价值。

三　研究局限与进一步研究方向

（一）研究局限

虽然研究过程中得到了一些有意义的结论，但仍然不可避免地存在局限性，这些局限性主要包括：第一，调查对象和样本的局限。由于调研及数据资料的获取比较困难，研究调查取样的行业有待进一步扩大。由于研究对象缺乏细化，不能更深入研究变量的内在关系。在未来的研究中可以考虑对国际外派回任人员按照类别进行细化，比如按行业、国际外派任务等进行分类研究。如设定某些特定行业的国际外派回任人员，例如 IT 行业、咨询服务业、制造业等考虑行业的国际外派差异；也可以考虑不同国际外派任务的国际外派回任人员组织公平感与离职意向的研究。第二，本章没有严格区分低组织公平感与组织不公平感。因为组织公平感按照量的划分，有高组织公平感、低组织公平感；按照质的划分，有组织公平感和组织不公平感（龙立荣、刘亚，2004）。低组织公平感与组织不公平感的影响力差异以及是否需要重新界定组织不公平感这一构念还需要进一步澄清。因此，未来的研究需要对国际外派回任人员组织公平感进行进一步详细的界定和区分。

（二）进一步研究方向

未来的研究至少可以从以下两个方面进行更深层次的探讨。一方面，更加清晰地描述国际外派回任人员组织公平感与离职意向的作用机理，揭示他们之间关系的"黑箱"。国际外派回任人员的组织公平感作为一种情绪变量，对国际外派回任人员的态度和行为意向有重要影响。未来可以从工作满意度或者组织承诺等角度出发，构建一个三因素逻辑关系链条，进一步揭示国际外派回任人员组织公平感与离职意向之间的内在逻辑关系，也可以对比研究工作满意度和组织承诺对国际外派回任人员组织公平感与离职意向关系的中介作用的大小。另一方面，进一步明确组织因素、环境因素等宏观情境因素对国际外派回任人员组织公平感与离职意向关系的调节作用。除了个体感知、个体特质等个体因素之外，组织因素（如组织人力资源实践、组织支持、组织特征等）与环境因素（如家人支持、宏观经济形势、文化等）也可能是影响员工离职效应的重要因素，在不同的组织和环境条件的影响下，员工组织公平感对离职意向可能会产生不同的作用效果，而且国际外派人员在回任过程中受到组织因素（如回任前的沟通、回任后的培训等）和环境因素（文化再适应、家人的支持等）的影响更为直接和明显。因此，后续相关研究应该运用社会学、经济学与心理学等相关知识与研究方法，深入探究如何针对不同的组织、环境制定不同的措施来减少组织公平感对离职意向的影响。

附录 1　Questionnaire

Before you answer the questions below, please read the instructions carefully: this questionnaire is divided into 6 parts. All your answers are ONLY used for the research purpose, and all the information you offer in the answer sheet will be strictly confidential. Sincerely thank you for your kind cooperation and your valuable time.

Part 1　Basic information about you and your company

① Country of primary citizenship: _____

② Gender: (1) male _____　　(2) female _____

③ Your native language: _____

④ Job title: _____

⑤ Functional area in which you work (e. g. Engineering, human resource, information system, marketing, operations, etc.): _____

⑥ Number of years with your current employer: _____

⑦ Country in which your current employer is based: _____

⑧ Industry in which your current employer competes: _____

⑨ Number of years you have worked in your current industry: _____

Part 2　Questions regarding your most recent assignment abroad

(1) Length of assignment abroad: _____ years and months

(2) Location of assignment: (city and country) _____

(3) Language spoken in the work environment: _____

(4) If you were required to speak in a language other than your native language, rate your ability in that language at each stage of your experience. (Please answer parts a – c, and 1 = poor, 2 = not good, 3 = satisfactory, 4 = relatively good, 5 = excellent)

a. Your language ability prior to being notified of assignment _____

(1   2   3   4   5)

b. Your language ability after any language training prior to relocation _____

(1   2   3   4   5)

c. Your language ability upon completion of assignment _____

(1   2   3   4   5)

Part 3   Personal information at time of assignment abroad

(1) Your age: _____

1) <25   2) 25—32   3) 33—40   4) 41—49   5) 50—55 6) >55

(2) Marital status: _____

1) single 2) married 3) separated 4) divorced

(3) Number of children: _____

(0 1 2 3 4 5 >5)

(4) Your education level (check highest level achieved): _____

1) PhD 2) master degree 3) bachelor degree 4) below postgraduate degree

(5) Your major: _____

(6) Did your assignment abroad include a promotion to a higher – ranking position? _____

1) yes 2) no

(7) Did your level of responsibility increase (e. g. did you make higher level decisions or have greater influence over strategic issues) during your assignment abroad? _____

1) yes 2) no

(8) Did you have any difficulty in finding a suitable position within your company upon completion of your assignment abroad? _____

1) yes 2) no

(9) Did your reassignment to your home country include a promotion to a higher – ranking position? _____

1) yes 2) no

(10) Did your level of responsibility increase (did you make higher level

decisions or have greater influence over strategic issues)　＿＿＿＿＿＿

1）yes　2）no

(11) Rate your overall satisfaction with assignment abroad:　＿＿＿＿＿＿

Unacceptable　　　　　satisfactory　　　　　excellent

(1　　　　　2　　　　　3　　　　　4　　　　　5)

(12) Rate your satisfaction with relocation to your home country:　＿＿＿＿＿

Unacceptable　　　　　satisfactory　　　　　excellent

(1　　　　　2　　　　　3　　　　　4　　　　　5)

Part 4　Organizational behaviors prior to assignment

Read the questions below and please choose the most suitable answer. (1 = very inconsistent; 2 = inconsistent; 3 = not sure; 4 = line; 5 = very much in line)

(1) The organizations provide systematic language training before the assignments ＿＿＿＿＿＿

(1　　　　　2　　　　　3　　　　　4　　　　　5)

(2) The organizations provide systematic skills training before the assignments ＿＿＿＿＿＿

(1　　　　　2　　　　　3　　　　　4　　　　　5)

(3) Organizations provide systematic cross – culture counseling before assignments ＿＿＿＿＿＿

(1　　　　　2　　　　　3　　　　　4　　　　　5)

(4) Organizations provide training and counseling accordingly to the spouse of the expatriates before assignments ＿＿＿＿＿＿

(1　　　　　2　　　　　3　　　　　4　　　　　5)

(5) Organizations think through and carefully select the expatriates' assignments ＿＿＿＿＿＿

(1　　　　　2　　　　　3　　　　　4　　　　　5)

Part 5　Questions about expatriate job satisfaction

Read the questions below and please choose the most suitable answer. (1 = very inconsistent; 2 = inconsistent; 3 = not sure; 4 = line; 5 = very much in line)

(1) I feel satisfied on the colleague relationship after assignments ＿＿＿＿＿

(1　　　　　2　　　　　3　　　　　4　　　　　5)

(2) I feel satisfied on the communication between parental company and I

after assignments _____

(1   2   3   4   5)

(3) I feel satisfied on the progress of my overall career goal after assignments _____

(1   2   3   4   5)

(4) I feel satisfied on the progress of my salary _____

(1   2   3   4   5)

(5) I feel satisfied on the progress of promotion after assignments _____

(1   2   3   4   5)

(6) I feel satisfied on the progress of acquiring new career ability after assignments _____

(1   2   3   4   5)

Part 6 Summary questions regarding your expatriation/repatriation experience

5 most positive attributes of your assignment abroad:

(1)

(2)

(3)

(4)

(5)

5 most negative attributes of your assignment abroad:

(1)

(2)

(3)

(4)

(5)

附录2　Z公司外派人员绩效 考核制度问卷调查

Part A：您的基本情况

A01：您的性别：（　　　）

A. 男　　　　　　　　B. 女

A02：您的婚姻状况：（　　　）

A. 未婚（包括离异）　B. 已婚

A03：您的年龄：（　　　）

A. 25 岁以下　　　　　B. 25—35 岁

C. 35—50 岁　　　　　D. 50 岁以上

A04：您的教育程度：（　　　）

A. 专科及以下　　　B. 本科　　　　C. 硕士　　　　D. 博士及以上

A05：您所接受的外派任务次数是：（　　　）

A. 1 次　　　　　　B. 2 次　　　　C. 3 次　　　　D. 3 次以上

A06：您最近一次外派任务的持续时间为：（　　　）

A. 半年以内　　　　B. 1 年以内　　C. 1—2 年　　D. 2—3 年

E. 3 年以上

A07：您是否在 2012 年年底之前和 2013 年均有外派任务：（　　　）

A. 是　　　　　　　B. 否

如果您第 A07 个问题答案选择 B，下面问题均可不用回答，感谢您的参与和配合！

如果您第 A07 个问题答案选择 A，请您继续回答下面的问题。

Part B：请依据于您 2012 年年底之前外派任务的绩效考核情况回答下面问题。

B01：您在 2012 年年底前最近三次外派任务的外派东道国、外派时间段和任职情况是：

1）国家：　　　　　　；外派时间段：　　年　月至　　年　月；担任职位：　　　　　。

2）国家：　　　　　　；外派时间段：　　年　月至　　年　月；担任职位：　　　　　。

3）国家：　　　　　　；外派时间段：　　年　月至　　年　月；担任职位：　　　　　。

B02：您在外派任务现场是否对您有绩效考核：

A. 有　　　　　　　　　B. 无

B03：您所隶属的资源部门是否对您有绩效考核：

A. 有　　　　　　　　　B. 无

B04：绩效考核能真实反映您在外派现场的工作业绩：

A. 非常同意　　　　　B. 同意　　　　C. 基本同意　　D. 不同意

E. 非常不同意

B05：绩效考核能促进您提高工作效率，加快项目进度，降低人力成本：

A. 非常同意　　　　　B. 同意　　　　C. 基本同意　　D. 不同意

E. 非常不同意

B06：绩效考核能促进您所属的资源部门提高外派人员质量：

A. 非常同意　　　　　B. 同意　　　　C. 基本同意　　D. 不同意

E. 非常不同意

B07：绩效考核能促进您提高工作质量，赢得客户满意度：

A. 非常同意　　　　　B. 同意　　　　C. 基本同意　　D. 不同意

E. 非常不同意

B08：绩效考核结果能对您提高工作业绩有帮助：

A. 非常同意　　　　　B. 同意　　　　C. 基本同意　　D. 不同意

E. 非常不同意

B09：就绩效考核能及时与您沟通并制订绩效提升计划：

A. 非常同意　　　　　B. 同意　　　　C. 基本同意　　D. 不同意

E. 非常不同意

Part C：请依据于您 2013 年内外派任务的绩效考核情况回答下面问题。

C01：您在 2013 年内最近三次外派任务的外派东道国、外派时间段和任职情况是：

1）国家：　　　　　　　　；外派时间段：　　年　月至　　年　月；
担任职位：　　　　　。

2）国家：　　　　　　　　；外派时间段：　　年　月至　　年　月；
担任职位：　　　　　。

3）国家：　　　　　　　　；外派时间段：　　年　月至　　年　月；
担任职位：　　　　　。

C02：您在外派任务现场是否对您有绩效考核：

A. 有　　　　　　　　B. 无

C03：您所隶属的资源部门是否对您有绩效考核：

A. 有　　　　　　　　B. 无

C04：绩效考核能真实反映您在外派现场的工作业绩：

A. 非常同意　　　　B. 同意　　　　C. 基本同意　　D. 不同意

E. 非常不同意

C05：绩效考核能促进您提高工作效率，加快项目进度，降低人力
成本：

A. 非常同意　　　　B. 同意　　　　C. 基本同意　　D. 不同意

E. 非常不同意

C06：绩效考核能促进您所属的资源部门提高外派人员质量：

A. 非常同意　　　　B. 同意　　　　C. 基本同意　　D. 不同意

E. 非常不同意

C07：绩效考核能促进您提高工作质量，赢得客户满意度：

A. 非常同意　　　　B. 同意　　　　C. 基本同意　　D. 不同意

E. 非常不同意

C08：绩效考核结果能对您提高工作业绩有帮助：

A. 非常同意　　　　B. 同意　　　　C. 基本同意　　D. 不同意

E. 非常不同意

C09：就绩效考核能及时与您沟通并制定绩效提升计划：

A. 非常同意　　　　B. 同意　　　　C. 基本同意　　D. 不同意

E. 非常不同意

附录3 绩效面谈表

绩效面谈表

员工 ID 号		员工姓名		考核负责人	
一级机构		二级机构		三级机构	
职 位		职 称		面谈地点	
初步考核结果		考核期		年 月 日—— 年 月 日	
绩效评估沟通栏					
员工工作职责简述及对考核结果的意见:					
成功事例(3 例,请简要描述。根据 KPI 目标和影响按优先次序排列):					
待改进事例(3 例,请简要描述):					
绩效改进计划:					
沟通双方签字栏					
被考核人		考核人			
日 期		日 期			
备注:此处签名仅代表对绩效面谈内容的确认,不代表对考核结果的认可。					

附录 4　绩效改进计划表

绩效改进计划表

ID 号		一级机构		二级机构		三级机构	
姓　名		职　位		职　称		考核负责人	
最终考核 等　级		计划制定 日　期			计划制定 地　点		
绩效改进沟通栏							
绩效不佳主要表现：（如工作积极性不高）							
努力方向：（如提高业务水平）							
改进方案：（如培训计划）							
被考核者签字：　　　　　　　　　　　考核者签字：							
里程碑（改进过程中的具体事件或工作成果）							
日期	具体事件或工作成果				备注		
改进效果（计划绩效改进期末填写）							
部门管理干部评价：				员工自我评价：			
员　工：　　　　日期：			考核负责人：　　　日期：				

附录5 核心自我评价、组织支持感与 外派回任工作满意度关系研究 调查问卷

1. 您的性别：_____

A. 男　　　　　　　　B. 女

2. 您的婚姻状况：_____

A. 未婚（包括离异）　B. 已婚

3. 您的年龄：_____

A. 25 岁以下　　　　B. 25—35 岁　　C. 35—50 岁　　D. 50 岁以上

4. 您的教育程度：_____

A. 专科及以下　　　　B. 本科　　　　C. 硕士　　　　D. 博士及以上

5. 您所接受的外派任务次数是：_____

A. 1 次　　　　　　　B. 2 次　　　　C. 3 次　　　　D. 3 次以上

6. 您最近一次外派的东道国是：_____

A. 亚洲国家　　　　　B. 非洲国家　　C. 欧美国家　　D. 其他国家

7. 与外派期间职位相比较，您认为外派回国后，您的职位变动是：_____

A. 晋升　　　　　　　B. 平级调动　　C. 职位下调

以下是有关您工作的一些描述，请根据实际情况，在最后一列中用数字标注您的选择。数字代表的含义分别为：1 = 非常不同意；2 = 不同意；3 = 不确定；4 = 同意；5 = 非常同意。

	非常不同意	不同意	不确定	同意	非常同意	请标注选项
POS1 单位会努力提高我的经济待遇	1	2	3	4	5	
POS2 单位为我提供了良好的津贴和福利	1	2	3	4	5	

续表

	非常 不同意	不同 意	不确 定	同 意	非常 同意	请标注 选项
POS3 单位为我提供了较高的工资收入	1	2	3	4	5	
POS4 回国后，我对单位提供的福利很满意	1	2	3	4	5	
POS5 单位为我的职业发展做出决定时会考虑我的职业目标	1	2	3	4	5	
POS6 我能够在单位内部获得职业发展机会	1	2	3	4	5	
POS7 我认为单位非常关心我的职业发展	1	2	3	4	5	
POS8 单位非常关心我的家庭生活和幸福	1	2	3	4	5	
POS9 单位为我的家人提供帮助来适应回国后的环境	1	2	3	4	5	
POS10 单位为我提供了很多快速适应环境的机会	1	2	3	4	5	
POS11 当我遇到生活中的困难时，单位会为我提供帮助	1	2	3	4	5	
CSE1 我相信我可以取得人生应有的成就	1	2	3	4	5	
CSE2 有时我会感到情绪低落	1	2	3	4	5	
CSE3 只要努力，我通常都会成功	1	2	3	4	5	
CSE4 有时失败时，我感到自己很没用	1	2	3	4	5	
CSE5 我能成功完成任务	1	2	3	4	5	
CSE6 有时，我感觉自己无法胜任工作	1	2	3	4	5	
CSE7 总的来说，我对自己感到满意	1	2	3	4	5	
CSE8 我对自己的能力感到怀疑	1	2	3	4	5	
CSE9 我能决定自己生活中将要发生的事情	1	2	3	4	5	
CSE10 我对自己事业能否成功没有把握	1	2	3	4	5	
CSE11 我有能力处理自己遇到的大多数问题	1	2	3	4	5	
CSE12 有时我会觉得事情很糟糕很无望	1	2	3	4	5	
S1 我对目前所从事的工作的性质感到满意	1	2	3	4	5	
S2 我对我的上司（直接领导或公司总部）感到满意	1	2	3	4	5	
S3 我对我与同事（下属、平级）的关系感到满意	1	2	3	4	5	
S4 与我的付出相比，我对我目前的薪酬感到满意	1	2	3	4	5	
S5 我对目前工作的晋升机会感到满意	1	2	3	4	5	
S6 总体而言，我对目前的工作感到满意	1	2	3	4	5	

附录6 国际外派回任人员资质过高感知、组织支持感与离职意向调查问卷

1. 您的性别：_____

   A. 男   B. 女

2. 您的婚姻状况：_____

   A. 未婚（包括离异） B. 已婚

3. 您的年龄：_____

   A. 25 岁以下   B. 25—35 岁   C. 35—50 岁   D. 50 岁以上

4. 您的教育程度：_____

   A. 专科及以下   B. 本科   C. 硕士   D. 博士及以上

5. 您所接受的外派任务次数是：_____

   A. 1 次   B. 2 次   C. 3 次   D. 3 次以上

6. 您最近一次外派的东道国是：_____

   A. 亚洲国家   B. 非洲国家   C. 欧美国家   D. 其他国家

7. 与外派期间职位相比较，您认为外派回国后，您的职位变动是：_____

   A. 晋升   B. 平级调动   C. 职位下调

以下是有关您工作的一些描述，请根据实际情况，在最后一列中用数字标注您的选择。数字代表的含义分别为：1 = 非常不同意；2 = 不同意；3 = 不确定；4 = 同意；5 = 非常同意。

	非常不同意	不同意	不确定	同意	非常同意	请标注选项
POQ1 我的学历水平高于任职工作所要求的学历	1	2	3	4	5	
POQ2 我的工作经验在当前的工作中得不到充分施展	1	2	3	4	5	
POQ3 我的工作技能与当前工作所需求的不匹配	1	2	3	4	5	
POQ4 教育程度比我低的人也能胜任我现在的工作	1	2	3	4	5	

续表

	非常 不同意	不同 意	不确 定	同 意	非常 同意	请标注 选项
POQ5 我之前接受的培训未能在现有工作上充分利用	1	2	3	4	5	
POQ6 我所拥有的丰富知识，并非是目前的工作所需的	1	2	3	4	5	
POQ7 我的教育水平高于我所从事工作的教育需求	1	2	3	4	5	
POQ8 不如我工作经验丰富的人也能胜任我的工作	1	2	3	4	5	
POQ9 我有超出工作需要的能力	1	2	3	4	5	
POS1 单位会努力提高我的经济待遇	1	2	3	4	5	
POS2 单位为我提供了良好的津贴和福利	1	2	3	4	5	
POS3 单位为我提供了较高的工资收入	1	2	3	4	5	
POS4 回国后，我对单位提供的福利很满意	1	2	3	4	5	
POS5 单位为我的职业发展做出决定时会考虑我的职业目标	1	2	3	4	5	
POS6 我能够在单位内部获得职业发展机会	1	2	3	4	5	
POS7 我认为单位非常关心我的职业发展	1	2	3	4	5	
POS8 单位非常关心我的家庭生活和幸福	1	2	3	4	5	
POS9 单位为我的家人提供帮助来适应回国后的环境	1	2	3	4	5	
POS10 单位为我提供了很多快速适应环境的机会	1	2	3	4	5	
POS11 当我遇到生活中的困难时，单位会为我提供帮助	1	2	3	4	5	
S1 我对目前所从事的工作的性质感到满意	1	2	3	4	5	
S2 我对我的上司（直接领导或公司总部）感到满意	1	2	3	4	5	
S3 我对我与同事（下属、平级）的关系感到满意	1	2	3	4	5	
S4 与我的付出相比，我对我目前的薪酬感到满意	1	2	3	4	5	
S5 我对目前工作的晋升机会感到满意	1	2	3	4	5	
S6 总体而言，我对目前的工作感到满意	1	2	3	4	5	
RI1 我目前没想过换工作	1	2	3	4	5	
RI2 我打算长期在现在的单位工作	1	2	3	4	5	

附录7　国际外派回任人员组织公平感与离职意向研究问卷

个人基本信息

1. 您的性别：_____

A. 男　　　　　　　　　B. 女

2. 您的婚姻状况：_____

A. 未婚（含离异）　　B. 已婚

3. 您的年龄：_____

A. 25 岁以下　　　　B. 25—35 岁　　　C. 35—50 岁　　　D. 50 岁以上

4. 您的教育程度：_____

A. 专科及以下　　　　B. 本科　　　　　C. 研究生及以上

5. 您所接受的国际外派任务次数是：_____

A. 1 次　　　　　　　B. 2 次　　　　　C. 3 次　　　　　D. 3 次以上

6. 您最近一次国际外派的东道国是：

A. 亚洲国家　　　　　B. 非洲国家　　　C. 欧美国家　　　D. 其他国家

7. 与国际外派期间职位相比较，您认为国际外派回国后，您的职位变动是：_____

A. 晋升　　　　　　　B. 平级调动　　　C. 职位下调

以下是有关您工作的一些描述，请根据实际情况，选择一项最符合您的。（在相应的序号/数字上打"√"，1 = 非常不同意；2 = 比较不同意；3 = 不确定；4 = 比较同意；5 = 非常同意）

	非常不同意	比较不同意	不确定	比较同意	非常同意
OJ1 当领导制定与我的工作有关的决策时，我可以发表自己的看法和感受	1	2	3	4	5
OJ2 当领导制定与我的工作有关的决策时，我对决策结果有影响力	1	2	3	4	5

续表

	非常 不同意	比较 不同意	不确 定	比较 同意	非常 同意
OJ3 我可以对领导制定的工作决策提出质疑和申诉	1	2	3	4	5
OJ4 领导制定工作决策所依据的信息是准确的	1	2	3	4	5
OJ5 领导制定的工作决策符合伦理道德标准	1	2	3	4	5
OJ6 在我们单位，制度的实施会保持连贯性	1	2	3	4	5
OJ7 在我们单位，制度的实施不会因人而异	1	2	3	4	5
OJ8 我的薪酬反映了我在工作中的努力程度	1	2	3	4	5
OJ9 我的薪酬反映了我对单位的贡献	1	2	3	4	5
OJ10 就我的工作量和责任而言，我所得的报酬是合理的	1	2	3	4	5
OJ11 就我的工作表现而言，我所得到的报酬是合理的	1	2	3	4	5
OJ12 单位领导能够有礼貌地对待我	1	2	3	4	5
OJ13 领导能够考虑到我的尊严	1	2	3	4	5
OJ14 单位领导尊重我	1	2	3	4	5
OJ15 领导没有对我做出不恰当的评论	1	2	3	4	5
OJ16 领导能够坦诚地与我进行沟通	1	2	3	4	5
OJ17 领导详尽解释了与我的工作有关的决定	1	2	3	4	5
OJ18 领导对工作决定的解释是合理的	1	2	3	4	5
OJ19 对工作决定中的细节问题，领导能够及时与我交流	1	2	3	4	5
OJ20 领导会根据个人的特定需求与员工进行交流	1	2	3	4	5
TI1 我经常有辞职的想法	1	2	3	4	5
TI2 在不久的将来，我将离开目前这家企业	1	2	3	4	5
TI3 我不打算长期待在这个企业	1	2	3	4	5
TI4 对我来说，在这个企业没有发展前途	1	2	3	4	5
PO1 离开这个单位重新找一份这样的工作对我来说并不难	1	2	3	4	5
PO2 我觉得自己在组织外部的发展机会很多	1	2	3	4	5
PO3 以我目前的技能和条件，重新找一份自己满意的工作很容易	1	2	3	4	5
PO4 离开目前这个单位，我有很多可选择的其他工作机会	1	2	3	4	5

当您遇到下列情境时，请依照您的反应程度不同在 1 到 5 的数字间选出一个符合您的数字。

1. 同事不易接受您的想法

Q1A. 我的同事对我的想法不易接受的原因是我：

无法掌控	1	2	3	4	5	可完全掌控

Q1B. 我的同事对我的想法不易接受，与何者有关：

我的因素	1	2	3	4	5	是其他人或因素造成的

续表

	非常 不同意	比较 不同意	不确 定	比较 同意	非常 同意	
2. 会议中大家对您的报告毫无反应						
Q2A. 大家对我的报告毫无反应的原因，影响所及：						
我生活的各层面	1	2	3	4	5	仅于此事件
Q2B. 大家对我的报告毫无反应的原因，将会：						
总是存在着	1	2	3	4	5	仅止于此不会再发生
3. 当您和您所爱的人隔阂越来越深						
Q3A. 我们隔阂越来越深的原因，影响所及：						
我生活的各层面	1	2	3	4	5	仅于此事件
Q3B. 我们隔阂越来越深的原因，将会：						
总是存在着	1	2	3	4	5	仅止于此不会再发生
4. 您和您的伴侣（对您意义非凡的人）起了激烈争执						
Q4A. 我们激烈争执的原因是我：						
无法掌控	1	2	3	4	5	可完全掌控
Q4B. 我们激烈争执的结果，我觉得：						
不必负任何责任	1	2	3	4	5	我得负完全责任
5. 您被要求调职才能保住工作						
Q5A. 我被要求调职的原因，影响所及：						
我生活的各层面	1	2	3	4	5	仅于此事件
Q5B. 我被要求调职的原因，将会：						
总是存在着	1	2	3	4	5	仅止于此不会再发生
6. 您很重视的朋友在您生日当天没有来电						
Q6A. 我的朋友没有来电的原因是我：						
无法掌控	1	2	3	4	5	可完全掌控
Q6B. 我的朋友没有来电，与何者有关：						
我的因素	1	2	3	4	5	是其他人或因素造成的
7. 亲密的朋友得了重病						
Q7A. 我亲密的朋友得了重病的原因是我：						
无法掌控	1	2	3	4	5	可完全掌控
Q7B. 这件事的结果我觉得，我：						
不必负任何责任	1	2	3	4	5	我得负完全责任

续表

	非常 不同意	比较 不同意	不确 定	比较 同意	非常 同意	
8. 您被拒绝参与一项重要的任务						
Q8A. 我被拒绝参与这项任务的原因，影响所及：						
我生活的各层面	1	2	3	4	5	仅于此事件
Q8B. 我被拒绝参与这项任务的原因，将会：						
总是存在着	1	2	3	4	5	仅止于此不会再发生
9. 当您遭受到所重视的同事批评您						
Q9A. 我受到批评的原因，影响所及：						
我生活的各层面	1	2	3	4	5	尽于此事件
Q9B. 我受到批评的原因，将会：						
总是存在着	1	2	3	4	5	仅止于此不会再发生
10. 您最亲爱的人被诊断罹患癌症						
Q10A. 我最亲爱的人罹癌的原因，影响所及：						
我生活的各层面	1	2	3	4	5	仅于此事件
Q10B. 我最亲爱的人罹癌的原因，将会：						
总是存在着	1	2	3	4	5	仅止于此不会再发生
11. 您最近的投资策略失败						
Q11A. 我策略失败的原因，影响所及：						
我生活的各层面	1	2	3	4	5	仅于此事件
Q11B. 我策略失败的原因，将会：						
总是存在着	1	2	3	4	5	仅止于此不会再发生
12. 您错过了班机						
Q12A. 我错过了班机的原因是我：						
无法掌控	1	2	3	4	5	可完全掌控
Q12B. 我错过班机的原因，与何者有关：						
我的因素	1	2	3	4	5	是其他人或因素造成的
13. 您负责的工作失败了						
Q13A. 负责的工作失败的原因是我：						
无法掌控	1	2	3	4	5	可完全掌控
Q13B. 这件事的结果我觉得：						
不必负任何责任	1	2	3	4	5	我得负完全责任

	非常 不同意	比较 不同意	不确 定	比较 同意	非常 同意
14. 您的老板要您减薪三成来保住您的工作					
Q14A. 我被要求减薪的原因是我:					
无法掌控	1	2	3	4	5	可完全掌控
Q14B. 我被要求减薪的原因,与何者有关:					
我的因素	1	2	3	4	5	是其他人或因素造成的
15. 当您开车赴约的途中车子抛锚了					
Q15A. 我的车子抛锚,这原因影响所及:					
我生活的各层面	1	2	3	4	5	仅于此事件
Q15B. 我的车子抛锚,这原因将会:					
总是存在着	1	2	3	4	5	仅止于此不会再发生
16. 您的医师来电告知,您的胆固醇过高					
Q16A. 我的胆固醇过高,这原因的影响所及:					
我生活的各层面	1	2	3	4	5	仅于此事件
Q16B. 我的胆固醇过高,这原因将会:					
总是存在着	1	2	3	4	5	仅止于此不会再发生
17. 您打了好几通电话给朋友,但都没有回电					
Q17A. 我的朋友没回电话,这原因的影响所及:					
我生活的各层面	1	2	3	4	5	仅于此事件
Q17B. 我的朋友没回电话,这原因将会:					
总是存在着	1	2	3	4	5	仅止于此不会再发生
18. 健康检查时,医师警告您要注意健康					
Q18A. 医师警告我,这原因是我:					
无法掌控	1	2	3	4	5	可完全掌控
Q18B. 这件事的结果我觉得:					
不必负任何责任	1	2	3	4	5	我得负完全责任
19. 您的工作评价不被肯定					
Q19A. 我遭受这种评价,这原因是我:					
无法掌控	1	2	3	4	5	可完全掌控
Q19B. 这件事的结果我觉得:					
不必负任何责任	1	2	3	4	5	我得负完全责任
20. 您没有获得期盼已久的升职					
Q20A. 我没有获得升职,这原因是我:					
无法掌控	1	2	3	4	5	可完全掌控
Q20B. 我没有获得升职的原因,与何者有关:					
我的因素	1	2	3	4	5	是其他人或因素造成的

参考文献

［1］彼得·德鲁克：《管理实践》，毛忠明译，上海译文出版社 1999 年版。

［2］彼德·J. 道林、丹尼斯·E. 韦尔奇：《跨国公司人力资源管理》，赵曙明译，中国人民大学出版社 2001 年版。

［3］曹礼平、李元旭：《外派人员理论研究综述及研究展望》，《江西社会科学参考文献学》2008 年第 10 期。

［4］陈芳：《管理者价值观、组织公民行为及员工留任的关系研究》，硕士学位论文，浙江大学，2005 年。

［5］陈佳贵：《以人为本的管理艺术》，广东经济出版社 2000 年版。

［6］陈霞、段兴民：《外派人员的绩效评估》，《科学学与科学技术管理》2001 年第 10 期。

［7］陈志霞：《知识员工组织支持感对工作绩效和离职意向的影响》，博士学位论文，华中科技大学，2006 年。

［8］陈志霞、廖建桥：《组织支持感及其前因变量和结果变量研究进展》，《人类工效学》2006 年第 1 期。

［9］德维利斯：《量表编制：理论与应用》，魏勇刚等译，重庆大学出版社 2010 年第 2 版。

［10］邓羊格：《如何管理外派经理》，《中外管理》2005 年第 5 期。

［11］杜建政、张翔、赵燕：《核心自我评价的结构验证及其量表修订》，《心理研究》2012 年第 3 期。

［12］杜映梅：《绩效管理》，对外经济贸易大学出版社 2003 年版 。

［13］高世葵、雷涯邻、王立娜、吕婧：《跨国企业外派人员回任失败成因及应对策略》，《中国人力资源开发》2012 年第 4 期。

［14］何会涛、彭纪生：《基于员工—组织关系视角的人力资源管理实践、组织支持与知识共享问题探讨》，《外国经济与管理》2008 年第

12 期。

[15] 何晓群、刘文卿：《应用回归分析》，中国人民大学出版社 2001
　　　年版。

[16] 黄春生：《工作满意度、组织承诺与离职意向相关研究》，博士学位
　　　论文，厦门大学，2004 年。

[17] 黄桂：《强调奉献的企业为何不能如愿以偿——基于国企组织与员
　　　工交换关系的思考》，《管理世界》2010 年第 11 期。

[18] 胡燕：《组织文化认同、工作满意度和离职意向的相关研究》，硕士
　　　学位论文，西南大学，2010 年。

[19] 江山：《驻港澳国有企业员工的外派议员与工作满意度关系研究》，
　　　硕士学位论文，华南理工大学，2010 年。

[20] 姜秀珍：《中国跨国企业国际外派人员回任管理》，华东理工大学出
　　　版社 2011 年版。

[21] 姜秀珍：《国际外派回任：跨国企业全球领导力与组织创新之重
　　　构》，上海社会科学院出版社 2013 年版。

[22] 姜秀珍、金思宇、包伟琴、宛雅婧：《外派人员回任意愿影响因素
　　　分析——来自中国跨国经营企业的证据》，《管理学报》2011 年第
　　　10 期。

[23] 靳娟：《我国知识失业的成因与对策分析》，《人口与经济》2006 年
　　　第 5 期。

[24] 柯孔县：《薪酬公正、组织支持感对核心员工留任的影响研究》，硕
　　　士学位论文，浙江大学，2007 年。

[25] 李宏、李宏艳：《跨国公司对外派经理的管理战略》，《北京工商大
　　　学学报》（社会科学版）2005 年第 6 期。

[26] 李华、张湄：《跨国公司专业化管理的核心环节》，《国际经济合
　　　作》2004 年第 12 期。

[27] 李锡元、李雯雯：《职业经理人的人格特质与工作满意度的相关关
　　　系研究》，《中大管理研究》2009 年第 2 期。

[28] 李向民、邱立成、王自锋：《企业外派员工的回任调整研究》，《中
　　　国人力资源开发》2008 年第 1 期。

[29] 李晔、龙立荣、刘亚：《组织公正感研究进展》，《心理科学进展》
　　　2003 年第 1 期。

[30] 林金龙：《派遣员工工作满意度影响因素及与工作绩效关系研究》，硕士学位论文，厦门大学，2007年。

[31] 林涛：《XR公司部门绩效管理体系的设计》，硕士学位论文，西南财经大学，2001年。

[32] 凌玲：《员工培训对组织承诺、离职意向的影响机理研究：以可雇用性为中介变量》，博士学位论文，西南财经大学，2012年。

[33] 凌文铨、杨海军、方俐洛：《企业员工的组织支持感》，《心理学报》2006年第2期。

[34] 刘朝、夏妮、马超群：《变革型领导风格对员工工作满意度影响的实证研究——以组织公平为中介变量》，《湖南大学学报》（社会科学版）2013年第2期。

[35] 刘京梅：《中国背景下员工工作满意度与组织承诺及离职意向的相关研究》，硕士学位论文，北京科技大学，2008年。

[36] 刘礼维：《男女大不同？——以性别角色讨论逆境商数、工作压力、人格特质与工作绩效之相关研究》，硕士学位论文，台湾南华大学，2012年。

[37] 刘宁超：《组织支持感对知识型员工离职意向和留任意愿的影响研究》，硕士学位论文，山东理工大学，2011年。

[38] 刘瑞瑞：《员工资质过高感知的内容结构及其相关研究》，硕士学位论文，河南大学，2011年。

[39] 龙立荣：《职业生涯管理的结构及其关系研究》，华中师范大学出版社2002年版。

[40] 龙立荣、刘亚：《组织不公正及其效果研究述评》，《心理科学进展》2004年第4期。

[41] 罗帆、郭剑：《跨国公司外派人员绩效的多层次模糊综合评价》，《价值工程》2009年第8期。

[42] 孟祥菊：《员工组织支持感与工作满意度、离职意向关系研究——行业重组视角》，《工业技术经济》2010年第5期。

[43] 苗明杰、袁安照：《管理重组》，浙江人民出版社2000年版。

[44] 邱立成：《跨国公司人力资源管理》，天津教育出版社2006年版。

[45] 邱立成、成泽宇：《跨国公司外派人员管理》，《南开管理评论》1999年第5期。

［46］饶征、孙波：《以 KPI 为核心的绩效管理》，中国人民大学出版社 2003 年版。

［47］沈文海：《人岗匹配的理论研究与实证分析》，硕士学位论文，厦门 大学，2002 年。

［48］施银磊：《IT 企业技术员工工作满意度与离职意向关系的实证研 究》，硕士学位论文，吉林大学，2007 年。

［49］孙健敏、王震、胡倩：《核心自我评价与个体创新行为：集体主义 导向的调节作用》，《商业经济与管理》2011 年第 4 期。

［50］谭小宏、秦启文、潘孝富：《企业员工组织支持感与工作满意度、 离职意向的关系研究》，《心理科学》2007 年第 2 期。

［51］田喜洲、谢晋宇：《组织支持感对员工工作行为的影响：心理资本 中介作用的实证研究》，《南开管理评论》2010 年第 1 期。

［52］王重鸣：《管理心理学》，人民教育出版社 2000 年版。

［53］王明辉：《揭开"怀才不遇"的面纱：教育管理中资质过高感知的 研究》，《河南大学学报》（社会科学版）2012 年第 5 期。

［54］王效仿：《知识失业：一个时代的来临》，《社会》2003 年第 4 期。

［55］王震、孙健敏：《核心自我评价组织支持对主客观职业成功的影响 人情境互动的视角》，《管理学报》2012 年第 9 期。

［56］魏华颖：《国际外派人力资源管理》，经济管理出版社 2012 年版。

［57］魏钧、张德：《中国传统文化影响下的个人与组织契合度研究》， 《管理科学学报》2006 年第 6 期。

［58］文魁、吴冬梅：《异质人才的异常激励——北京市高科技企业人才 激励机制调研报告》，《管理世界》2003 年第 10 期。

［59］温忠麟、侯杰泰、张雷：《调节效应与中介效应的比较和应用》， 《心理学报》2005 年第 2 期。

［60］温忠麟、张雷、侯杰泰、刘红云：《中介效应检验程序及其应用》， 《心理学》2004 年第 5 期。

［61］翁清雄、席酉民：《职业成长与离职意向：职业承诺与感知机会的 调节作用》，《南开管理评论》2010 年第 2 期。

［62］吴超荣、甘怡群：《核心自我评价：一个验证性因素分析》，《北京 大学学报》2005 年第 4 期。

［63］吴明隆：《SPSS 统计应用实务》，重庆大学出版社 2000 年版。

［64］吴明隆：《SPSS 统计应用实务：问卷分析与应用统计》，科学出版社 2003 年版。

［65］谢智红：《民营企业员工组织承诺及其与离职意向的相关研究》，硕士学位论文，西南大学，2007 年。

［66］熊明良、孙健敏、顾良智：《工作满意感、组织认同与离职意向关系实证研究》，《商业经济与管理》2008 年第 6 期。

［67］许百华、张兴国：《组织支持感研究进展》，《应用心理学》2005 年第 4 期。

［68］徐蔓：《我国外派人员绩效评估现状研究》，《中国外资》2012 年第 10 期。

［69］徐淑英、陈晓萍：《组织管理的实证研究方法》，北京大学出版社 2008 年版。

［70］徐笑君：《"海归"教师工作满意度调查分析》，《人力资源》2009 年第 11 期。

［71］薛峰、鲁武霞、余圣陶：《高校贫困大学生逆境商的培养》，《常州大学学报》（社会科学版）2013 年第 5 期。

［72］闫燕：《海归知识员工组织支持感和主动性人格对组织承诺的影响研究——以归国适应为中介变量》，博士学位论文，西南财经大学，2012 年。

［73］杨冬民：《对人才资源中"知识失业"现象的探析》，《经济问题》2004 年第 4 期。

［74］杨剑、白云、郑蓓莉：《目标导向的绩效考评》，中国纺织出版社 2002 年版。

［75］姚占锋：《如何进行自主化管理与市场化进行考评》，《中外管理》2001 年第 10 期。

［76］叶晓倩：《留任还是离职影响外派回任人员决策的因素分析》，《中国人力资源开发》2010 年第 10 期。

［77］叶晓倩：《职业生涯规划与管理——基于职业成功标准的实证研究与探讨》，中国电力出版社 2010 年版。

［78］叶晓倩：《跨国经营企业关键能力转换"瓶颈"的突破——外派管理人员职业生涯激励视角》，《中国人力资源开发》2011 年第 1 期。

［79］易凌峰、赵青、欧阳硕：《海归知识员工归国适应影响因素分析》，

《统计观察》2010 年第 17 期。

[80] 曾守锤、桑标：《人与情境交互作用理论述评》，《心理科学》2005
年第 5 期。

[81] 张冯茜、龙杨、张荣华、佘双好：《金融机构青年员工工作满意度
和离职意向的调查》，《中国青年研究》2010 年第 2 期。

[82] 张娟娟：《知识型员工工作压力、工作满意度与离职意向关系的研
究》，硕士学位论文，吉林大学，2008 年。

[83] 张黎星、张黎明：《国外"教育过度"研究成果与当前动态》，《西
南科技大学》（高教研究）2006 年第 4 期。

[84] 张玲：《组织职业生涯管理、组织支持感对知识型员工离职意向的
影响研究》，硕士学位论文，厦门大学，2009 年。

[85] 张平、崔永胜：《员工工作满意度影响因素的研究进展》，《经济师》
2005 年第 2 期。

[86] 张润书：《组织行为与管理》，五南图书出版公司 1990 年版。

[87] 张晓晖：《跨国公司人力资源开发》，博士学位论文，哈尔滨工业大
学，2003 年。

[88] 赵曙明：《国际企业人力资源管理》，南京大学出版社 1999 年版。

[89] 赵曙明、李乾文：《企业跨国经营与人力资源管理》，《国际学术动
态》2009 年第 5 期。

[90] 张文贤：《人力资本参与收益分配的理论基础》，《中国人力资源开
发》2003 年第 7 期。

[91] 赵西萍、刘玲、张长征：《员工离职意向影响因素的多变量分析》，
《中国软科学》2002 年第 5 期。

[92] 中国社会科学院语言研究所词典编辑室编：《现代汉语词典》，商务
印书馆 2005 年版。

[93] 周明建、宝贡敏：《组织中的社会交换：由直接到间接》，《心理学
报》2005 年第 4 期。

[94] 周燕华：《社会资本视角：中国跨国公司员工国际外派适应与绩效
研究》，经济管理出版社 2012 年版。

[95] 周篪：《在华跨国公司人力资源管理》，华夏出版社 2005 年版。

[96] 邹小华、胡传明：《高等教育过度及其化解》，《南昌大学学报》（人
文社会科学版）2008 年第 2 期。

[97] Abraham, R., "Determinants of Receptivity to Expatriate Assignment", *Cross Cultural Management: An International Journal*, Vol. 4, No. 3, 1997.

[98] Adams, J. S., *Inequity in Social Exchange*, New York: Academic Press, 1965.

[99] Allen, D. G., Shore, L. M. and Griffeth, R. W., "The Role of Perceived Organizational Support and Supportive Human Resource Practices in the Turnover Process", *Journal of Management*, Vol. 29, No. 1, 2003.

[100] Allen, N. J. and John, P. M., "The Measurement and Antecedents of Affective, Continuance and Normative Commitment to the Organization", *Journal of Occupational Psychology*, Vol. 63, No. 1, 1990.

[101] Ambrose, M. L. and Schminke, M., "Organization Structure as a Moderator of the Relationship Between Procedural Justice, Interactional Justice, Perceived Organizational Support, and Supervisory Trust", *Journal of Applied Psychology*, Vol. 88, No. 2, 2003.

[102] Ambrose, M. L. and Schminke, M., "The Role of Overall Justice Judgments in Organizational Justice Research: A Test of Mediation", *Journal of Applied Psychology*, Vol. 94, No. 2, 2009.

[103] Anderson, B. A., "Expatriate Selection: 'Good Management or Good Luck?'", *The international Journal of Human Resource Management*, Vol. 16, No. 4, 2005.

[104] Armstrong – Stassen, M. and Ursel, N. D., "Perceived Organizational Support, Career satisfaction, and the Retention of Older Workers", *Journal of Occupational and Organizational Psychology*, Vol. 82, No. 1, 2009.

[105] Avril, A. B. and Magnini, V. P., "A Holistic Approach to Expatriate Success", *International Journal of Contemporary Hospitality Management*, Vol. 19, No. 1, 2007.

[106] Baliga, G. M. and Baker, J. C., "Multinational Corporate Policies for Expatriate Managers: Selection, Evaluation", *Advanced Management Journal*, Vol. 50, No. 4, 1985.

[107] Ballout, H. I. , "Career Commitment and Career Success: Moderating Role of Self – efficacy", *Career Development International*, Vol. 14, No. 7, 2009.

[108] Banai, M. and Reisel, W. D. , "Expatriate Managers´ Loyalty to the MNC: Myth or Reality? An Exploratory Study", *Journal of International Business Studies*, Vol. 24, No. 2, 1993.

[109] Baron, R. M. and Kenny, D. A. , "The Moderator – mediator Variable Distinction in Social Psychological Research: Conceptual, Strategic, and Statistical Considerations" . *Journal of Personality and Social Psychology*, Vol. 51, No. 6, 1986.

[110] Bartley, D. F. and Robitschek, C. , "Career Exploration: a Multivariate Analysis of Predictors" . *Journal of Vocational Behavior*, Vol. 56, No. 1, 2000.

[111] Baruch, Y. , "Career Development in Organizations and Beyond: Balancing Traditional and Contemporary Viewpoints", *Human Resource Management Review*, Vol. 16, No. 2, 2006.

[112] Baruch, Y. , Steele, D. J, and Quantrill, G. A. , "Management of Expatriation and Repatriation for Novice Global Player", *International Journal of Manpower*, Vol. 23, No. 7, 2002.

[113] Bashir, S. , "Perceived Organizational Support and the Cross – cultural Adjustment of Expatriates in the UAE", *Education, Business and Society: Contemporary Middle Eastern Issues*, Vol. 5. No. 1, 2012.

[114] Beach, L. R. , *Image Theory: Decision Making in Personal and Organizational Contexts*, New York: John Wiley & Sons, 1990.

[115] Becker, G. S. , *Human Capital: A theoretical and Empirical Analysis with Special Reference to Education*, Chicago: University of Chicago Press, 1975.

[116] Behery, M. H. , "Person/Organization Job – Fitting and Affective Commitment to the Organization: Perspectives from the UAE", *Cross Cultural Management*, Vol. 16, No. 2, 2009.

[117] Bennett, R. , Aston, A. and Colquhoun, T. , "Cross – Culture Training: A Critical Step in Ensuring the Success of International Assign-

ments", *Human Resource Management*, Vol. 39, No. 2 – 3, 2000.

[118] Benson, G. S. and Pattie, M., "Is Expatriation Good for My Career? The Impact of Expatriate Assignments on Perceived and Actual Career Outcomes", *International Journal of Human Resource Management*, Vol. 19, No. 9, 2008.

[119] Bernardin, H. J., Kane, J. S. and Ross, S. E., *Performance Appraisal Design, Development, and Implementation*, In: Ferris G R, Rosen S D, Barnum D T: Handbook of Human Resource Management, Cambridge. MA: Blackwell.

[120] Bhaskar – Shrinivas, P., Harrison, D. A., Shaffer, M. A. and Luk, D. M., "Input – based and Time – based Models of International Adjustment Meta – analytic Evidence and Theoretical Extensions", *Academy of Management Journal*, Vol. 48, No. 2, 2005.

[121] Bhuian, S. N. andMenguc, B., "An Extension and Evaluation of Job Characteristics, Organizational Commitment and Job Satisfaction in an Expatriate, Guest Worker, Sales Setting", *Journal of Personal Selling & Sales Management*, Vol. 22, No. 1, 2002.

[122] Birdsey, M. G. and Hill, J. S., "Individual, Organizational/Work and Environmental Influences on Expatriate Turnover Tendencies: an Empirical Study", *Journal of International Business Studies*, Vol. 26, No. 4, 1995.

[123] Black, J. S., *Global Assignments: Successfully Expatriating and Repatriating International Managers*, San Francisco: Jossey – Bass, 1992.

[124] Black, J. S., and Gregersen, H. B., "The Other Half of the Picture: Antecedents of Spouse Cross – cultural Adjustment", *Journal of International Business Studies*, Vol. 22, No. 3, 1991.

[125] Black, J. S., and Gregersen, H. B., "The Right Way to Manage Expatrates", *Harvard Business Review*, Vol. 77, No. 2, 1999.

[126] Black, J. S., and Gregersen, H. B., "High Impact Training: Forging Leaders for the Global Frontier", *Human Resource Management*, Vol. 39, No. 2 – 3, 2000.

[127] Black, J. S, Gregersen, H. B. and Mendenhall, M. E. , "Toward a Theoretical Framework of Repatriation Adjustment", *Journal of International Business Studies*, Vol. 2, No. 4, 1992.

[128] Black, J. S. and Kaerinasai, O. , "Factors Related to Japanese Repatriation Adjustment", *Human Relations*, Vol. 47, No. 12, 1994.

[129] Black, J. S. , Mendenhall, M. and Gregersen, H. B. , *Global Assignments: Successfully Expatriating and Repatriating International Managers*, Jossey – Bass, San Francisco, CA, 1992. Black, J. S. and O Kaerinasai: "Factors Related to Japanese Repatriation Adjustment", *Human Relations*, Vol. 47, No. 12, 1994.

[130] Black, J. S. and Stephen, G. K. , "The Influence of the Spouse on American Expatriate Adjustment and Intent to Stay in Pacific Rim overseas assignments". *Journal of management*, Vol. 15, No. 4, 1989, p. 529 – 544.

[131] Blau, P. M. , *Exchange and Power in Social life*, New York: John Wiley & Sons, 1964, pp. 89 – 115.

[132] Bolino, M. C. , "Expatriate Assignments and Intra – Organizational Career Success: Implications for Individuals and Organizations", *Journal of International Business Studies*, Vol. 38, No. 5, 2007.

[133] Bolino M. C. , and Feldman, D. C. , "The Antecedents and Consequences of Underemployment among Expatriates", *Journal of Organizational Behavior*, Vol. 21, No. 8, 2000.

[134] Bonache, J. , "Job Satisfaction among Expatriates, Repatriates and Domestic Employees: The Perceived Impact of International Assignments on Work – related Variables", *Personnel Review*, Vol. 34, No. 1, 2005.

[135] Bono, J. C. and Judge, T. A. , "Core Self – evaluations: A Review of the Trait and its Role in Job Satisfaction and Job Performance", *European Journal of Personality*, Vol. 17, 2003.

[136] Boyacigiller, N. , "The International Assignment Reconsidered", in Mendenhall, M. E. and Oddou, G. R. , *International Human Resource Management*, 1991, pp. 148 – 155, PWS – Kent, Boston, MA.

[137] Boyacigiller, N. A. and Adler, N. J. , "The Parochial Dinosaur: the Organizational Sciences in a Global Context", *Academy of Management Review*, Vol. 16, No. 2, 1999.

[138] Brammer, L. M. and Abrego, P. J. , "Intervention Strategies for Coping with Transitions", *The Counseling Psychologist*, Vol. 9, No. 2, 1981.

[139] Bredrup, H. and Bredrup, R. , *Performance Planning to Ensure Business Achievements. In A. RolstadasNo. ed,) . Performance Management: A Business Process Benchmarking Approach*, London: Chapman & Hall, 1995.

[140] Bretz, R. D. , and Judge, T. A. , "Person – organization Fit and the Theory of Work Adjustment: Implications for Satisfaction, Tenure, and Career Success", *Journal of Vocational Behavior*, Vol. 44, No. 1, 1994.

[141] Brewster, C. , Suutari, V. , Waxin, M. F. and Panaccio, A. , "Cross – Cultural Training to Facilitate Expatriate Adjustment: It Works", *Personnel Review*, Vol. 34, No. 1, 2005.

[142] Brian, J. H. , "Repatriation – the Toughest Assignment of All", *Industrial and Commercial Training*, Vol. 31, No. 6, 1999.

[143] Brkich, M. , Jeffs, D. and Carless, S. A. , "A Global Self – report Measure of Person – job Fit, European", *Journal of Psychological Assessment*, Vol. 18, No. 1, 2002.

[144] Brookfield GMAC. , "Global Relocation Trends: 2011 Survey Report", *Woodridge: GMAC Global Relocation Services*, Brookfield, 2012.

[145] Brown, S. D. and Lent, R. W. , *Career Development and Counseling: Putting Theory and Research to Work*, US: John Wiley & Sons, Inc, 2005.

[146] Bukhari, T. A. S. , Saeed, M. M. and Nisar, M. , "The Effects of Psychological Contract Breach on Various Employee Level Outcomes: The Moderating Role of Islamic Work Ethic and Adversity Quotient", *African Journal of Business Management*, Vol. 5, No. 21, 2011.

[147] Caligiuri, P. , Phillips, J. , Lazarova, M. , Tarique, I. and Biirgi,

P. , "The Theory of Met Exceptation Applied to Expatriate Adjustment: the Role of Cross – cultural Training", *International Journal of Human Resource Management*, Vol. 12, No. 3, 2001.

[148] Camps, J. , Decoster, S. and Stouten, J. , "My Share is Fair, so I don't Care: The Moderating Role of Distributive Justice in the Perception of Leaders' Self – serving Behavior" . *Journal of Personnel Psychology*, Vol. 11, No. 1, 2012.

[149] Cao, L. , Hirschi, A. and Deller, J. , "Self – initiated Expatriates and Their Career Success", *Journal of Management Development*, Vol. 31, No. 2, 2012.

[150] Carpenter, M. A. , Sanders, W. G. and Gregersen, H. B. , "Bundling Human Capital with Organizational Context: The Impact of International Experience on Multinational Firm Performance and CEO Pay", *Academy of Management Journal*, Vol. 44, No. 3, 2001.

[151] Causin, G. F. and Ayoun, B. , "Packing for the Trip: A Model of Competencies for Successful Expatriate Hospitality Assignment", *International Journal of Hospitality Management*, Vol. 30, No. 4, 2011.

[152] Chatman, J. A. , "Improving Interactional Organizational Research: A Model of Person – Organization Fit", *Academy of Management Review*, Vol. 14, No. 3, 1989.

[153] Chen, H. , "The Relationships of Organizational Justice, Social Exchange, Psychological Contract, and Expatriate Adjustment: An Example of Taiwanese Business Expatriates", *The International Journal of Human Resource Management*, Vol. 21, No. 7, 2010.

[154] Chen, Z. , Lam, W. and Zhong, J. A. , "Leader – member Exchange and Member Performance: a New Look at Individual – level Negative Feedback – seeking Behavior and Team – level Empowerment Climate", *Journal of Applied Psychology*, Vol. 92, No. 1, 2007.

[155] Chin, P. L. , and Hung, M. L. , "Psychological Contract Breach and Turnover Intention: The Moderating Roles of Adversity Quotient and Gender" . *Social Behavior and Personality*, Vol. 41, No. 5, 2013.

[156] Chun, H. and Wong, A. and Tjosvold, D. "Turnover Intention and

Performance in China: The Role of Positive Affectivity, Chinese Values, Perceived Organizational Support and Constructive Controversy", *Journal of Occupational and Organizational Psychology*, Vol. 80, No. 4, 2007.

[157] Cohen – Charash, Y. and Spector, P. E. , "The Role of Justice in Organizations: A Meta – analysis", *Organizational Behavior and Human Decision Processes*, Vol. 86, No. 2, 2001.

[158] Colquitt, J. A. , "On the Dimensionality of Organizational Justice: a Construct Validation of a Measure", *Journal of Applied Psychology*, Vol. 86, No. 3, 2001.

[159] Colquitt, J. A. , Scott, B. A. , Rodell, J. B. , Long, D. M. , Zapata, C. P. , Colon, D. E. , and Wesson, M. J. , "Justice at the Millennium, a Decade Later: A Meta – analytic Test of Social Exchange and Affect – based Perspectives", *Journal of Applied Psychology*, Vol. 98, No. 2, 2013.

[160] Cotterell, N. , Eisenberger, R. and Speicher, H. , "Inhibiting Effects of Reciprocation Wariness on Interpersonal Relationships", *Journal of Personality and Social Psychology*, Vol. 62, No. 4, 1992.

[161] Cotton, J. L. and Tuttle, J. M. , "Employee Turnover: A Meta – analysis and Review with Implications for Research", *Academy of Management Review*, Vol. 11, No. 1, 1986.

[162] Cox, J. B. , "The Role of Communication, Technology, and Cultural Identity in Repatriation Adjustment", *International Journal of Intercultural Relations*, Vol. 28, No. 3 – 4, 2004.

[163] Cox, P. L. , Khan, R. H. and Armani, K. A. , "Repatriate Adjustment and Turnover: The Role of Expectations and Perceptions", *Global Conference on Business and Finance Proceedings*, Vol. 4, No. 1, 2013.

[164] Crawshaw, J. R. , Cropanzano, R. , Bell, C. M. and Nadisic T. , "Organizational Justice: New Insights from Behavioral Ethics", *Human Relations*, Vol. 66, No. 7, 2013.

[165] De, C. N. , Mauno, S. , Kinnunen, U. and Mäkikangas, A. , "The Role of Job Resources in the Relation between Perceived Employability

and Turnover Intention: A Prospective Two – sample Study", *Journal of Vocational Behavior*, Vol. 78, No. 2, 2011.

[166] Defillippi, R. J. and Arthur, M. B., "The Boundaryless Career: a Competency – based Perspective", *Journal of Organizational Behavior*, Vol. 15, No. 4, 1994.

[167] Deresky, H., *International Management: Managing across Borders and Cultures*, Boston: Pearson, 2006.

[168] Dickmann, M. and Harris, H., "Developing Career Capital for Global Careers: the Role of International Assignments", *Journal of World Business*, Vol. 40, No. 4, 2005.

[169] Dostie, B. and Jayaraman, R., "The Effect of Adversity on Process Innovations and Managerial Incentives", *Social Science Electronic Publishing*, No. 2684, 2009.

[170] Douglas C. M., Todd A. J. and Amanda M. M., "Underemployment, Job Attitudes, and Turnover Intentions", *Journal of Organizational Behavior*, Vol. 27, No. 4, 2006.

[171] Dowling, P. J. and Schuler, R. S., *International Dimensions of Human Resource Management*, Boston, MA: PWS – Kent Publishing Company, 1990.

[172] Dowling, P. J. and Welch, D., *International Human Resources Management: Managing People in Multinational Context*, London: Thomson Learning, 2004.

[173] Dowling, P. J., Welch, D. E. and Schuler, R. S., *International Human Resource Management*, Cincinnati, OH: South – Western Publishing Company, 1999.

[174] Downes, M., Thomas, A. S. and Singley, R. B., "Predicting Expatriate Job Satisfaction: the Role of Firm Internationalization", *Career Development International*, Vol. 7, No. 1, 1996.

[175] Du, J., Choi, J. N. and Hashem, F., "Interaction between One's Own and Others' Procedural Justice Perceptions and Citizenship Behaviors in Organizational Teams: The Moderating Role of Group Identification", *Group Dynamics: Theory, Research, and Practice*, Vol. 16,

No. 4, 2012.

[176] Duke, A. B. , Goodman J. M. , Treadway, D. C. and Breland, J. W. , "Perceived Organizational Support as a Moderator of Emotional Labor/Outcomes Relationships", *Journal of Applied Social Psychology*, Vol. 39, No. 5, 2009.

[177] Eby, L. T. , Marcus, B. and Angie L. , "Predictors of Success in the Era of Boundaryless Careers", *Journal of Organiza tional Behavior*, Vol. 24, No. 4, 2003.

[178] Eder P. , and Eisenberger R. , "Perceived Organizational Support: Reducing the Negative Influence of CoworkerWithdrawal Behavior", *Journal of Management*, Vol. 34, No. 1, 2008.

[179] Edstrom, A. and Gaibraith, J. R. , "Transfer of Managers as a Coordination and Control Strategy in Multinational Organizations", *Administrative Science Quarterly*, Vol. 22, No. 2, 1997.

[180] Eisenberger, R. , Huntington R. , Hutchisom S. and Sowa, D. "Perceived Organizational Support", *Journal of Applied Psychology*, Vol. 17, No. 3, 1986.

[181] Eisenberger, R. , Stinglhamber, F. , Vandenberghe, C. , Sucharski, I. L. and Rhoades, L. , "Perceived Supervisor Support: Contributions to Perceived Organizational Support and Employee Retention", *Journal of Applied Psychology*, Vol. 87, No. 3, 2002.

[182] Erdogan, B. and Bauer, T. N. , "Perceived Overqualification and its Outcomes: Themoderating role of empowerment", *Journal of Applied Psychology*, Vol. 94, No. 2, 2009.

[183] Erez, A. and Judge, T. A. , "Relationship of Core Self – Evaluations to Goal Setting, Motivation, and Performance ", *Journal of Applied Psychology*, Vol. 86, No. 6, 2001.

[184] Farh, J. L. , Tsui, A. S. , Xin, K. And Cheng, B. S. , "The Influence of Relational Demography and Guanxi: The Chinese case", *Organization Science*, Vol. 9, No. 4, 1998.

[185] Feldman, D. C. , "The Nature, Antecedents, and Consequences of Underemployment", *Journal of Management*, No. 22, 1996.

［186］ Feldman, D. C. , Leana C. R. and Bolino, M. C. , "Underemployment and Relative Deprivation among Re – employed Executives", *Journal of Occupational and Organizational Psychology*, Vol. 75, No. 4, 2002.

［187］ Feldman, D. C. , and Thomas, D. C. , "Career Management Issues Facing Expatriates", *Journal of International Business Studies* , Vol. 23, No. 2, 1992.

［188］ Feldman, D. C. and Thompson, H. B. , "Expatriation, Repatriation, and Domestic Geographical Relocation: An Empirical Investigation of Adjustment to New Job Assignments", *Journal of International Business Studies*, Vol. 24, No. 3, 1993.

［189］ Ferris, D. L. , Rosen, C. R. , Johnson, R. E. , Brown, D. J. , Risavy, S. D. and Heller, D. , "Approach or Avoidance (or both?): Integrating Core Self – evaluations within an Approach/avoidance Framework", *Personel Psychology*, Vol. 64, No. 1, 2011.

［190］ Fine, S. and Nevo, B. , "Too Smart for Their Own Good? A Study of Perceived Cognitive Overqualification in the Workforce", *The International Journal of Human Resource Management*, Vol. 19, No. 2, 2008.

［191］ Firth, S. W. , *The Expatriate Dilemma: How to Relocate and Compensate U. S. Employees Assigned Overseas*, Chicago: Nelson – Hall, 1981.

［192］ Freeman, R. B. , *The overeducated American*, New York: Academic Press, 1995.

［193］ Gamage, P. N. , "High Performance Work Practices and Organizational Citizenship Behavior: The Mediating Role of Organizational Justice and Organizational Commitment", *South Asian Journal of Marketing & Management Research*, Vol. 3, No. 6, 2013.

［194］ Gomez – Mejia, L. and Balkin, D. B. , "The Determinants of Managerial Satisfaction with the Expatriation and Repatriation Process", *Journal of Management Development*, Vol. 6, No. 1, 1983.

［195］ Gregersen, H. B. , "Commitments to a Parent Company and a Local Work Unit during Repatriation", *Personnel Psychology*, Vol. 45, No. 1, 1992.

［196］ Gregersen, H. B. and Stroh, L. K. , "Coming Home to the Arctic

Cold: Antecedents to Finnish Expatriate and Spouse Repatriation Adjustment", *Personnel Psychology*, Vol. 50, No. 3, 1997.

[197] Gudykunst, W. B., Wiseman, R. L. and Hammer. M., "*Determinants of a Sojourner' s Attitudinal Satisfaction: A Path Model*", Communication Yearbook, Thousand Oaks, GA: Sage, 1997.

[198] Guzzo, R. A., Noonan, K. A. and Elron, E., "Expatriate Managers and the Psychological Contract", *Journal of Applied Psychology*, Vol. 70, No. 4, 1994.

[199] Hackman, J. R. and Oldham, G. R. "Development of the Job Diagnostic Survey". *Journal of Appllied Psychology*, Vol. 60, No. 2, 1975.

[200] Haines, V. Y., Saba, T. and Choquette, E., "Intrinsic Motivation for an International Assignment", *International Journal of Manpower*, Vol. 29, No. 5 - 6, 2008.

[201] Harvey, M. G. and Buckley, M. R., "The Process for Developing an International Program for Dual - career Couples", *Human Resource Management*, Vol. 8, No. 1, 1998.

[202] Harvey, M. G. and Novicevic, M. M., "Selecting Expatriates for Increasingly Complex Global Assignments", *Career Development International*, Vol. 6, No. 2, 2001.

[203] Harzing, A. and Ruysseveldt, J. V., *International Human Resource Management*, Great Britain: The Cromwell Press Ltd, 2004.

[204] Hassan, A. and Hashim, J., "Role of Organizational Justice in Determining Work Outcomes of National and Expatriate Academic Staff in Malaysia", *International Journal of Commerce and Management*, Vol. 21, No. 1, 2011.

[205] Heenan, D. A. and Perlmutter, H. V., "Multinational Organization Development", *Addison—Wesley Publishing Co.*, 1991.

[206] Hemmasi, M., Downes, M. and Varner, I. I., "An Empirically - derived Multidimensional Measure of Expatriate Success: Reconciling the Discord", *The International Journal of Human Resource Management*, Vol. 21, No. 7, 2010.

[207] Hochwarter, W. A., Kacmar, C., Perrewé, P. L. and Johnson,

D. , "Perceived Organizational Support as a Mediator of the Relationship Between Politics Perceptions and Work Outcomes", *Journal of Vocational Behavior*, Vol. 63, No. 4, 2003.

[208] Hochwarter, W. A. , Witt, L. A. , Treadway, D. C. , and Ferris, G. R. , "The Interaction of Social Skill and Organizational Support on Job Performance", *Journal of Applied Psychology*, Vol. 91, No. 2, 2006.

[209] Hocking, J. B. , Brown, M. and Harzing, A. W. , "Balancing Global and Local Strategic Contexts: Expatriate Knowledge Transfer, Applications, and Learning within a Transnational Organization", *Human Resource Management*, Vol. 46, No. 4, 2007.

[210] Hon, A. H. Y. and Lu, L. , "The Mediating Role of Trust between Expatriate Procedural Justice and Employee Outcomes in Chinese hotel industry", *International Journal of Hospitality Management*, Vol. 29, No. 4, 2010.

[211] Hoppock, R. , *Job Satisfaction*, New York: Harper & Row, 1935.

[212] Hui, C. , Law, K. S. and Chen, Z. X. , "A Structural Equation Model of the Effects of Negative Affectivity, Leader – member Exchange, and Perceived Job Mobility on in – role and extra – role Performance: A Chinese Case", *Organizational Behavior and Human Decision Processes*, Vol. 77, No. 1, 1999.

[213] Hyder, A. S. and Lovblad, M. , "The Repatriation Process: A Realistic Approach", *Career Development International*, Vol. 12, No. 3, 2007.

[214] Inkson, K. and Arthur, M. B. , "How to be a Successful Career Capitalist", *Organizational Dynamics*, Vol. 30, No. 1, 2001.

[215] Johnson, G. J. , and Johnson, W. R. , "Perceived Overqualification and Dimensions of Jobsatisfaction: A Longitudinal Analysis", *Journal of Psychology*, Vol. 134, No. 5, 2000.

[216] Johnson, G. J. and Johnson, W. R. , "Perceived Overqualification, Positive and Negative Affectivity and Satisfaction with Work", *Journal of Social Behavior and Personality*, Vol. 15, No. 2, 2002.

[217] Johnson, R. E. , Rosen, C. C. and Levy, P. E. , "Getting to the Core of Core Self – evaluation: a Review and Recommendations",

Journal of Organizational Behavior, Vol. 29, No. 3, 2008.

[218] Johnson, W. R., Morrow, P. C. and Johnson, G. J., "An Evaluation of Perceived Overqualification Scale across Settings", *Journal of Applied Psychology*, Vol. 136, No. 4, 2002.

[219] Jokinen, T., "Development of Career Capital through International Assignments and its Transferability to New Contexts", *Thunderbird International Business Review*, Vol. 52, No. 4, 2010.

[220] Jonsson, F. Y., *Modeling Interaction and Nonlinear Effects: A Step - By - Step LISREL Example*, US: Lawrence Erlbaum Associates Publishers, 1998.

[221] Judd, C. M. and Kenny, D. A., "Process Analysis: Estimating Mediation in Treatment Evaluations", *Evaluation Review*, Vol. 5, No. 5, 1981.

[222] Judge, T. A. and Bono, J. E., "Relationship of Core Self - Evaluations Traits - Self - Esteem, Generalized Self - Efficacy, Locus of Control, and Emotional Stability - With Job Satisfaction and Job Performance: A Meta - Analysis", *Journal of Applied Psychology*, Vol. 86, No. 1, 2001.

[223] Judge, T. A., Bono, J. E., Erez, A. and Locke, E. A., "Core Self - Evaluations and Job and Life Satisfaction: The Role of Self - Concordance and Goal Attainment", *Journal of Applied Psychology*, Vol. 90, No. 2, 2005.

[224] Judge, T. A., Bono, J. E., and Thoresen, C. J., "The Core Self - Evaluations Scale: Development of A Measure", *Personnel Psychology*, Vol. 56, No. 2, 2003.

[225] Judge, T. A., Erez, A. and Bono, J. E., "The Power of being Positive: The Relation between Positive Self - concept and Job Performance", *Human Performance*, Vol. 11 (2 - 3), 1998.

[226] Judge, T. A. and Hurst, C., "Capitalizing on One's Advantages: Role of Core Self - Evaluations", *Journal of Applied Psychology*, Vol. 92, No. 5, 2007.

[227] Judge, T. A. and Hurst, C., "How the Rich (and Happy) Get Riche

(and Happier): Relationship of Core Self – Evaluations to Trajectories in Attaining Work Success", *Journal of Applied Psychology*, Vol. 93, No. 4, 2008.

[228] Judge, T. A., Ilies, R. and Zhang, Z., "Genetic Influences on Core Self – evaluations, Job Satisfaction, and Work Stress: A Behavioral Genetics Mediated Model", *Organizational Behavior and Human Decision Processes*, Vol. 117, No. 1, 2012.

[229] Judge, T. A., Locke, E. A., Durham, C. C. and Kluger, A. N., "Dispositional Effects on Job and Life Satisfaction: The Role of Core E-valuations", *Journal of Applied Psychology*, Vol. 83, No. 1, 1998.

[230] Kacmar, K. M., Collins, B. J., Harris, K. J., and Judge, T. A., "Core Self – Evaluations and Job Performance: The Role of the Perceived Work Environment", *Journal of Applied Psychology*, Vol. 94, No. 6, 2009.

[231] Kammeyer – Mueller, J. D., Judge, T. A. and Scott, B. A., "The Role of Core Self – Evaluations in the Coping Process", *Journal of Applied Psychology*, Vol. 94, No. 1, 2009.

[232] Kanjanakaroon, J., "Relationship between Adversity Quotient and Self – empowerment of Students in Schools under the Jurisdiction of the Office of the Basic Education Commissio", *International Journal of Learning*, Vol. 18, No. 5, 2012.

[233] Kealey, D. J., "A Study of Cross – cultural Effectiveness: Theoretical Issues Practical Applications". *International Journal of International Relations*, Vol. 13, No. 3, 1989.

[234] Khan, L. J., and Morrow, P. C., "Objective and Subjective Under-employment Relationships to Job Satisfaction", *Journal of Business Research*, Vol. 22, No. 3, 1991.

[235] Klaus, K. J., "How to Establish an Effective Expatriate Program – – Best Practices in International Assignment Administration", *Employment Relations Today*, Vol. 22, No. 1, 1995.

[236] Kraimer, M. L., Shaffer, M. A. and Bolino. M. C., "The Influence of Expatriate and Repatriate Experiences on Career Advancement and

Repatriate Retention", *Human Resource Management* , Vol. 48, No. 1, 2009.

[237] Kraimer M. L., and Wayne, S. J., "An Examination of POS as a Multidimensional Construct in the Context of an Expatriate Assignment", *Journal of Management*, Vol. 30, No. 2, 2004.

[238] Kristof, A. L., "Person – Organization Fit: An Integrative Review of Its Conceptualizations, Measurement and Implications", *Personnel Psychology*, Vol. 49, No. 1, 1996.

[239] Lazarova, M. B. and Caligiuri, P., "Retaining Repatriates: the Role of Organizational Support Practices", *Journal of World Business*, Vol. 36, No. 4, 2002.

[240] Lazarova, M. B. and Cerdin, J. L., "Revisiting Repatriation Concerns Organizational Support Versus Career and Contextual Influences", *Journal of International Business Studies*, Vol. 38, No. 3, 2007.

[241] Lazarova, M. B., Westinan, M. and Shaffer, M. A., "Elucidating the Positive Side of the Work – family Interface on International Assignment: a Model of Expatriate Work and Family", *Academy of Management Review*, Vol. 35, No. 1, 2010.

[242] Le, T. E., *Adversity Quotient in Predicting Job Performance Viewed through the Perspective of the Big Five*, M. D., Oslo: University of Oslo, 2007.

[243] Lee, H. W., "Factors that Influence Expatriate Failure: An Interview Study", *International Journal of Management*, Vol. 24, No. 3, 2007.

[244] Lee, H. W., and Liu, C. H., "The Determinants of Repatriate Turnover Intentions: An Empirical Analysis", *International Journal of Management*, Vol. 23, No. 4, 2006, p. 751 – 764.

[245] Lee, H. W. and Liu, C. H., "An Examination of Factors Affecting Repatriates' turnover Intentions", *International Journal of Manpower*, Vol. 28, No. 2, 2007.

[246] Li, L. and Tse, E., "Antecedents and Consequences of Expatriate Satisfaction in the Asian Pacific", *Tourism Management*, Vol. 19, No. 2, 1998, p. 135 – 143.

[247] Li. T. C. , *The Relative Study between Adversity Quotient, Emotion Regulation, Job Stress and Job Satisfaction upon University Teachers*: *The Case of the Private University in Southern Taiwan*, M. D. , Nanhua University, 2010.

[248] Ling. Y. and Jaw, B. , "The Influence of International Human Capital on Global Initiatives and Financial Performance", *International Journal of Human Resource Management*, Vol. 17, No. 3, 2006.

[249] Lu, C. Q. , Sun, J. W. and Du, D. Y. , "The Relationships between Employability, Emotional Exhaustion, and Turnover Intention: The Moderation of Perceived Career Opportunity", *Journal of Career Development*, Vol. 1, No. 1, 2015.

[250] Liu, D. , Liao, H. and Loi, R. , "The Dark Side of Leadership: A Three – level Investigation of the Cascading Effect of Abusive Supervision on Employee Creativity", *Academy of Management Journal*, Vol. 55, No. 5, 2012.

[251] Liu, W. , *The Relative Study between Job Stress and Well – being of Senior high Schools' and Vocational High Schools' Military Instructors*: *Verify Mediating Effect of Adversity Quotient*, M. D. , Nanhua University, 2013.

[252] Lobene, E. V. , "Perceived Overqualification: A Model of Antecedents and Outcomes", *North Carolina*: *North Carolina State University*, 2010.

[253] Locke, E. A. , *The Nature and Cause of Job Satisfaction in M. D. Dunnette No. Ed*), Handbook of Industrial and Organizational Psychology. Tand McNally: Chicago, 1976.

[254] Locke, E. A. , "What is Job Satisfaction?", *Organizational Behavior and Human Performance*, Vol. 4, 1969, p. 309 – 336.

[255] Loi, R. , Hang – yue, N. and Foley, S. , "Linking Employees' Justice Perceptions to Organizational Commitment and Intention to Leave: The Mediating Role of Perceived Organizational Support", *Journal of Occupational and Organizational Psychology*, Vol. 79, No. 1, 2006.

[256] Lu, C. , Sun, J. and Du, D. , "The Relationships between Employa-

bility, Emotional Exhaustion, and Turnover Intention: The Moderation of Perceived Career Opportunity", *Journal of Career Development*, Vol. 1, No. 1, 2015.

[257] Luthans, F., Van, W. R. and Walumbwa, F. O., "Recognition and Development of Hope for South African Organizational Leaders", *Leadership & Organization Development Journal*, Vol. 25, No. 6, 2004, p. 512 – 527.

[258] Macdonald, S. and Arthur, N., "Connecting Career Management to Repatriation Adjustment", *Career Development International*, Vol. 10, No. 2, 2005.

[259] Magnini, V. P. and Honeycutt, E. D., "Learning Orientation and the Hotel Expatriate Manager Experience", *International Journal of Hospitality Management*, Vol. 22, No. 3, 2003.

[260] Magnusson, D. and Stattin, H., *Person – context Interaction Theories*, Hoboken, NJ, US: John Wiley & Sons, 1998.

[261] Maslow, A. H., "A Theory of Human Motivation", *Psychological Review*, Vol. 50, No. 4. 1943.

[262] Mcallister, D. J., "Affect and Cognition – based Trust as Foundations for Interpersonal Cooperation in Organizations", *Academy of Management Journal*, Vol. 38, No. 1, 1995.

[263] Mendenhall, M. E., Dunbar, E. and Oddou, G., "Expatriate Selection, Training and Career – Pathing: A Review and Critique", *Human Resource Management*, Vol. 26, No. 3, 1987.

[264] Mendenhall, M. E. and Macomber, J. H., "Rethinking the Strategic Management of Expatriates from a Nonlinear Dynamics Perspective", *Expatriate Management: Theory and Research*, Vol. 4, 1997.

[265] Mendenhall, M. E. and Oddou, G., "The Dimensions of Expatriate Acculturation: A Review", *Academy of Management Review*, Vol. 10, No. 1, 1985.

[266] Mezias, J. M. and Scandura, T. A., "A Needs – Driven Approach to Expatriate Adjustment and Career Development: A Multiple Mentoring Perspective", *Journal of International Business Studies*, Vol. 36,

No. 5, 2005.

[267] Michaels, C. E. and Spector, P. E., "Causes of Employee Turnover: A Test of the Mobley, Griffeth, Hand, and Meglino model", *Journal of Applied Psychology*, Vol. 67, No. 1, 1982.

[268] Maertz, C. P., Griffeth, R. W. and Campbell, N. S., and Allen, D. G., "The Effects of Perceived Organizational Support and Perceived Supervisor Support on Employee Turnover", *Journal of Organizational Behavior*, Vol. 28, 2007.

[269] Misra, P., Jain, S. and Sood, A., "Compensation: Impact of Rewards and Organizational Justice on Turnover Intentions and the Role of Motivation and Job Satisfaction: A Study of Retail Store Operations in NCR", *International Journal of Human Resources Development and Management*, Vol. 13, No. 2, 2013.

[270] Mobley, W. H., "Intermediate Linkages in the Relationship between Job Satisfaction and Employee Turnover", *Journal of Applied Psychology*, Vol. 62, No. 2, 1977.

[271] Mobley, W. H., Horner, S. O. and Hollingsworth, A. T., "An Evaluation of Precursors of Hospital Employee Turnover", *Journal of Applied Psychology*, Vol. 63, No. 4, 1978.

[272] Morgan, L. O., Nie, W., and Young, S. T., "Operational Factors as Determinants of Expatriate and Repatriate Success", *International Journal of Operationa & Production Managent*, Vol. 24, No. 11 – 12, 2004.

[273] Morley, M. J., "Person – Organization Fit", *Journal of Managerial Psychology*, Vol. 22, No. 2, 2007.

[274] Mowday, R. M., Porter, L. W. and Steers, R. M., *Employee – organization linkages: The psychology of commitment, absenteeism, and turnover*, New York: Academic Press, 1982.

[275] Mowday, R. T., Steers, R. M. and Porter, L. W., "The Measurement of Organizational Commitment", *Journal of Vocational Behaviour*, Vol. 14, No. 2, 1979.

[276] Nabi, G. R., "The Relationship Between HRM, Social Support, and

Subjective Career Success Among Men and Women", International Journal and Manpower, Vol. 22, No. 5, 2001.

[277] Naumann, E., "Antecedents and Consequences of Satisfaction and Commitment among Expatriate Managers", *Group and Organizational Management*, Vol. 18, No. 2, 1993a.

[278] Naumann, E., "A Conceptual Model of Expatriate Turnover", *Journal of International Business Studies*, Vol. 23, No. 3, 1993b.

[279] Nery – Kjerfve, T., and Mclean, G. N., "Repatriation of Expatriate Employees, Knowledge Transfer and Organizational Learning: What Do We Know?" *European Journal of Training and Development*, Vol. 36, No. 6, 2012.

[280] Oddou, G. R., "Managing Your Expatriates: What the Successful Firms Do", *Human Resource Planning*, Vol. 14, No. 4, 1991.

[281] Osland, J. S., *The Adventure of Working Abroad: Hero Tales from the Global Frontier*, San Francisco: Jossey – Bass, Inc. 1995.

[282] Osman – Gani, A. A. M. and Hyder, A. S., "Repatriation Readjustment of International Managers: An Empirical Analysis of HRD Interventions", *Career Development International*, Vol. 13, No. 5, 2008.

[283] Paik, Y., Segaud, B. and Malinowski, C., "How to Improve Repatriation Management: Are Motivations and Expectations Congruent between the Company and Expatriates?", *International Journal of Manpower*, Vol. 23, No. 7, 2002.

[284] Pattie, M., White, M. M., and Judy, T., "The Homecoming: a Review of Support Practices for Repatriates", *Career Development International*, Vol. 15, No. 4, 2010.

[285] Peltokorpi, V. and Froese, F. J., "The Impact of Expatriate Personality Traits on Cross – cultural Adjustment: A Study with Expatriates in Japan", *International Business Review*, Vol. 21, No. 4, 2012.

[286] Peterson, R. B., Napier, N. K. and Shul – Shim, W., "Expatriate Management: Comparison of MNCs across Four Parent Countries", *Thunderbird International Business Review*, Vol. 42, No. 2, 2000.

[287] Podsakoff, P. M. and Organ, D. W., "Self – reports in Organizational

Research: Problems and Prospect", *Journal of Management*, Vol. 12, No. 4, 1986.

[288] Poon, J. M. L. , "Distributive Justice, Procedural Justice, Affective Commitment, and Turnover Intention: A Mediation – moderation Framework ", *Journal of Applied Social Psychology*, Vol. 42, No. 6, 2012.

[289] Porter, G. and Tansky, J. W. , "Expatriate Success May Depend on a 'Learning Orientation': Considerations for Selection and Training", *Human Resource Management*, Vol. 38, No. 1, 1999.

[290] Price, J. L. , *The Study of Turnover*, Ames, IA: Lowa State University Press, 1977.

[291] Price, J. L. , and Mueller, C. W. , "A Causal Model of Turnover for Nurses", *Academy of Management Journal*, Vol. 24, No. 3, 1981.

[292] Randall, S. , S. and Vandra, L. H. , "Personal and Human Resource Management", *West*, 1993.

[293] Ren, H. , Bolino, M. C. , Shaffer, M. A. , and Kraimer, M. L. , "The Influence of Job Demands and Resources on Repatriate Career Satisfaction: A Relative Deprivation Perspective", *Journal of World Business*, Vol. 48, No. 1, 2013.

[294] Rhoades, L. and Eisenberger, R. , "Perceived Organizational Support: a Review of the Literature", *Journal of Applied Psychology*, Vol. 87, No. 4, 2002.

[295] Robert, K. and David, N. , *The Balanced Scorecard*, Harvard Business School Press, 1996.

[296] Ronald, F. P. , Judge, T. A. , Takahashi, K. , Naotaka W. And Locke, E. A. , "Core Self – evaluations in Japan: Relative Effects on Job Satisfaction, Life Satisfaction, and Happiness", *Journal of Organizational Behavior*, Vol. 26, No. 8, 2005.

[297] Ronen, S. and Shenkar, O. , "Clustering Countries on Attitudinal Dimensions: A Review and Synthesis" , *Academy of Management*, Vol. 10, No. 3, 1985.

[298] Rusbult, C. E. , and Farrell, D. , "A Longitudinal Test of the Invest-

ment Model: The Impact on Job Satisfaction, Job Commitment, and Turnover of Variations in Rewards, Costs, Alternatives, and Investments", *Journal of Applied Psychology*, Vol. 68, No. 3, 1983.

[299] Sanchez, Vidal, M. E., Sanz, Valle, R. and Barba, A. M., "Analysis of the Repatriation Adjustment Process in the Spanish Context", *International Journal of Manpower*, Vol. 31, No. 1, 2010, p. 21 – 41.

[300] Sari, R. N., Anugerah, R., Yusralaini, Y., et al., "The Mediating Effects of Feedback and Procedural Justice on the Relationship between Formal Performance Evaluation System and Trust between Superior and Subordinate Managers", *Mediterranean Journal of Social Sciences*, Vol. 4, No. 10, 2013.

[301] Schell M. S. and Solomon C. M., "Captitalizing on the Global Workforce: a Strategic Guide for Expatriate Management", *McGraw – Hill*, 1997.

[302] Schneider, B., "Fits about Fit", *Applied Psychology*, Vol. 50, No. 1, 2001.

[303] Seery, M. D., Holman, E. A. and Silver, R C., "Whatever does not Kill Us: Cumulative Lifetime Adversity, Vulnerability, and Resilience", *Journal of Personality and Social Psychology*, Vol. 99, No. 6, 2010.

[304] Sharoni, G., Tziner, A., Fein, E. C., Shultz, T., Shaul, K. and Zilberman, L., "Organizational Citizenship Behavior and Turnover Intentions: Do Organizational Culture and Justice Moderate their Relationship?", *Journal of Applied Social Psychology*, Vol. 42, No. S1, 2012.

[305] Shen, J. and Darby, R., "Training and Management Development in Chinese Multinational Enterprises", *Employee Relations*, Vol. 28, No. 4, 2006.

[306] Shen, J. and Edwards, V., "Recruitment and Selection in Chinese MNEs", *International Journal of Human Resource Management*, Vol. 15, No. 4 – 5, 2004.

[307] Shen, J. and Roger, D., "Training and Management Development in

Chinese Multinational Enterprises ", *Employee Relations*, Vol. 28, No. 4, 2006.

[308] Shortland, S., "Networking: a Valuable Career Intervention for Women Expatriates?", *Career Development International*, Vol. 16, No. 3, 2011.

[309] Siers, B., "Relationships among Organizational Justice Perceptions, Adjustment, and Turnover of United States – based Expatriates ", *Applied Psychology*, Vol. 56, No. 3, 2007.

[310] Singh, A. K. and Singh, A. P., "Role of Stress and Organizational Support in Predicting Organizational Citizenship Behavior ", *The IUP Journal of Organizational Behavior*, Vol. 9, No. 4, 2010.

[311] Smith, P. C., *The Measurement of Satisfaction in Work and Retirement: A Strategy for the Study of Attitudes*, Chicago: Rand McNally and Company, 1969.

[312] Sommer, K. L. and Kulkarni, M., "Does Constructive Performance Feedback Improve Citizenship Intentions and Job Satisfaction? The Roles of Perceived Opportunities for Advancement, Respect, and Mood ", *Human Resource Development Quarterly*, Vol. 23, No. 2, 2012.

[313] Stahl, G. K., Chua, C. H., Caligiuri, P., Cerdin, J. L. and Taniguchi, M., "Predictors of Turnover Intentions in Learning – Driven and Demand – Driven International Assignments: The Role of Repatriation Concerns, Satisfaction with Company Support, and Perceived Career Advancement Opportunities ", *Human Resource Management*, Vol. 48, No. 1, 2009.

[314] Stahl, G. K., Miller, E. L. and Tung, R. L., "Toward the Boundaryless Career: A Closer Look at the Expatriate Career Concept and the Perceived Implications of an International Assignment ", *Journal of World Business*, Vol. 37, No. 3, 2002.

[315] Starr, T. L., "Repatriation and Short – Term Assignments: An Exploration into Expectations, Change and Dilemmas ", *International Journal of Human Resource Management*, Vol. 20, No. 2, 2009.

[316] Stevens, M. J., Oddou, G., Furuya, . N., Bird, A. and Menden-

hall, M. , "HR Factors Affecting Repatriate Job Satisfaction and Job Attachment for Japanese Managers", *The International Journal of Human Resource Management*, Vol. 17, No. 5, 2006.

[317] Stoltz, P. G. , *Adversity Quotient: Turning Obstacles into Opportunities*, New York: John Wiley & Sons, 1997.

[318] Stone, R. J. , "Expatriate Selection and Failure", *Human Resources Planning*, Vol. 14, No. 1, 1991.

[319] Stroh, L. K. , "Predicting Turnover among Repatriates: Can Organizations Affect Retention Rates?", *International Journal of Human Resource Management*, Vol. 6, No. 2, 1995.

[320] Stroh, L. K. , Gregersen, H. B. and Black, J. S. , "Closing the Gap: Expectations Versus Reality among Repatriates", *Journal of World Business*, Vol. 33, No. 2, 1998.

[321] Suutari, V. , "Global Managers: Career Orientation, Career Tracks, Life – Style Implications and Career Commitment", *Journal of Managerial Psychology*, Vol. 18, No. 3, 2003.

[322] Suutari, V. , and Brewster, C. , "Repatriation: Empirical Evidence from a Longitudinal Study of Careers and Expectations among Finnish Expatriates", *International Journal of Human Resource Management*, Vol. 14, No. 7, 2003.

[323] Suutari, V. and Mäkelä, K. , "The Career Capital of Managers with Global Careers", *Journal of Managerial Psychology*, Vol. 22, No. 7, 2007.

[324] Suutari, V. and Valimaa, K. , "Antecedents of Repatriation Adjustment: New Evidence from Finnish Repatriates", *International Journal of Manpower*, Vol. 23, No. 7, 2002.

[325] Swaak, R. A. , "Expatriate Failures: Too many, Too Much Cost, Too Little Planning", *Compensation and Benefits Review*, Vol. 27, No. 6, 1995.

[326] Tett, R. P. and Meyer, J. P. , "Job Satisfaction, Organizational Commitment, Turnover Intention, and Turnover: Path Analyses Based on Meta – analytic Findings", *Personnel Psychology*, Vol. 46, No. 2, 1993.

[327] Thorn, K. , "The Relative Importance of Motives for International Self – Initiated Mobility", *Career Development International*, Vol. 14, No. 4 – 5, 2009.

[328] Tian, Y. and Fan, X. , "Adversity Quotients, Environmental Variables and Career Adaptability in Student Nurses", *Journal of Vocational Behavior*, Vol. 85, No. 3, 2014.

[329] Torbiorn, I. , "Operative and Strategic Used of Expatriates in Organization and Market Structures", *International Study and Management Organization*, Vol. 24, No. 3, 1994.

[330] Turner, A. N. and Lawrenee, P. R. , *Industrial Jobs and the Worker : an Investigation of Response to Task Attributes.* Boston: Harvard University, Division of Research, Graduate School of Business Administration, 1965.

[331] Tung, R. L. , "Selection and Training of Personnel for Overseas Assignments ", *Columbia Journal of World Business*, Vol. 16, No. 1, 1981.

[332] Tung, R. L. "Selection and Training Procedures of US, European and Japanese Multinationals", *California Management Review*, Vol. 25, No. 1, 1982.

[333] Tung, R. L. , "Strategy Management of Human Resource in Multinational Enterprise", *Human Resource Management*, Vol. 23, No. 2, 1984.

[334] Tung, R. L. , "Expatriates Assignment: Enhancing Success and Minimizing Failure ", *Academy of Management Review*, Vol. 1, No. 2, 1987.

[335] Tung, R. L. and Andersen, A. , *Exploring International Assignee' Viewpoints: A Study of the Expatriation/Repatriation Process.* Chicago IL: Arthur Andersen, International Executive Services, 1997.

[336] Tyler, K. , "Retaining Repatriates: Pre – assignment Planning, On-going Communication and Mentoring Help Retain Valuable Repatriates", *HR Magazine*, Vol. 51, No. 3, 2006.

[337] Vance, C. M. and Ring, P. S. , "Preparing the Host Country Workforce for Expatriate Managers: the Neglected Other Side of the Coin",

Human Resource Development Quarterly, Vol. 5, No. 4, 1994.

[338] Vandenberghe, C., Bentein, K., Michon, R., Chebat, J. C., Tremblay, M. and Fils, J. F., "An Examination of the Role of Perceived Support and Employee Commitment in Employee Customer Encounters", *Journal of Applied Psychology*, Vol. 92, No. 4, 2007.

[339] Vidal, M. E. S., Valle, R. S., Aragón, M. I. B., "Analysis of the Repatriation Adjustment Process in the Spanish Context", *International Journal of Manpower*, Vol. 31, No. 1, 2010.

[340] Wald, S., "The Impact of Overqualification on Job Search", *International Journal of Manpower*, Vol. 26, No. 2, 2005.

[341] Wallace, J. C., Edwards, B. D., Arnold, T. and Frazier, M. L., "Work Stressors, Role – Based Performance, and the Moderating Influence of Organizational Support", *Journal of Applied Psychology*, Vol. 94, No. 1, 2009.

[342] Wang, H., Zhong, C. B., Farh, J. L., "Perceived Organizational Support in the People 's Republic of China: An exploratory study", Asia Academy of Management Conference, 2000.

[343] Wayne, S. J., Shore, L. M., Bommer, W. H. and Tetrick, L. E., "The Role of Fair Treatment and Rewards in Perceptions of Organizational Support and Leader – Member Exchange", *Journal of Applied Psychology*, Vol. 87, No. 3, 2002.

[344] Wei, F. and Si, S., "Tit for Tat? Abusive Supervision and Counterproductive Work Behaviors: The Moderating Effects of Locus of Control and Perceived Mobility", *Asia Pacific Journal of Management*, Vol. 30, No. 1, 2013.

[345] Wheeler, A. R., Buckley, M. R., Halbesleben, J. R., Brouer, R. L. and Ferris, G. R., " 'The Elusive Criterion of Fit' Revisited: Toward an Integrative Theory of Multidimensional Fit", *Research in Personnel and Human Resources Management*, Vol. 24, 2005.

[346] Wheeler, A. R., Gallagher, V. C., Brouer, R. L. and Sablynski, C. J., "When Person – organization (mis) Fit and (dis) satisfaction Lead to Turnover: The Moderating Role of Perceived Job Mobility",

Journal of Managerial Psychology, Vol. 22, No. 2, 2007.

[347] Woo, H. Y. and Song, J. H., "Emotional Intelligence and Adversity Handling Levels Depending on the Occupation", *Advanced Science and Technology Letters*, Vol. 88, No. 1, 2015.

[348] Wu, C. and Griffin, M. A., "Longitudinal Relationships Between Core Self – Evaluations and Job Satisfaction", *Journal of Applied Psychology*, Vol. 97, No. 2, 2012.

[349] Yan, A., Zhu, G. and Hall, D. T., "International Assignments for Career Building: A Model of Agency Relationships and Psychological Contracts", *Academy of Management Review*, Vol. 27, No. 3, 2002.

[350] Ye, S., *A Study of Religious Beliefs and Adversity Quotient among High School Teachers: A Comparison between Religious Founded High Schools and General High Schools*, M. D., Taiwan: Nanhua University, 2012.

[351] Zehir, C., Akyüz, B., Sule E. M. and Turhan, G, "The Indirect Effects of Servant Leadership Behavior on Organizational Citizenship Behavior and Job Performance: Organizational Justice as a Mediator", *International Journal of Research in Business and Social Science*, Vol. 2, No. 3, 2013.

[352] Zhang, Z and Peterson, S. J., "Advice Networks in Teams: The Role of Transformational Leadership and Members' Core Self – Evaluations", *Journal of Applied Psychology*, Vol. 96, No. 5, 2011.

[353] Zikic, J., Novicevic, M. M., Harvey, M. and Breland, J., "Repatriate Career Exploration: a Path to Career Growth and Success", *Career Development International*, Vol. 11, No. 7, 2006.

后　　记

　　时光荏苒，光阴如梭，自从 2012 年主持国家自然科学基金项目关于跨国公司外派及回任人员管理的研究项目至今已近 4 年，期间有惶恐，有欣喜。曾经担心自己和课题组成员不能很好地开展研究，因为毕竟关于跨国公司的调研数据和资料很难获得。还记得寻访调研对象没有反馈时的纠结和苦闷，也记得数据资料拿到以后的欣喜和惬意，以及反复查阅英文资料和研究调查数据资料时的艰难探索……有耕耘就会有收获，今天，当困难已经成为过去时，回忆里竟只有获得比较满意研究结果的快乐和喜悦。感谢课题组全体成员的努力，感谢我的研究生小董、小倪、小谭、小潘、小吴和小李在研究中所做的贡献。感谢我可爱的女儿彤彤给予妈妈因为著书而"疏忽"了她的理解。感谢所有该感谢的人！